Carlos J. Campo

HTML5 para periodistas
Manual de uso práctico

ESTRATEGIA DEL
contenido

Publicado por Estrategia del Contenido
1ª edición: febrero de 2014
Título original: HTML5 para periodistas. Manual de uso práctico

© Carlos J. Campo, 2013. © de esta edición: Estrategia del Contenido, 2014

ISBN: 978-84-616-8061-0 y 978-84-616-8062-7 (ebook)

Diseño de la cubierta: Sergi Jiménez (s.jimenez@tilagrafics.net)
Digitalización y maquetación: Estrategia del Contenido

ESTRATEGIA DEL
contenido®

www.estrategiadelcontenido.com | info@estrategiadelcontenido.com | @edelcontenido

Printed by CreateSpace

Convenciones de lectura de este manual

Para distinguir con facilidad el código fuente del cuerpo literario, el primero se muestra sombreado. También he sombreado los elementos y atributos cuando se citan en las explicaciones. Algunos fragmentos de código no están completos. Para que resulte obvio que falta un pedazo de programación, uso [...]. También, algunas veces, para no complicar la explicación con atributos que aclararé más adelante y en el mismo capítulo, he decidido obviarlos. Ténganse estas advertencias en cuenta.

Los corchetes, por otra parte, sirven para enlazar con la bibliografía. Los he preferido a los paréntesis usuales para evitar colisiones allá donde los uso para otras aclaraciones. La forma de citar las fuentes responde al autor o editor y al orden en la lista alfabética, si es necesario.

También debes estar advertido de que el uso de las cursivas, en este manual, obedece a criterios poco convencionales. Si usara letras inclinadas allá donde las buenas costumbres nos imponen, la excepción sería la redondilla. Así que el cúmulo de neologismos, extranjerismos y argot pasan en este texto por palabros con acepción de diccionario. Sólo a veces la cursiva aparece donde toca.

Permíteme, finalmente, recordar que las marcas que aquí cito son propiedad de sus respectivos dueños. Aparecen a título informativo. Para ganar agilidad de lectura, los símbolos comerciales © y ® han sido deliberadamente omitidos en aquellos momentos en los que la ética aconseja usarlos.

Introducción

Fíjate que el título lo dice claramente: "para periodistas". Aunque una legión de los denominados comunicadores, redactores, copywriters, publicistas, blogueros, foreros y community managers puedan extraer un buen provecho de lo que explica este manual, no entenderán algunos de los conceptos y prácticas meramente periodísticas que se aprenden en la Facultad y en el día a día de una Redacción y que aquí se citan. Por lo tanto, el destinatario final de esta guía práctica es el periodista, aunque su trabajo se limite a comisariar textos en un blog, al refrito de notas de prensa, al cuidado de la imagen de algún cliente en una red social o a la edición de un medio de comunicación por Internet.

El periodista, de una u otra forma, siempre sacará el máximo partido del uso del lenguaje HTML5 que aquí recomiendo, logrando que sus textos y demás elementos informativos (fotografías, grafismos, vídeos, tablas, documentos anejos…) tengan la máxima eficiencia.

La presente guía tampoco está pensada para programadores o diseñadores, porque las recomendaciones se circunscriben al área de trabajo del periodista, un fragmento enorme y principal de la página, pero que, sin embargo, es sólo una fracción de un total que ha sido diseñado y programado para que el redactor pueda trabajar y verter en él contenidos. Aún así, programadores y diseñadores también pueden aprender algo sobre las necesidades del periodista y contribuir a que el producto final sea más eficiente.

El objetivo de este manual es establecer y comprender unos procedimientos sencillos y estandarizados que aprovechen todas las posibilidades que brinda el lenguaje HTML5 para obtener unos contenidos estratégicos, semánticos, accesibles y eficaces con el mínimo esfuerzo posible.

Alguno pensará que ya vuelven a cargarnos, a los periodistas, con tareas que antes pertenecían a otros puestos de trabajo. Como cuando se nos obligó a cubrir actos informativos con cámaras fotográficas, ahorrando a la empresa el sueldo de un fotoperiodista, o como cuando se fueron sustituyendo los técnicos de sonido en los estudios radiofónicos e incluso en las unidades móviles. Nos dijeron que el periodista ganaba control sobre la emisión de su mensaje, pero muchos —muchos, muchos— creemos que nunca había perdido ese control y que lo que sucedía era que las empresas querían ahorrar en el capítulo de salarios.

Con el etiquetado eficiente y correcto en lenguaje HTML5 no sustituimos a nadie. Si se permite la comparación, es una circunstancia similar a la llegada de las máquinas de escribir a la mesa del redactor, sustituyendo al plumín y al tintero. Algo que forma parte de la mecánica de la escritura y que permite ganar en eficiencia. Y es un paso adelante más, personal, obligado y necesario, para mantener la capacidad profesional en un alto nivel competitivo. Lograremos que nuestros mensajes tengan más alcance en el presente y en el futuro. Afianzaremos las características de agregación y de diseminación de los núcleos de nuestras piezas informativas. Podremos presentarlas en multitud de soportes actuales y futuros. Y nos aseguraremos de que el contenido tenga vigencia más allá de su caducidad natural.

Todo esto se conseguirá etiquetando de nuevo y retocando algunas marcas del lenguaje HTML *on the fly,* es decir, mientras se escribe, o en un repaso final, antes de darlo por bueno y pasarlo al editor, redactor-jefe, supervisor, subdirector, director o el rango superior que exista en tu Redacción.

Lograrás un contenido estratégico desde el primer momento. Desde el instante en el que hayas decidido que aquel término o expresión necesita un etiquetado distinto dentro de la programación HTML. Al hacerlo, obtendrás de un plumazo algunas ventajas:

- Indexabilidad: Lograrás que el texto, fotografía, gráfico, aplicación web, vídeo o presentación tenga una mejor indizabilidad en los buscadores.

- Posicionamiento semántico: Conseguirás que el contenido obtenga mejores posiciones en los buscadores semánticos, como Siri, en los iPhone.

- Accesibilidad: Facilitarás la comprensibilidad de un contenido de forma unívoca e inequívoca a las personas con alguna discapacidad que utilizan navegadores de Internet adaptados a sus condiciones.

- Versatilidad: Crearás un contenido que sea adaptable,[1] transmitiendo eficientemente los mensajes desde cualquier tipo de dispositivo e independientemente de su capacidad de almacenamiento y transmisión.

- Diseminabilidad / Agregabilidad: Manipularás con mayor facilidad los contenidos creados, en los que se podrán usar técnicas profesionales de diseminación o agregación de la información que mejor convengan en cada presentación.

- Referenciabilidad: En el futuro y desde nuevos contenidos será más fácil referirse al que hayas creado ahora y vincular el producto futuro al pasado.

- Historiabilidad: Actualizarás la información y realizarás seguimientos secuenciales de acontecimientos sucesivos con mayor facilidad.

---

1 Por contenido adaptable se entiende el que ha sido estructurado en piezas informativas con valor propio. Éstas pueden aglutinarse o se puede prescindir de ellas en función de las características de uso y tamaño del dispositivo de consumo, sin que pierdan su función básica. Se opone a la escuela de diseño *responsive*, que emplea todo el contenido adaptándolo a la anchura de las pantallas de los dispositivos de consulta, lo que puede resultar más caro e ineficiente.

- Recuperabilidad:[2] Obtendrás los textos informativos limpios —sólo texto— de forma muy sencilla, eliminando las etiquetas HTML
con una simple operación informática.

Esta última capacidad extractiva resulta muy útil para la empresa que
nos contrate. De hecho, el uso correcto de HTML5 en la producción informativa es un paso más en la industrialización de los procesos. Afecta
tanto a los medios de comunicación como a cualquier otra actividad en
la que se trabaja con contenidos tratados periodísticamente. La empresa
se beneficia de reducciones de costes en el tratamiento *post mortem* de la
información, en las posibles traducciones, en la exportación a otros canales y soportes, etcétera. El medio, la agencia, la empresa que paga las
nóminas, consigue reducir los costes de recursos humanos y de tiempo
aumentando su capacidad de reacción y manteniendo siempre un estilo
unificado de tratamiento informativo, de voz, de trato y de tono, que
son el distintivo de su marca.

Para poder hacer todo esto con el mínimo esfuerzo, te presento este
manual.

Como verás, este volumen tiene cuatro partes. Una primera que te
sitúa en lo que es la semántica web y en la operativa de trabajo que propongo. La segunda, en la que profundizaremos en los elementos clave
de la redacción para Internet. Y al final, un epílogo y los anexos, en los
que encontrarás información adicional útil para el trabajo diario.

La segunda parte, la mayor, no tiene un orden fijo ni deliberado.
Puedes leerla de principio a fin o saltar directamente a los capítulos que
más te interesen. Si lo haces desde un ebook, te será más fácil realizar
búsquedas por nombres de elementos y atributos HTML5.

Mi intención ha sido que puedas encontrar siempre el fragmento
de código que mejor se avenga a tus necesidades informativas, sus explicaciones correspondientes, las variaciones posibles y las fuentes en

---

2   La mayoría de los términos que encabezan esta lista no existen en español, aunque son
    de uso bastante frecuente en medios de creación de contenidos en Internet. Tómalos
    como argot y acéptalos escritos en redondilla.

las que puedes informarte con mayor detalle y profundidad sobre este lenguaje.

Recuerda que HTML5 es un lenguaje vivo, sometido a cambios e incorporado poco a poco por la totalidad de la industria. Esta vitalidad puede suponer que etiquetas que hoy se usan, mañana hayan sido abandonadas por la presión de los fabricantes de los navegadores, de los teléfonos móviles o de los buscadores, que son quienes cortan el bacalao. Hay que estar atento.

Primera parte

Los tres capítulos de esta primera parte aportan las claves de lo que se desarrollará en la siguiente. Por lo tanto, sigue mi recomendación y léelas de cabo a rabo antes de adentrarte en la jungla de los ejemplos de código.

El primero de los capítulos recoge una visión global de qué es HTML5 y qué nos puede aportar como periodistas. El segundo, a riesgo de que los especialistas me corran a gorrazos, pretende ser una explicación comprensible de qué es la semántica en el lenguaje para la web, cómo funciona y cómo nos podemos y debemos beneficiar de ella.

Finalmente, el tercero es la propuesta de trabajo para los periodistas. Se trata del material con el que nos enfrentamos en el quehacer diario y de cómo solventar los problemas de edición de nuestros textos para superar las convenciones visuales y transmitir adecuadamente un valor comprensible y semántico que nos ahorre trabajo en el futuro.

Lo esencial del lenguaje HTML5

Vale la pena que recordemos cómo se construye una página web.

Sabrás, con seguridad, que la casi totalidad de los sitios web que visitas están creados con una clara separación del diseño, los datos y contenidos que muestran, y la programación que la hace posible. Son muy pocas las excepciones.

Generalmente todos los textos, menús, epígrafes, enlaces salientes, ubicaciones de fotografías, archivos de vídeo, archivos de sonido y documentos que el usuario puede descargarse, y en general la referencia de todo el contenido, se guarda en bases de datos.

Los archivos y documentos que se mostrarán en pantalla, como las fotografías, los vídeos o los documentos MP3, cuando son propios, se encuentran ubicados en un directorio del servidor.

Allí también se encuentran las hojas de estilo CSS (Cascading Style Sheets), unas instrucciones que dan forma a la página web, y los documentos con la programación. Estos archivos se conectan a la base de datos, obtienen el contenido y las instrucciones de presentación, y generan cada página HTML que después los usuarios pueden ver con un navegador en un ordenador sobremesa, una tableta, un teléfono inteligente o un televisor.

Es decir, el código HTML no existe antes de que el usuario haya llamado a una URL concreta. La programación web genera de forma dinámica la página a partir de lenguajes de ejecución en el servidor (PHP, ASP, JSP)[3] que combinan fragmentos de lenguaje HTML con el contenido e instrucciones obtenidos de la base de datos.

La separación de contenido, forma e instrucciones para su combinación permite una más rápida y fácil actualización de contenidos, rediseño y modernización de la programación. Pero, sobre todo, genera un documento en el único lenguaje comprensible para el navegador: HTML (HyperText Markup Language).

HTML es un lenguaje de marcación avanzado. Es decir, se compone de una serie de marcas que aportan un significado dentro del sistema de la página para que los navegadores lo interpreten de forma adecuada. Por ejemplo, un texto etiquetado con h1 será mostrado siempre como un titular de primer nivel y cualquier máquina lo considerará más relevante que un texto etiquetado con h2, que corresponde con un titular de segundo nivel.

Las etiquetas, salvo alguna excepción como las imágenes (img), engloban los fragmentos de contenido. Antes de la frase que queremos enfatizar se escribe la etiqueta de apertura, en este caso , y tras la frase, la de final, . Si lo miramos de otra forma, se trata de un sistema de cajones que guardan contenido: textos, vídeos, fotografías, enlaces... A su vez, estos cajones pueden albergar otros cajones. Pero sólo determinado tipo de cajones, en determinada cantidad y en determinada posición.

Por ejemplo, el elemento figure, que está destinado a albergar todo aquel dato accesorio que ilustre la información principal (como foto-

---

3   Antes de que tengas un vahído: CSS son las hojas de estilo en cascada (Cascading Style Sheets). MP3 es un formato de compresión de audio muy común. URL es la dirección de un recurso en Internet (Uniform Resource Locator), frecuentemente utilizado para referirse a la dirección de una página web. PHP (acrónimo recursivo de Hypertext Pre-processor), ASP (Active Server Pages) y JSP (JavaServer Pages) son lenguajes de servidor. Se ejecutan en el servidor y generan las páginas HTML.

grafías, tablas o vídeos), nunca tendrá un titular. Sin embargo, sí tendrá un elemento de titulación común a todo el contenido que albergue: `figcaption`. Éste será único.

Valores semánticos

La gramática del sistema de etiquetas aporta un valor semántico al contenido que introduzcamos en ellas. Recordemos las clases de semiótica en la Facultad y la definición más simple de la semántica como un sistema de correspondencias entre significantes y significados. Si dentro de una etiqueta destinada a un titular escribimos otra cosa, como un pie de fotografía, el lenguaje lo soportará, los navegadores lo aceptarán como un titular y las máquinas lo interpretarán como un titular.

Pero los buscadores no encontrarán nuestro titular real. En su lugar indexarán como tal el pie de fotografía. Nuestro contenido quedará enterrado entre los millones de textos inútiles de Internet y no habremos conseguido llegar a nuestra audiencia. Ergo, no habremos podido vender nuestro producto. Porque, recuerda, sólo hay dos tipos de web: las que venden productos y las que se venden a sí mismas.

Habremos fracasado.

El escrupuloso respeto sintáctico y morfológico a la calidad semántica de las etiquetas HTML, que es de lo que hablo en esta guía profesional, no es difícil. Te ahorrará mucho tiempo y dolores de cabeza y te facilitará, en el futuro, la reusabilidad y reciclabilidad de los textos que redactes ahora.

La semántica de HTML, por lo tanto, es un sistema de significados y significantes que entienden las máquinas. Pero también es un sistema jerárquico, en el que unos contenidos prevalecen sobre otros. Y esa categorización la debemos proporcionar haciendo coincidir nuestros intereses estratégicos como redactores con el funcionamiento de las máquinas que debemos comprender.

Un ordenador leerá nuestra página HTML letra a letra, de arriba abajo y de izquierda a derecha. Irá localizando los elementos principales y los dibujará (renderizará) en pantalla. Y dentro de estos, los secundarios. De las partes de la página que no son comunes al resto del sitio web, irá tomando aquello que hayamos escrito dentro de las etiquetas principales, y lo guardará y tratará. Lo mostrará como un snippet [4] en una página de resultados. Será la respuesta que nos dé el buscador Siri en el teléfono móvil cuando le hagamos la consulta. Será el fragmento de la portada de nuestro Flipboard, el titular en el Paper.li [5] de un seguidor, el tuit corporativo o cualquier otro automatismo que podamos utilizar.

Lenguaje técnico-científico y no periodístico

HTML5 es la última evolución del lenguaje inventado en el CERN [6] para que los científicos pudieran compartir documentación electrónica usando una red de comunicaciones que heredaba protocolos de los sistemas del ejército estadounidense. Su característica esencial es el enlace entre documentos. Al principio eran textos muy esquemáticos —titular, cuerpo de texto con sus enlaces correspondientes y listas— que, poco a poco, fueron complicándose más y más. Hace unos meses se cumplieron los 20 años de la primera fotografía en el sistema: el GIF [7] sexy de unas científicas juerguistas que bajo el nombre de Les Horribles Cernettes amenizaban los jolgorios, guateques y festejos que los sesudos profesores se proporcionaban y proporcionan de vez en cuando.

---

4   Porción de contenido estructurado y reusable. Por ejemplo, los datos de una tarjeta de visita, la ubicación geográfica de un establecimiento cultural, una receta de cocina o los datos bibliográficos de un libro.

5   Flipboard es un agregador de contenidos en dispositivos móviles, capaz de organizarlos como si fueran una revista. Paper.li es una herramienta de comisariado de contenido que genera la portada de un periódico virtual sobre los intereses del usuario.

6   Siglas de la Organización Europea para la Investigación Nuclear, con sede en Ginebra (http://cern.ch).
    La que se considera la primera página web de la historia, datada el 30 de abril de 1993, puede visitarse en: http://info.cern.ch/hypertext/WWW/TheProject.html. Si observas el código fuente verás que algunos elementos iniciales se mantienen en la versión actual de HTML. Más adelante se habla de Les Horribles Cernettes, aún en activo: http://www.cernettes.com.

7   Formato de compresión de imágenes. Las siglas corresponden a Graphics Interchange Format. Produce un alto nivel de compresión para colores planos y admite pequeñas animaciones.

La capacidad del lenguaje ha ido creciendo con el tiempo, pero vinculándose siempre a las necesidades técnico-científicas y no a las periodísticas. Ha tenido etiquetas para escribir esquemas de manual universitario, donde casi siempre las imágenes son una ilustración descriptiva y no perentoria de aquello que se explica. Pero no ha tenido elementos para escribir despieces, menús de navegación o secciones fijas. Y todo porque, simplemente, no se necesitaban para su objeto inicial: compartir información técnica entre iguales.

En su evolución histórica surgieron los lenguajes XHTML,[8] que añadían etiquetas especiales ampliando su capacidad expresiva original. Estas marcas adicionales se han aprovechado intensamente en el comercio online y en la transmisión de datos bancarios.

Pese a estos intentos, las carencias originales y las subversiones generadas obligaban a llevar a cabo una revisión profunda y urgente de HTML.

Fruto de esta revisión, tenemos hoy entre nosotros HTML5, que, para tu disgusto, es un lenguaje vivo. Su vitalidad proviene de que algunas de las etiquetas y procesos que aprenderás en este libro pueden cambiar a lo largo del tiempo. Incluso, ya se ha visto, volver a cambiar una vez modificado para regresar al punto de partida.

La versión que hoy usamos es la CR (Candidate Release), que se entrega a la industria de Internet para su aprobación definitiva como estándar tecnológico. La CR se publicó el 17 de diciembre de 2012 y, sorpréndete, simultáneamente se presentaba la versión 5.1.

El calendario del consorcio de Internet responsable del estándar tecnológico establece para las últimas semanas de 2014 la aprobación definitiva del lenguaje HTML5, con las correcciones que se hayan podido hacer en la versión final CR. Entretanto, la industria estará trabajando ya en la versión 5.1, cuyo borrador de trabajo se aprobará a finales de 2016.

Las previsiones de cambios en este período de dos años, antes de la

---

8 Siglas de eXtensible HyperText Markup Language.

aprobación definitiva, alcanzan a pocos elementos que afecten a nuestro trabajo de redactores: `hgroup`, `output`, el atributo `scoped` en `style`, el atributo `seamless` en `iframe` o el atributo `cite` en `blockquote` y `del`. HTML5.1 desarrollará algunas tecnologías previstas para la versión 5 que no llegaron a implementarse. Tendrá dibujo vectorial, scripts que se ejecutan en segundo plano para evitar que el navegador se cuelgue (WebWorkers) y conexiones persistentes entre la página y el servidor sin que el usuario tenga que interactuar con ella (WebSockets). Además mejorará la integración de Microdata.

Pero faltan años para ello.

HTML5 aporta muchas novedades, la mayoría vinculadas a la ejecución del código en los terminales del usuario y no en los servidores: geolocalización, reproductores nativos de vídeo y audio para prescindir de plug-ins de terceras empresas, almacenamiento y consulta offline de bases de datos, etcétera. Pero, sobre todo, incluye una marcación con elementos nuevos destinados a la comunicación de algo más que simple información técnica.

Tampoco lancemos las campanas al vuelo, porque sigue lejos de atender satisfactoriamente todas las necesidades periodísticas, aunque se aproxima bastante. Ha sido diseñado para que los autores de blogs tengan una buena cobertura tecnológica, para que la presentación codificada del contenido sea lo más estandarizada posible y para que tenga una excelente visibilidad en cualquier dispositivo de conexión a Internet: ordenadores de sobremesa, portátiles, tabletas, teléfonos, televisores o navegadores de automóvil.

Resulta más fácil de utilizar y, en principio, más fácil de programar. Tiene más etiquetas y, por lo tanto, su nivel semántico ha aumentado. Un mismo contenido puede alcanzar mayor difusión en distintos tipos de dispositivo, de forma simultánea, y además puede ser interpretado correctamente por máquinas.

Documentos reconocibles

El lenguaje HTML5 es fácil de reconocer. Si miras el código fuente de una página web, las primeras líneas deben ser o parecerse a:

```
<!DOCTYPE HTML>
<html lang="es">
<head>
```

La primera línea es el tipo de documento. HTML5 sólo tiene este texto, sin extras ni extensiones. Si incluye más texto, o no es HTML5 o tiene alguna extensión desconocida en el momento en el que escribo este manual.

La segunda línea es la marca del código HTML. Es el gran cajón que engloba todos los cajones y marcas de la página. Si te fijas, al final del documento debe aparecer una etiqueta de cierre `</html>`. La etiqueta `html`, obsérvalo, tiene un atributo `lang` con un valor `es`. Significa que el idioma en el que se ha escrito el contenido de la página es español. En HTML5 el idioma de la página es fundamental. Condiciona el diccionario terminológico que utilizarán las máquinas para interpretar el contenido de cada cajón. En este caso es español, pero podría ser francés (`fr`), inglés (`en`), alemán (`de`), catalán (`ca`), gallego (`gl`) o *swahili* (`sw`).

Este atributo, además, puede incluir la versión territorial del habla, aunque en la mayoría de los casos es redundante y no aporta nada o casi nada a la difusión del contenido. Por ejemplo, para España el atributo sería `lang="es-ES"`; para México, `lang="es-MX"`.

Entre la segunda y la tercera línea, que indica el encabezamiento de la página web, no debería haber ningún otro código. Debería ser tal y como se muestra en el ejemplo.

Si el código fuente de la página en la que estás trabajando no se parece al que he reproducido —adicionalmente en la segunda línea podría haber atributos `id` o `class` generados *on the air*—, no utilices la mayoría de las etiquetas de este manual, porque no funcionarán y podrían romper el diseño, mostrando elementos de contenido fuera de lugar.

Pero podrías arriesgarte, porque una de las grandes ventajas de HTML5 es que los navegadores, cuando encuentran algún elemento irreconocible en la marcación, simplemente lo ignoran. Otras versiones de HTML, sin embargo, pueden detener el dibujado de la página en el punto que les causa confusión o entrar en el denominado modo *quirk* e inventarse una interpretación de qué demonios quería hacer el programador cuando escribió aquella etiqueta que no conoce. En casos así, puede producirse en pantalla cualquier resultado inesperado.

Hasta aquí hemos visto, por lo tanto, unas cuantas características del lenguaje HTML5 y de la forma en la que vamos a trabajar para obtener el máximo provecho con el mínimo esfuerzo. Las resumo:

- Elementos:
  El lenguaje está formado por elementos que etiquetan contenido, marcándolo antes y después, a modo de grandes cajones. Por ejemplo, un párrafo: `<p>Texto del párrafo.</p>`. Recuerda, no obstante, que en algunos casos la etiqueta no tiene marca de cierre.

- Atributos:
  Cada elemento puede tener atributos dentro de la marca. Por ejemplo, un párrafo en alemán dentro de una página cuyo documento HTML se ha definido en otro idioma: `<p lang="de">Texto en alemán</p>`.

Para usar un elemento, nuestros programadores ya habrán previsto un instrumento simplificado de estilo WYSIWYG (*What You See Is What You Get,* lo que ves es lo que escribes) y un aire a los editores de texto tradicionales en ofimática. Pero algunos deberemos escribirlos manualmente y otros muchos nos llevarán a modificar o crear sus atributos. Para ello actuaremos directamente sobre el código fuente, una vez hayamos escrito el contenido que queremos mostrar y antes de guardar o enviar a la base de datos nuestro trabajo.

¿Empezamos?

Hablando el lenguaje de las máquinas

Dicen que vivimos una nueva era de Internet, dominada por la semántica computacional. Probablemente tendrá poco de era y mucho de etapa breve hacia lo próximo. Muchos, como siempre, pasarán de la edad de piedra al futuro más sofisticado saltándose esta fase.

El hecho es que las máquinas, las computadoras en red, comienzan a comunicarse con nosotros gracias a la aplicación de conceptos semánticos. Y para obtener el mejor provecho de nuestros mensajes presentes y futuros tenemos que entender cómo funcionan sus mecanismos de comprensión.

La Real Academia Española refiere que el concepto semántica proviene del griego σημαντικός, que se traduce por "significado" [RAE-1]. Por lo tanto y como era lógico suponer, la semántica de redes o computacional está relacionada con los significados. Como todo acto comunicativo.

Un significado es la atribución de un valor a un símbolo (palabra hablada o imagen icónica) y resulta esencial que el emisor y el receptor coincidan en su misma interpretación, o la comunicación habrá fracasado.

Con las máquinas tenemos que poner en común los conjuntos de significado y significante para que nos comprendan, interpreten y puedan servirnos de algo ahora y en el futuro.

En la bibliografía anexa descubrirás todo un mundo de servicios, lenguajes y estándares tecnológicos que están al servicio de la comunicación semántica entre computadoras: XML, RDF, RIF, OWL, SPARQL... [PASTOR] Pero sólo hay uno que es realmente abierto, flexible, multicultural, de uso sencillo y que conecta al humano con la máquina: el lenguaje HTML en su versión 5, que, mira tú por dónde, es el que todos usamos en nuestra práctica profesional cotidiana.

En otras palabras, escribiendo para personas y usando el lenguaje HTML5 de forma correcta, conseguimos que las máquinas entiendan de qué estamos hablando y lleguen a responder a otros humanos con nuestra información. Es el logro para el que, desde hace más de 10 años, el consorcio que gestiona los estándares tecnológicos en Internet está trabajando desde la plataforma de la Web Semántica [W3C-3]. HTML5 es uno de sus frutos principales.

Los antiguos buscadores y los nuevos buscadores semánticos

Se ha escrito tanto sobre las versiones de Internet —que si la web 2.0, que si la 3.0...— y sobre la web semántica, que a estas alturas o eres un experto o tienes un lío fenomenal.

Intentaré no contribuir a la confusión.

La semántica estudia la relación entre significantes y significados. El significante es el elemento del código fuente que utilizamos cuando escribimos. Un párrafo p, una negrita b, una lista ordenada ol, una tabla table son significantes. Cuando los usamos para etiquetar, marcar o envolver algún texto, imagen u otro tipo de formato de contenido, estos se transforman en sus significados.

A cada significante-elemento sólo puede corresponder un significado-tipo de contenido, al que se aplican unos atributos y que se atiene a unas reglas.

Relacionarlos correctamente implica que un buscador avanzado podrá encontrar contenido (significado) dentro de una etiqueta HTML determinada (significante), porque ateniéndose a las reglas del lenguaje sabrá que dentro del elemento de código sólo cabrá ese tipo de contenido. Un buscador semántico, además, será capaz de interpretar el contenido en su contexto y de operar con él.

Por lo tanto, nuestro contenido son datos puros y asépticos desde la perspectiva de las máquinas.

Este punto de vista robótico puede servirnos para comprender mejor su funcionamiento. En lugar de un párrafo de texto corrido, extraeremos en un ejemplo los datos fríos y los colocaremos en una tabla. Luego veremos cómo actúa cada tipo de máquinas con ellos.

Imagina un desayuno hogareño de familia de anuncio. Padre, madre, dos hijos y una hija recién duchaditos, con cara de felicidad y sonrisas relucientes y tomando tazones de cereales en la cocina mientras el jefe de la familia fuma en pipa y hojea el periódico matutino.

Esto que has imaginado es el escenario de nuestro contenido de prueba. Procedemos a desglosarlo de la siguiente forma:

Padre	Café solo	Engominado hacia atrás	Calcetines negros
Madre	Yogur con fibra y extra de bacterias	Moño alto	Panties
Hijo mayor	Bol de cereales	Raya a la derecha	Calcetines azules
Hija mediana	Bol de cereales	Coletas	Leotardos violeta
Hijo pequeño	Bol de cereales	No	Calcetines azules

Las normas lingüísticas de este ejemplo imponen que cada elemento sólo puede corresponderse con un rol familiar. Y que cada rol familiar debe tener obligatoriamente estos atributos: desayuno, peinado y calcetines.

Si empleamos un buscador habitual, como Google, intentará localizar la expresión idéntica de nuestro criterio de búsqueda en el contenido de las celdas. Si buscamos la palabra "leotardos" nos indicará que lo ha encontrado en el registro "Hija mediana". Si usamos parcialmente un criterio, buscará heurísticamente su coincidencia exacta, aunque no se trate de una palabra ni tenga sentido por sí mismo. Para la petición de búsqueda "acteri" nos enseñará el registro "Madre".

En cambio, si utilizamos un buscador más avanzado y establecemos como criterio de búsqueda "desayuno del padre", pondrá en relación el atributo "desayuno" (segunda columna) para el elemento "Padre" (primera línea) y mostrará el resultado: "Café solo". La única comprobación que realiza el buscador es que el tipo de contenido se corresponde con las normas. Es decir, el término "Padre" es realmente un rol familiar que puede localizar en su diccionario interno y "café solo" es, en todo o en parte (o "café solo" o "café" a secas), un término posible y de frecuencia recurrente en el ámbito de los alimentos y la esfera de los desayunos.

Para que comprendas esto último mejor, escribe "alimentos" en un círculo (Figura 1). El término aparece escrito con frecuencia elevada junto a otra terminología fácilmente clasificable. Por tipo ("verduras", "carnes", "pescados") o por consumo ("desayuno", "almuerzo", "cena"). Escríbelos alrededor, envuélvelos cada uno en un círculo y traza líneas entre estos y "alimentos". Ahora, escribe "café", "leche" "cereales" alrededor de "desayuno" y nuevamente envuelve cada término en un círculo y vincúlalo con una línea a "alimentos". Ahora tenemos "café" dentro de la esfera "desayuno" de la esfera "alimentos". Pero también podría estar vinculado a la esfera "almuerzo", porque se puede tomar en la sobremesa. Así que traza una línea que los vincule. Y lo mismo sucede con "leche", que puede estar vinculado también a la esfera "cena".

Pero "café", además, puede aparecer en otras esferas distintas: "agricultura", "comercio justo", "Colombia", "cadena de franquicias", "quitamanchas", "enfermedades del sueño"... Así que iríamos trazando líneas de vinculación con las distintas esferas.

Tú y yo resolvemos estas vinculaciones porque como humanos conocemos el significado ontológico de los términos y somos capaces de establecer rápidas asociaciones naturales. Una máquina desconoce el significado, más allá de su coincidencia, letra por letra, en su diccionario interno y de las variaciones lingüísticas a las que pueda someter el término. La máquina crea un gráfico conceptual por frecuencia de apariciones en distintos entornos. Si una mayoría de sus usuarios escribe "café" en relación al "desayuno", asociará la palabra "café" en la esfera "desayuno".

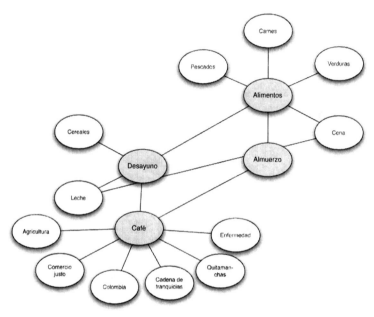

Figura 1
Mapa de las relaciones entre los términos "café" y "desayuno", que permiten validar la respuesta

Cuando se le exige una búsqueda, la máquina simplemente comprueba que el tipo de significante posible, "desayuno" para el "padre", alberga un significado que está en la esfera "desayuno" de su propio mapa conceptual (Figura 2). Si lo encuentra, lo dará por válido y lo ofrecerá como resultado.

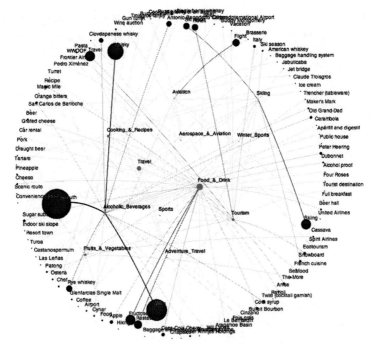

Figura 2
Gráfico conceptual elaborado por la empresa especializada Gravity.com, creado
como demostración sobre diez artículos online leídos por una supuesta usuaria de
Internet. Los términos se interrelacionan con tres grandes núcleos de coincidencia:
comidas y bebidas, bebidas alcohólicas y viajes.
Un buscador elabora su propio mapa conceptual con las palabras captadas en el
contenido y lo usa para dar validez a los resultados.

El corpus lingüístico del buscador y lo que viene

La capacidad de los buscadores semánticos de analizar las palabras
escritas —o transcritas desde una reproducción sonora— sometiéndo-
las a las derivaciones ortográficas de cada lengua (diminutivos, aumen-
tativos, cambio de género, cambio de número, conjugación...), a las
variaciones gramaticales (puntuación y tipos de oraciones) y a la estructura sintáctica básica (sujeto, verbo y complementos) es mecánica.
Aplican unas reglas predeterminadas en un análisis de lenguaje natural

al corpus que van adquiriendo. Si el resultado de la aplicación de las normas es positivo, la terminología detectada pasa a su corpus lingüístico y se integra en su mapa conceptual.

El proceso no descansa, aunque es complejo y requiere continuas correcciones humanas de los algoritmos que emplean las máquinas. Cada idioma, además, presenta sus particularidades, lo que añade complejidad al proceso. Cuanto más extendido y rico es el lenguaje, mayor dificultad de implantación tienen los buscadores semánticos.

Pero ya lo estamos usando, aún sin darnos cuenta. E irá a más. Como periodistas y comunicadores estamos en la vorágine semántica y no podemos obviarla. Si queremos que nuestro trabajo tenga valor, debe ser influyente. Para que sea influyente tiene que tener alcance. Para que tenga alcance tiene que ser localizable con facilidad. Para que sea localizable, tiene que ser semántico. Para que sea semántico, tiene que estar escrito correctamente en HTML5.

De lo contrario, fracasaremos.

Lo que tenemos a la vuelta de la esquina aportará todavía más valor a nuestros mensajes. Ya tenemos ejemplos de lo que puede ser el resultado del lenguaje de las máquinas en Siri, el buscador del sistema iOS de Apple, Assistant (Majel) en los Android, o la sofisticación de las capacidades del buscador que desarrolla Wolfram Alpha [Wolfram]. Es cuestión de tiempo que todos tengamos acceso a ellas.

A lo mejor cuando estás leyendo estas líneas ya puedes hacer estas otras preguntas en un ejemplo como el anterior y obtener estas respuestas:

- ¿Quién usa calcetines azules?: El hijo mayor y el pequeño.
- ¿Quién usa calcetines?: El padre, el hijo mayor y el pequeño.
- ¿Cuál es el desayuno preferido del hogar?: El bol de cereales
- ¿De los que usan moño, qué tipo es el más frecuente?: El moño alto.
- ¿Cuántos hombres hay en la cocina?: Tres, porque sus roles corresponden en el diccionario del sistema con el género masculino.
- ¿Cuántos componentes tiene la familia?: Cinco.

El buscador semántico no sólo cruzará los datos de significados y significantes, validándolos. También los pondrá en relación con el contexto, lo que permite obtener resultados por superposición de valores.

Observando detenidamente las respuestas, son una mezcla de la coincidencia exacta del criterio de búsqueda y de la aplicación de fórmulas muy básicas de estadísticas: frecuencias, medias, sumas, desviaciones... todo lo que una máquina hace más rápido.

Los inventores que están detrás de estos buscadores de nueva generación nos prometen que el buscador será capaz de aprender de las búsquedas del usuario. Ya lo han experimentado.

Google puso en marcha un buscador semántico sobre cuestiones de salud, Google Health, que estuvo operativo durante unos meses, a caballo entre 2011 y 2012, y al que se podía acceder desde Estados Unidos [EFRATI]. Su principal característica era que proporcionaba patologías coincidentes —nunca diagnósticos, por cuestiones éticas y legales— con síntomas. Pero, además, aprendía del usuario. Era capaz de guardar y relacionar las búsquedas previas para mejorar sus respuestas.

Si alguien buscaba el síntoma "dolor de cabeza", el buscador ofrecía una lista extensa de las patologías posibles. Si el mismo usuario, en una segunda consulta, establecía como criterio "estornudo", la lista de patologías combinaba "dolor de cabeza", no planteado en ese momento, y "estornudo", y producía una lista más ajustada a estos síntomas: "resfriado", "gripe" o "rinitis".

Herramientas y procedimientos de trabajo

Echemos un vistazo a nuestro instrumental.

Para crear contenidos HTML5 semánticos partiremos de tres factores: conocer qué etiquetas de código necesitaremos en cada caso, saber qué posibilidades de edición nos ofrece el sistema y disponer de un buen editor WYSIWYG que acepte elementos en lenguaje HTML5 sin sabotear nuestro trabajo. O por lo menos que sea un editor lo suficientemente flexible para que podamos manipular el código a nuestro gusto.

De entrada, una mala noticia: los editores que existen cuando escribo estas líneas no soportan HTML5. Y, de los que anuncian lo contrario, resulta que sólo utilizan la capacidad `contentEditable` que aporta el lenguaje. Desde un punto de vista práctico, estos últimos pueden trabajar en modo *air*, directamente sobre el texto, tal y como lo verá el usuario final.

Pero todo tiene remedio. Vayamos por partes.

Un editor WYSIWYG es una emulación dentro de un formulario web de los controles de un editor de textos típico de un paquete de ofimática. Es decir, tiene una apariencia muy similar a Word de Microsoft, a Pages de Apple, etcétera. WYSIWYG significa *What You See Is What*

You Get, es decir, lo que ves es lo que obtienes. De modo que el editor ofrece un control visual de la producción. Las cursivas marcadas se ven como cursivas; las negritas, como negritas. Un clic en un botón sirve para escribir muchos caracteres de código sin tener que conocer cómo se programa HTML.

Cada editor transforma un área de texto de un formulario web —una especie de gran casilla— en un espacio de trabajo en el que se muestra el efecto del código sobre el texto que se va escribiendo. En estos formularios se crean y se modifican los contenidos de una página.

Sobre el espacio de escritura, se muestran los controles del editor, una barra de herramientas a modo de botones y con una apariencia que intencionadamente imita a los editores de texto de ofimática.

No se necesita gran explicación sobre su uso habitual: se selecciona la palabra que se quiere transformar en una negrita, se pulsa el botón correspondiente en la parte superior y en pantalla se ve cómo ha cambiado a negrilla. El usuario evita tener que escribir la etiqueta anterior y posterior a la palabra afectada: `<b>ejemplo</b>`. Si se desea escribir un enlace, se selecciona la expresión que actuará como gancho, se activa un botón en el editor y en la ventanilla emergente se escribe la dirección de destino y los demás atributos del elemento. Todo a la vista.

No olvides, sin embargo, que generalmente estarás utilizando este editor en un back-end,[9] una parte privada para los creadores de contenido que los usuarios finales no ven, y que aquello que aparece con una letra del cuerpo 16 y color negro, puede ser al final una letra del cuerpo 11, porcentualmente proporcional al diseño, y con otros colores o transformaciones: mayúsculas, minúsculas, texto añadido antes o después, colores de fondo y de la tipografía, subrayados, tachaduras, etcétera.

Algunos gestores de contenido utilizan editores de tipo rich text —texto enriquecido—, que limitan las posibilidades de uso. Un editor

---

9   Back-end es la parte privada de administración de un gestor de contenidos. Generalmente son páginas-aplicación con formularios en los que se introduce el contenido que luego se muestra en el front-end, la interfaz pública del sitio web.

rich text genera marcas propias, no estandarizadas tecnológicamente, que se traducen en lenguaje HTML cuando se vuelcan desde la base de datos a la página web. El autor, sin embargo, ve una botonera muy simple sobre el área de texto. Y cuando marca una palabra o expresión, suele mostrarse en pantalla el texto con la marca y no cómo se plasma el cambio.

Compara: con el código de marcado Textile, para escribir en negrita la palabra "línea", un editor richt text escribirá `*línea*` y en pantalla se mostrará "*línea*". Con un editor WYSIWYG, sin embargo, el editor escribirá código HTML `<b>línea</b>` [10] y en pantalla veremos "**línea**". En ambos casos, el usuario de la página web verá "**línea**".

El sistema de marcado rich text tiene varios códigos. Los más conocidos son Textile, Wiki, Markdown y BBCode. Son simples, fáciles de memorizar y de introducir en modo texto directamente en cualquier casilla de formulario. Son idóneos para las cajas de comentarios de los usuarios (UGC, User Generated Content) en los blogs, evitando que por medio del lenguaje HTML los crackers intenten inyectar su código maligno en las bases de datos y reventar las páginas web.

Su virtud es su defecto. La limitada cantidad de etiquetas disponibles y la imposibilidad de alterar los atributos de las etiquetas HTML con las que se corresponden limita la expresividad del lenguaje y la significancia semántica de los mensajes.

Si te encuentras con un editor así, malo. Tus posibilidades de realizar un trabajo aceptable se limitan a la capacidad de marcación del código que te hayan asignado. No podrás hacer nada más. Exige que te lo cambien por un editor WYSIWYG con todas sus extensiones y posibilidades de modificación de etiquetas HTML.

---

10 No todos los editores escriben la misma etiqueta cuando se quiere usar una negrita. `b` (negrita) y `strong` (importante) son significantes distintos.

Editores WYSIWYG más populares

Si el CMS (Content Manager System) que utilizas es lo suficientemente flexible, tu programador conseguirá adaptar uno de los muchos editores que hay en el mercado, para beneficio de ambos. Por cierto, esta es parte de la oferta existente a día de hoy:

- eIRTE [Studio]
  Destaca por trabajar los estilos CSS con corrección, aunque pasa todo su código dentro de las etiquetas HTML. Dispone de un gestor de archivos que funciona bastante bien.
- Mooeditable [Lim]
  Basado en el framework de Ajax MooTools,[11] es muy simple y limitado. Una línea de botones sencillos intervienen sobre el texto seleccionado.
- Markitup [Gérald]
  Basado en el framework de Ajax JQuery, además funciona también como editor rich text con los lenguajes Textile, Wiki Syntax, Markdown y BBCode.
- jWysiwyg [Akzhan]
  También se basa en JQuery. Sus creadores han pretendido que su carga sea muy rápida, sin penalizar el peso de las páginas, y que sea compatible con el mayor número de navegadores.
- CKEditor [Frederico]
  También conocido como FCKEditor. Es todo un veterano y un referente para sus sucesores, aunque parece que está al día. Está disponible para muchos modelos de CMS open source.[12]

---

11 Un framework es un entorno de trabajo. Es decir, la compilación de una serie de instrucciones informáticas para que cualquier programador pueda referirse a ellas para hacer cualquier cosa. Ajax (Asynchronous JavaScript And XML, es decir JavaScript asíncrono y XML) es, para entendernos, una especie de truco que consigue alterar la estructura de la página sin tener que recargarla por completo, en un proceso dinámico. Se usa para animaciones, formularios, consultas de datos... Los motores de uso más extendido son JQuery, Prototype, Scriptaculous y MooTools.

12 Open source: de código abierto. Cualquiera puede acceder, modificar y distribuir el software.

- TinyMCE [Moxiecode]
  Otro de los veteranos. Ofrece múltiples configuraciones y está disponible para diversos CMS (Figura 3). Es mucho más ligero que CKEditor.

- Xinha [Edgewall]
  Actualmente está desfasado, pero sigue funcionando relativamente bien. Este editor dispone de montones de módulos que aumentan su funcionalidad. Alguno permite crear etiquetas, de modo que, aunque previo a HTML5, puede escribirlas satisfactoriamente.

- WYMeditor [Jean-François]
  Utiliza estándares XHTML, con la particularidad de que puede escribir código en lenguaje RDFa, que es el antecesor de Microdata para la escritura de snippets.

- CLEditor [Premium] y JQRTE
  Ambos desarrollados desde el framework JQuery, el segundo se puede utilizar como editor de lenguaje rich text.

- TinyEditor [Scriptiny]
  Editor WYSIWYG que no depende de un framework de Ajax y que aligera la carga de las páginas de los gestores de contenido. Muy conocido, aunque algo anticuado.

También hay editores que aseguran reconocer los elementos del lenguaje HTML5. Es curioso, estos editores padecen de un singular skeumorfismo, una tendencia de diseño de aplicaciones que intenta reproducir la realidad y la experiencia de usuario con objetos tangibles. En su caso, imitan las botoneras de los editores de las versiones anteriores del lenguaje. Y aquellos, las botoneras de los programas de ofimática. Por lo tanto, su utilidad es muy limitada en un uso WYSIWYG.

Los botones reproducen convenciones visuales. Por ejemplo, como los navegadores interpretan tanto b como strong mostrando el texto etiquetado como negrita, al que programó el botón no le importa si el código que escribe es uno o el otro, porque el resultado visual siempre será negrita.

Pero éste es un comportamiento asemántico y contraproducente para el contenido que creamos los periodistas.

Figura 3

Editor TinyMCE, versión 3.5.8-wp2, que se instala en el CMS WordPress. La primera imagen —página anterior, superior— muestra el modo WYSIWYG, en el que basta seleccionar el código y operar con los botones superiores. La segunda —página anterior, debajo— muestra el código fuente. Se activa mediante la pestaña "Text". Se puede observar cómo el contenido creado es ahora texto plano con etiquetas HTML: `strong`, `em`, `del`, `code`, etcétera. La tercera imagen, bajo estas líneas, es el resultado final visible para los usuarios del blog.

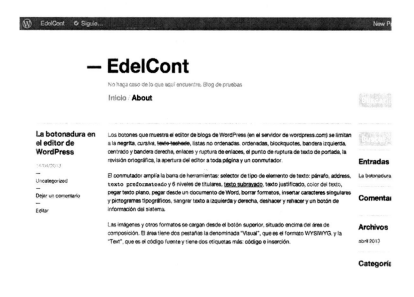

Tampoco, por ejemplo, permiten la escritura de los elementos `figure` y `figcaption` para englobar contenidos que ilustren el mensaje principal.

De hecho, estos editores fundamentalmente se limitan a utilizar una propiedad nueva de las áreas de texto de HTML5: la edición directa. El periodista opera desde la misma página que ven los visitantes y no desde un gestor privado de contenidos. Activa su capacidad de edición y puede sobrescribir de forma directa titulares o párrafos en el mismo espacio en el que se muestran y con la misma apariencia visual. Sobre las partes que editan aparecen los controles a modo de botoneras. Al guardar los cambios, todos los usuarios ven la modificación.

Esta operativa se denomina modo *air* y, como ves, vuelve a limitarse a las convenciones visuales, que no siempre coinciden con el mensaje que realmente se quiere trasladar.

Los más populares son:

- Mercury Editor [Jeremy]

  Se puede utilizar tanto en back-end como en front-end y modo *air*. Reconoce un buen número de etiquetas HTML5, pero la interacción del creador de contenido en modo *air* es muy limitada.

- Redactor [Imperavi]

  Funciona en ambos modos. Utiliza un par de características interesantes: la integración de vídeo en formato HTML5 y la carga de imágenes arrastrándolas y soltándolas sobre una ventana emergente.

- WYSIHTML5 [XING]

  El más limitado de los nuevos. Tiene además una versión mucho más simple denominada Bootstrap-wysihtml5 [James].

- Aloha Editor [Gentics]

  El pionero del modo *air*. Siempre resulta muy espectacular (Figura 4). Utiliza el framework de JQuery y sus ventanas flotantes resultan muy útiles para ajustar el contenido a los diseños de la interfaz pública.

Los editores que están al caer

Llegan noticias de nuevos editores compatibles con lenguaje HTML5 y con unas características especialmente interesantes para los periodistas. No sería extraño que en el futuro más próximo surjan nuevas iniciativas open source que intenten emular estos hallazgos.

La buenas nuevas proceden de la plataforma CMS ExpressionEngine (EE) [EllisLab] donde se trabaja en el desarrollo de un par de editores de pago.

El editor Content Elements [Krea], de Krea, se puede componer de la forma más adecuada para cada página web. El editor se divide en

Figura 4
Editor Aloha en modo *air*: el redactor opera sobre la página en el front-end. Las áreas editables de la página se iluminan y surge por encima un editor de texto, que puede ser muy simple o muy complejo. En el ejemplo, se modifica el campo de titular, que se resalta recuadrado con una línea gruesa de color. Al guardar los cambios, todos los usuarios pueden ver el resultado. El modo *air* permite un mayor control en el acabado final de las composiciones de texto e imagen.

una casilla para el título de la página y un área de texto para el cuerpo principal. Pero, además, se añaden los elementos que se necesiten en pantalla por el sencillo método de arrastrar y soltar módulos sobre el área de texto. Sobre la casilla se arroja una pieza *Heading* e instala un elemento de titulación pudiendo elegir su nivel. Se tira sobre el texto una pieza de código preformateado, y permite escribir código de programación para que lo lean los visitantes. O un módulo de tabla o de galería fotográfica. Así de simple. La principal ventaja es que muestra sólo lo que el autor desea que haya en la página. Y lo coloca allí donde el periodista quiere que se vea, sin tener que recordar cómo se escribe el código fuente.

Es más, este modelo de fragmentos preprogramados que se arrastran y se sueltan puede ser extremadamente útil para la creación de contenido estructurado, también denominado inteligente. Cada módulo podría responder a una pieza informativa que se combina en un texto principal.

Por ejemplo, para un catálogo de productos la descripción de los colores o dimensiones que resulten repetitivas podrían estar constituidas en un módulo que se arrastra y se suelta. Cuando el color cambia, automáticamente se cambian todos los registros. O cuando una información procede de un mismo autor. Basta arrastrar la pieza y se firma automáticamente el texto.

El editor de Krea, sin embargo, mantiene para los cuerpos de texto las mismas limitaciones que todos sus predecesores. Ni distingue elementos semánticos con una misma respuesta visual inicial ni cubre todas las necesidades de etiquetado.

El segundo editor de EE es Mason [Masuga]. Su funcionamiento es, en principio, similar al de Krea, pero tiene una mayor disponibilidad de componentes informativos reusables. Aunque confieso que aún no lo he visto en acción.

Otro editor que ha causado revuelo es Editorially [Editorially]. Impulsado por Jason Santa Maria, uno de los diseñadores de interfaces más influyentes, y el portal alistapart.com, la intención de este editor es facilitar la coautoría y la colaboración profesional en el desarrollo de textos para la web. El editor permite varios autores simultáneos y ofrece visualización y control de cambios. Podría ser muy útil para una buena gestión del UGC (User Generated Content) en algunos sitios abiertos. ¿La pega? Utiliza un lenguaje de marcación, con todas las limitaciones que eso supone.

Los tres editores trazan la línea de trabajo futura: facilidad de uso mediante el movimiento de arrastrar y soltar, generación de piezas informativas dinámicas reusables, modo *air* y revisión y control de cambios para varios autores simultáneos. Pronto surgirán nuevos y cada vez mejores editores, tanto para backend como en modo *air*. Y será interesante disponer de uno que ofrezca las dos posibilidades. Un modo para crear el contenido y editarlo semánticamente y el modo *air* para ajustar los textos a la elegancia del diseño de nuestras páginas. Sería preferible, por cuestiones de seguridad, que sólo fuera posible usar el modo *air* sobre un back-end, pero quizá eso sea pedir mucho...

Cómo manipularemos el código del contenido

Un editor WYSIWYG debe tener unos controles mínimos en la botonadura: negrita, cursiva, tachado, subrayado, alineación de texto (centrado, justificado y banderas izquierda y derecha), subíndice y superíndice, listas numeradas y con viñetas, enlaces y anulación de enlaces, niveles de titular (al menos tres), inserción de rayas, *blockquotes* y botón para ver el código fuente generado.

Con estos botones podemos defendernos bien, aunque lo que producen visualmente no siempre es lo que queremos decir.

Puestos a desear, quisiéramos todos los extras posibles que pueda ofrecer el editor: tablas y todas las funciones vinculadas a las mismas (inserción de columnas y celdas, combinación de celdas, colores...), inserción de imágenes, carga de ficheros, formatos de estilos de texto, deshacer y rehacer, copiar, cortar y pegar, aumentar el tamaño de las fuentes, selección de la familia tipográfica, guardar, imprimir, vista previa, plantillas, eliminar las etiquetas de Microsoft Word, buscar y reemplazar, seleccionar todo, comprobar ortografía, creación de formularios y sus operadores básicos (botones, casillas de verificación, botones de radio, áreas de texto…), eliminación de formatos, creación de capas de programación *(divs)*, orientación del texto (de izquierda a derecha y viceversa), anclajes de texto, carga de películas Flash, emoticonos, caracteres especiales y pictogramas, saltos de páginas, *iframes* y *objects,* estilos CSS, color de texto y de fondo, opciones de listas, caracteres ocultos, edición de patrones, notas al pie, abreviaturas… y lo que esté disponible en el mercado ese día.

Cuando tengamos un administrador web con un editor adecuado, podremos crear y modificar contenido semántico que nos resulte verdaderamente útil.

El procedimiento no cambiará demasiado: desde el back-end escribiremos el titular principal en la casilla de texto correspondiente y, en el área de texto y con el editor WYSIWYG, redactaremos el cuerpo de la página. Seleccionaremos y marcaremos los elementos de titulación secundarios (subtítulos, ladillos, destacados), crearemos los enlaces a otras páginas, resaltaremos las palabras y expresiones que queramos destacar, escribiremos citas directas y las atribuiremos como es debido, etcétera.

Si el sistema sólo permite cargar imágenes y vídeos desde el editor WYSIWYG, subiremos al servidor los archivos y los enlazaremos. Si queremos servir al usuario documentos que pueda descargarse y sólo lo podemos hacer desde el editor WYSIWYG, los subiremos al servidor y los vincularemos a enlaces de descarga.

Y cuando hayamos terminado, acabaremos de ajustar cada una de las etiquetas para que expresen exactamente lo que nosotros, como profesionales, queremos decir.

Para ello usaremos el botón que conmuta el modo WYSIWYG con el modo código fuente (Figura 5). Veremos nuestro texto etiquetado y modificaremos —o crearemos— las etiquetas HTML5 que sean necesarias para que la correspondencia semántica entre lo que queremos decir y lo que se interprete sea plena.

Acto seguido guardaremos nuestra creación en la base de datos para mostrarla en el front-end a los visitantes. Nuestra etiquetas, los elementos que hemos modificado, procesarán en un lenguaje de programación dinámico el contenido de la página y lo adornarán con estilos CSS. Trabajo terminado.

Funcionamiento de un editor WYSIWYG

Todo cuanto generamos con un editor WYSIWYG existe sólo en el navegador web del editor del texto, si aún no ha guardado el trabajo. No existe en el servidor web ni en los navegadores de los visitantes. El autor lo crea y lo puede ver porque su aplicación de navegación por Internet interpreta los elementos HTML que va introduciendo y los genera mediante el motor de JavaScript que el fabricante (Mozilla, Microsoft, WebKit…) haya implementado en esa versión. Este modo de componer el contenido se denomina de muchas formas. Encontrarás textos que dicen "en local", "offline" u *"on the fly"*. Lo cierto es que no existe salvo en la pantalla del que crea. Y no existirá, si no lo guarda y lo configura para que se vea online. La composición en el propio editor implica un ahorro de tiempo de edición y de costes de transmisión para cada una de las pequeñas modificaciones que vamos haciendo cuando escribimos. Sólo se envía al servidor y se almacena en la base de datos lo que se da por válido o que, conscientemente, se desea conservar.

Pero también presenta un inconveniente: cada versión de navegador dispone de una versión distinta del motor JavaScript, con interpretaciones diferentes de las instrucciones creadas con la programación del editor WYSIWYG. Y eso proporciona sorpresas desagradables.

Un caso frecuente es el contenido que se ha creado en un documento ofimático o se ha copiado literalmente de otra página web y se ha pegado en el área de texto del editor WYSIWYG. El navegador ha copiado el texto, pero también el código de los estilos del documento con formato o de la página web y el autor no lo ve en pantalla. Pero, cuando lo guarda en la base de datos, los estilos copiados colisionan con los de la página y todo se descoloca, se mueve, tiene tamaños extraños, márgenes, colores y tipografías indeseables. En otras palabras, se rompe la página.

Para evitarlo, procura no copiar y pegar desde documentos con formato (.doc, .pages, .rtf, .rtfd…) o desde otra página web. Usa, mejor, un documento de texto sin formato (.txt). Tampoco confíes en los botones de algunos editores que prometen limpiar documentos de Word. Lo que hacen es activar unas instrucciones de JavaScript que detectan las etiquetas estándar del documento de ofimática y las borran. Pero, dependiendo del fabricante y la versión del navegador que estés usando y de la versión del editor de Microsoft en que se haya escrito el documento funcionará mejor o peor.

No confíes demasiado en los botones que muchos editores WYSIWYG utilizan para eliminar estilos. No siempre funcionan como prometen.

Qué son los elementos y sus atributos

Hemos acordado, hasta ahora, que escribiremos manualmente algunas etiquetas en lenguaje HTML5 y sus correspondientes atributos. Sólo así obtendremos el mejor rendimiento del texto que redactemos.

¿Te conviene un repaso rápido?

Una etiqueta (*tag* en inglés) es una instrucción de HTML que incluye un elemento. Generalmente, las etiquetas son de apertura y cierre, englobando en su interior aquello que se desea marcar. Se identifican por corchetes angulares ("<" y ">"). Las de cierre incluyen dentro de los corchetes el nombre del elemento precedido por una barra inclinada.

Por ejemplo, `<i>letra tumbada</i>`. El elemento `i` (letra inclinada) abarca la expresión "letra tumbada" en el código fuente, de modo que en el front-end el navegador la mostrará como texto compuesto en cursivas: *letra tumbada*.

Algunas etiquetas, sin embargo, son autocontenedoras y no requieren cierre. Por ejemplo `<img src="foto.jpg">` o `<input type="text" value="casilla de texto">`. La primera es una etiqueta de imagen y el atributo `src` (*source*, fuente en inglés) incluye la dirección URL de la fotografía. No requiere nada más. La segunda etiqueta es una casilla de texto de un formulario. El atributo `type` indica que sólo cabe texto y el valor que se mostrará por defecto será la expresión "casilla de texto".

Podría decirse que el elemento es la unidad mínima de codificación en HTML. Sin embargo, hay elementos que sólo cobran sentido si se encuentran dentro de otros elementos. En el caso de la casilla de texto del ejemplo anterior, sólo tendrá un comportamiento correcto si se muestra dentro de una etiqueta `fieldset` (conjunto de campos de formulario) y ésta, a su vez, dentro de la etiqueta `form` (formulario).

Cada elemento puede tener una serie de atributos dentro de la etiqueta. Los atributos admitidos en cada etiqueta se recogen en las especificaciones del lenguaje. Por ejemplo, `<p lang="en">` es la etiqueta de inicio de un párrafo para el que se atribuye haber sido redactado en idioma inglés.

Los atributos suelen ser campos opcionales con gran libertad y diversidad de contenido. Es casi imposible que un editor WYSIWYG abarque todas las posibilidades de atribución y que sus programadores den abasto con ellas. Por eso los obvian deliberadamente.

Los escribiremos a mano.

Accederemos desde el editor WYSIWYG al código fuente, localizaremos la etiqueta que queremos modificar —o la crearemos si no está disponible— y dentro de los corchetes angulares escribiremos el atributo y le asignaremos un valor.

La estructura básica es *nombre-del-atributo="valor"*. Si hay más valores, estos se separan por espacios en blanco dentro de las comillas. Si el atributo es `style` (estilos en cascada), los valores son líneas de código CSS separadas por punto y coma (";") entre sí.

Quizás a estas alturas ya eres víctima del espanto. Haya tranquilidad. Como nos dedicaremos a la creación de código semántico, todo será más simple. No te preocupes.

Cuestión de mayúsculas y comillas

Antes de empezar deberías revisar el código fuente del resto del sitio web para el que trabajarás. Sería necesario ver cómo está escrito y tomar conciencia de las posibilidades que ofrece el gestor de contenidos (CMS) del que te han dotado.

Debes averiguar si tu programador escribe las etiquetas en mayúsculas o minúsculas y hacerlo exactamente igual que él. Puede parecer una nimiedad, pero muchas veces parte del éxito reside en escribir el

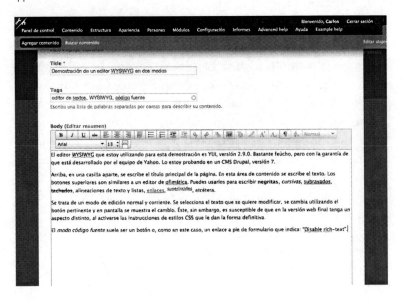

código en la caja tipográfica correspondiente. El problema es que las aplicaciones de Ajax distinguen entre caja alta y caja baja, de manera que es posible que tu página final tenga comportamientos y formas absolutamente disparatadas si no aciertas. Generalmente se escribe en minúsculas, pero si ves que todo está en mayúsculas, escribe código en mayúsculas.

La segunda característica que debes controlar es la existencia de comillas en los atributos. Y si éstas son simples ' o dobles ". Aquí no hay ningún truco que sirva. Sólo observar, imitar y experimentar. Cuando veas cómo reacciona tu contenido, sabrás que has elegido bien el tipo de comillas para los atributos.

Si debes usar comillas dobles, quizá sea necesario *escaparlas* para evitar un error en el gestor de contenidos. *Escapar* el código significa convertirlo en un formato reconocible por la programación y distinguido del resto del script que debe ejecutarse. Se hace escribiendo una barra invertida justo antes de las comillas. Por ejemplo, `<p lang=\"fr\">`.

Figura 5
Editor YUI 2.9.0 en el CMS Drupal. Nuestra forma de trabajar será sencilla:
1. Escribir el texto en modo WYSIWYG y editarlo con la botonera correspondiente (imagen de la página anterior).
2. Pasar al modo de código fuente —en este caso mediante el enlace *Disable richtext*— y corregir las etiquetas de los elementos y los atributos (imagen superior).
3. Guardar la creación.
Siempre debería revisarse el código. Por ejemplo observa que el primer párrafo carece de etiqueta p. Que la negrita se construye con la etiqueta strong, cuando a lo mejor sólo necesitas b. O que el texto tachado es un simple estilo, cuando probablemente quieres que sea un elemento del. La revisión se hace con mucha rapidez cuando se tiene algo de práctica.

También existe la posibilidad de que alguna vez tengas que escapar las comillas simples. Y no te sorprendas si el código de tu programador no utiliza comillas, como en <p lang=fr>. HTML5 también lo acepta.

Una cosa más e importantísima para cerrar el capítulo: recuerda que las comillas de programación no son las comillas de lectura. Cuando hablamos de comillas en programación, las dobles son realmente los segundos (") y no las comillas tipográficas de cierre ("). Y cuando hablamos de comillas simples, nos referimos a los minutos (') y no al apóstrofo (').

Cada cosa en su sitio.

Listo. Ahora ya puedes modificar a tu gusto el código fuente de tus textos.

Segunda parte

No hay más orden, en esta segunda parte, que el que tú, como lector y dueño de estos conocimientos, establezcas. Puedes empezar por cualquier capítulo. O ignorarlos y consultarlos sólo cuando los necesites.

La filosofía subyacente consiste en la utilización de lo más básico y esencial —y frecuentemente ignorado— como punto de partida, para ir avanzando hacia los elementos de mayor calado y mancha en la página. Se empieza por la identificación correcta de los idiomas, se sigue con la explicación de qué atributos contiene un vínculo y culmina con la explicación de qué elementos concurren en la página y cuáles de ellos son los que elaboraremos y modificaremos como periodistas.

Nuestro trabajo se reduce al fragmento extenso de contenido dinámico en la estructura central de la página. Lo demás es cosa de diseñadores y programadores. Y procuraremos no complicarnos la vida: escribiremos nuestros textos, cargaremos nuestros recursos audiovisuales, y, antes de dar por bueno el trabajo, haremos las pequeñas modificaciones en las etiquetas de los elementos, añadiendo y cambiando atributos para que todo sea semántico.

Sin más.

Idiomas, países y códigos

Hablando de idiomas, una cosa es la codificación de caracteres y otra, la lengua en la que se ha escrito la página. No hay que confundirlas.

La codificación de caracteres es la conversión de cada letra y pictograma en un código que puede ser interpretado por el navegador y reproducido en pantalla. Se efectúa en el servidor de la página web y en la propia página. Y afecta a la totalidad del contenido, lo que escribes y el código fuente que sirve para mostrarlo.

Para la mayoría de los programadores es un quebradero de cabeza cuando no existe coincidencia entre el código que proporciona el servidor, el indicado por la página web, la configuración de la base de datos y los formularios del gestor de contenidos. Para volverse loco.

Como periodistas, esta parte del código no la tocaremos. Pero debemos saber cómo funciona y cómo afrontarla cuando escribamos atributos en el editor de contenidos.

Juegos de caracteres

Cada juego de caracteres se denomina `charset` y en la página web se expresa en el `head` del código fuente en lenguaje HTML5 con el elemento `meta`: `<meta charset="utf-8">`.

Hasta hace unos años, cada idioma utilizaba su propio juego de caracteres, con denominación de estándar ISO. En nuestro ámbito lingüístico empleábamos una versión de caracteres latinos en la que se incluían las tildes, la cedilla, la eñe... Los países escandinavos y bálticos usaban otra versión del juego latino. Los sajones, sin problemas de tildes, podían utilizar prácticamente cualquiera de los juegos de alfabetos occidentales. Y rusos, árabes, hindúes, chinos, japoneses, etcétera, usaban sus propios juegos de caracteres.

El objetivo de cada `charset` era aligerar la carga de las tipografías y acelerar la localización de cada letra para cada idioma.

Cada carácter se corresponde en el `charset` con una identidad alfanumérica, que es la que utilizan los sistemas informáticos para comunicarse. Esta identificación podía existir simultáneamente en varios juegos de caracteres para grafías distintas.

Con la adopción de los `charset` UTF (Unicode Transformation Format) se elimina este problema. El juego es completo y se amplía, además, con pictogramas diversos: flechas, símbolos matemáticos, corchetes y llaves de todo tipo, símbolos de monedas, glifos, etcétera. Cada letra ocupa un espacio y puede escribirse de derecha a izquierda y viceversa, en la versión de 8 bytes (UTF-8). Los idiomas japonés, chino y coreano, en los que cada espacio tipográfico se compone de la superposición de varios caracteres distintos, ocupa 16 bytes (UTF-16).

UTF, que se corresponde con la norma ISO 10646, debería ser el estándar para todas las fórmulas de escritura web y en nuestro ámbito lingüístico deberíamos utilizar únicamente UTF-8. Sin embargo, todavía se usan los ISO anteriores causando, cuando menos, una terrible desazón en el periodista que se tropieza con los problemas de provocan.

Por ejemplo, puedes escribir la palabra "extrañísimo" y cuando buscas el código fuente creado en el gestor de contenidos, te encuentras `extraÃ±Ãsimo`. No se te ocurra corregirlo, porque está bien. Te muestra una traslación directa a/o desde UTF, pero se mostrará correctamente en pantalla.

Si tienes que cambiar o crear un atributo, hazlo sin alterar el texto que hayas redactado para mostrar en pantalla. Cuando hayas terminado, regresa a la visión del editor WYSIWYG, para comprobar que el funcionamiento es correcto antes de guardarlo.

También puedes tropezarte con otras manipulaciones de texto que puede realizar el editor de forma automática. Por ejemplo, `extra&ntilde;&iacute;simo`, en formato HTML. Será igualmente correcto.[13]

En nuestra producción habitual podemos encontrarnos con esta extraña forma de convertir letras en formato HTML cuando escribimos cualquier vocal con tilde, la eñe (ñ), la cedilla (ç), el punto intermedio (·), las comillas simples y dobles tipográficas, las letras voladas (ª y º), los grados (°), los símbolos monetarios o de negocio (€, ©, ®), las rayas (—), las comillas angulares (« y »), los interrogantes (¿ y ?) y las exclamaciones (¡ y !), o los puntos suspensivos (...).

Pero también sucede con los corchetes angulares (< y >), que son los que se emplean para distinguir las etiquetas y elementos en HTML y que siempre utilizaremos para etiquetar nuestro contenido dentro del código fuente. De lo contrario, aquello que contuvieran sería interpretado como texto.

Resumiendo, si utilizamos un editor WYSIWYG para escribir y vemos correctamente nuestro texto en el front-end pero se muestra alterado cuando entramos en el código fuente para modificar las etiquetas, no nos preocupemos y realicemos la modificación pertinente sin intentar corregirlo, porque el comportamiento es correcto ya que se debe a un ajuste de `charset`.

Cuando escribamos etiquetas y atributos en el código fuente, no olvidemos que las letras conflictivas, como las citadas anteriormente, están prohibidas.[14] Usemos letras sin tildes y palabras sin espacios ni guiones.

13 Siempre te puede servir de ayuda el conversor online del consorcio que gestiona Internet, W3C. Permite trasladar un texto a distintos juegos de caracteres y formatos escapados: http://people.w3.org/rishida/tools/conversion/
14 Prohibidas con la excepción de los atributos que se pueden mostrar en el front-end. Por ejemplo, el atributo `alt` en las imágenes sirve para mostrar una explicación de la *(pasa a la página siguiente)*

Declaración del idioma o geolecto

Lo que sí podremos modificar es el atributo `lang`, que define el idioma o variante lingüística del idioma en el que se escribe el texto.

Recordemos de capítulos anteriores —si no te los has saltado—[15] que el atributo `lang` es el primero (o uno de los primeros) que se muestran en el código fuente de la página y describe el idioma en el que está escrita. Habíamos visto que identificaba la totalidad de la página y que podía incluir también la versión territorial del idioma, desde el mismo atributo del cajón `html`.

El atributo indica que todo el contenido está escrito en un idioma o en un geolecto. No es lo mismo el inglés estadounidense (`en-US`) que el británico (`en-EN`). Ni el castellano (español de España, `es-ES`) es igual al colombiano (español de Colombia, `es-CO`).

La correcta identificación del idioma de la página —que corresponde al programador— tiene dos efectos. Por una parte, los robots de los buscadores de Internet activarán el diccionario de la lengua indicada en la página para identificar los términos de nuestros textos.

Si en el curso del proceso LSI (Latent Semantic Indexing) que lleva a cabo el buscador no logra encontrar los términos que hemos utilizado en sus diccionarios para el idioma, puede considerarlos —si los hemos escrito en la posición sintáctica y con la ortografía apropiada— nombres propios. Así los considerará en el proceso subsiguiente, el LSA (Latent Semantic Analysis).

Si el texto contiene demasiadas palabras que no reconoce y que no tienen una adecuada posición sintáctica dentro de la oración, lo considerará un error. En otras palabras, si los términos que ha dado por buenos como nombres propios no están en las posiciones gramaticales de la lengua indicada en el código fuente —pongamos que español—,

---

(Viene de la página anterior)
imagen alternativa a ésta, cuando el recurso gráfico no puede mostrarse. O el elemento `title` en enlaces y otros elementos contribuye a explicar qué es lo que el usuario encontrará al otro lado del clic.

15 En *Lo esencial del lenguaje HTML5.*

y no empiezan por mayúscula, ni son precedidas por modificadores de trato (don, señor...) o artículos (el, mi), los considerará un error y no indexará el texto.

O, aún peor, puede considerar que se trata de una maniobra de *black SEO* [16] y penalizar el posicionamiento de todo el dominio.

El segundo efecto tiene que ver con la localización geográfica de la página y su presentación a los internautas que la desconocen. Los buscadores captan un montón de parámetros correspondientes a sus usuarios cuando estos plantean una búsqueda. Entre otros, la posición geográfica, el idioma del sistema operativo, el idioma del navegador y, evidentemente, el idioma mediante el que accede al buscador. Si existe coincidencia de idiomas, el posicionamiento de la página será mejorado por el buscador.

A veces este efecto es casi imperceptible. Otras veces se ignora pensando que los usuarios siempre disponen de navegadores, sistemas operativos e interfaces de buscador en un mismo idioma, aunque no siempre es así. Como en otros espacios multilingües, muchos usuarios catalanes, valencianos y baleares utilizan el sistema operativo en un idioma y el navegador en otro. Y lógicamente, esta forma de uso afecta, aunque sea levemente, a nuestro contenido en alcance y posicionamiento.

Cambiar de idioma sobre la marcha

En otras palabras, la instrucción que encabeza el código fuente determina en qué idioma vamos a escribir nuestros textos. ¿Eso significa que no podemos escribir en otro idioma? En absoluto.

Podemos usar el atributo `lang` para resolver la identidad lingüística de cualquier fragmento de texto que necesitemos en otro idioma. In-

---

16 Maniobras prohibidas que pretenden forzar el posicionamiento en buscadores de contenido que, de otra forma, nunca podría ocupar las primeras plazas en las páginas de resultados.
SEO: Search Engine Optimization, actividad de optimización tecnológica y de los contenidos para mejorar la posición en la página de resultados de los buscadores cuando un usuario indaga sobre determinados términos o palabras clave.

cluso para todo nuestro texto, si lo vamos a redactar en otra lengua y la
página se ha definido con un idioma distinto.

Podemos iniciar cada párrafo con `<p lang="de">`. Y todo lo que
quepa dentro de la etiqueta será identificado correctamente por los buscadores como alemán. Si tenemos listas no ordenadas, también podemos cambiar su idioma: `<ul lang="de">`. Cada ítem será considerado
en alemán.

Si vamos a citar un párrafo de un libro, un poema o la letra de una
canción en un bloque, podemos marcar también que la transcripción
es literal en una lengua que no coincide con la declarada para la página
web: `<blockquote lang="en">`.

La identificación de la excepción se extiende también al enlace a páginas web externas que pueden tener un nombre común, pero en otro
idioma. Por ejemplo:

```
<p>El sistema nos proporciona una visión del <a
href="http://www.google.com/about/datacenters/inside/
streetview/" title="Take a walk through a Google data
center" lang="en">datacenter</a> de Google única.</p>
```

Pensarás que parece que sólo nos debe preocupar el qué dirán los
buscadores de nosotros. Y, en parte, tienes razón. Pero sólo en parte.

Separación silábica y estilos de comillas

Cuando identificamos correctamente el idioma en el que redactamos
estamos aportando un valor semántico a nuestro contenido. Declarada
su lengua, posteriormente podremos manipularlo con extrema facilidad sin que pierda valor. Lo podremos lanzar en dispositivos distintos,
aprovecharlo en nuevos contenidos o, simplemente, mejorar su legibilidad en pantalla.

Hoy ya es posible. En el momento de escribir este manual, los navegadores Safari y Firefox han incorporado la separación automática de
sílabas como una función de la programación de estilos CSS. Utilizando

las instrucciones CSS `-moz-hyphen:auto`, `-webkit-hyphen:auto` y la estándar `hypen:auto`, el navegador compara el texto con sus diccionarios para el idioma declarado y separa automáticamente las sílabas a fin de línea con guiones. Y sin afectar en ningún caso la estructura de contenido que hayamos creado. Si introducimos un párrafo en otro idioma, deberemos indicarle qué atributo de lenguaje tiene para que la separación de sílabas sea correcta.

Pero además, vinculando también los estilos CSS con la declaración del idioma del contenido, los programadores pueden establecer de forma automática el tipo de comillas propias de cada idioma para las citas textuales. Cuando escribamos una cita usando el elemento apropiado, q, el navegador escribirá por sí mismo nuestras comillas elegantes "" (o '' para las citas anidadas), las comillas angulares «», o las comillas germanas „", sin que tengamos que preocuparnos lo más mínimo.

La cita estará correctamente etiquetada en lenguaje HTML5, trasladando semánticamente su valor y, siempre, entrecomillada automática y correctamente.

Construcción de enlaces

Si algo define a una página web son los enlaces. Una página sin ellos es un callejón sin salida. Es como si hubieras llegado al final de Internet. Los enlaces enriquecen el contenido y le dan al usuario la posibilidad de avanzar en la navegación por el sitio para el que escribes y, lógicamente, por el conocimiento que impartes.

HTML5 mejora el tratamiento que reciben los enlaces. Los dota de toda una serie de atributos semánticos que identifican correctamente el texto que sirve de gancho (anchor text), el objeto al que se conecta y la relación existente entre ambos. Por ejemplo, si un enlace se atribuye como author, la página vinculada, o la dirección de correo electrónico y hasta la página de perfil personal en una red social, se considerarán siempre como el hogar donde encontrar siempre al autor de los textos. Un espacio de contacto infalible.

Piensa en esta característica como un seguro de localización para tu organización. Y obsérvala también desde la perspectiva de una mejora en el posicionamiento en buscadores.

Para emplear estos nuevos atributos de los enlaces, tendremos que acceder al código fuente desde el editor WYSIWYG. Hasta ahora, para escribir un enlace escogíamos las palabras que lo iban a albergar, el gancho o anchor text, seleccionándolas con el cursor. Luego, presionábamos el botón correspondiente a la creación de enlaces en el editor y escribíamos a dirección de destino, un título y el modo de ventana en el que se abriría en el navegador del usuario.

La forma de escribir el enlace básico, no ha cambiado. Lo usaremos así y sólo lo modificaremos cuando queramos añadir valor semántico a la composición.

Vamos a echarle un vistazo a los componentes básicos del elemento enlace.

La referencia

La referencia (`href`) es el atributo que nos encontramos en primer lugar. Es el destino al que conectamos nuestra página mediante el elemento `a`. Cuando se trata de páginas web en un mismo dominio y salvo que los administradores del servidor nos indiquen lo contrario, podemos utilizar direcciones relativas en lugar de direcciones absolutas. La ventaja es que cambiando de dominio o servidor, los enlaces nunca se romperán y no será necesario reparar el sitio web. La desventaja es que el texto puede no ser aprovechable desde una URL distinta. El enlace del texto reutilizado apuntaría a direcciones relativas que habrían dejado de existir.

Para escribir un enlace relativo hay que partir de la página que se está editando. Las páginas que se encuentren en niveles inferiores evitan tener que escribir la ruta anterior, y los niveles superiores se sustituyen por `../` (Figura 6).

A veces, te toparás con dominios que utilizan direcciones URL amigables, que no son otra cosa que un truco informático para reconvertir los directorios y subdirectorios, y las variables y sus valores que se muestran en las URL de las páginas web, en palabras pronunciables por un humano y que, a ser posible, permitan la mejora de su posición en buscadores.

Por ejemplo, en lugar de la dirección inventada:

```
http://www.estrategiadelcontenido.com/test/
miotrapagina.php?id=123&n=456&o=789
```

tu referencia de destino podría ser:

```
http://www.estrategiadelcontenido.com/
titulo_amigable.php
```

El contenido sería el mismo y en el mismo lugar, pero la dirección ha sido trucada. Con este mismo ejemplo, si necesitas una dirección relativa, enlaza con: `titulo_amigable.php`. Ganarás tiempo.

Otro detalle que hay que tener en cuenta al escribir la referencia es el protocolo de conexión. Éste identifica el tipo de datos que se solicitan desde el navegador cuando se llama a cualquier página o archivo por Internet. El protocolo inicia la dirección de destino del objeto o recurso, separándose de la ruta por dos puntos y, en muchos casos, doble barra inclinada.

Para páginas web, siempre que utilicemos direcciones absolutas, deberemos tener en cuenta la existencia de certificados de seguridad en la URL de destino. Si se trata de una página normal y corriente, sin medidas extraordinarias de seguridad, el protocolo será `http://`. Si se trata de un servidor con encriptación de los datos de transmisión, habitual en tiendas online, frecuente en algunas intranet corporativas e indispensable en cualquier operación financiera, el protocolo será `https://`.

Pero además de los protocolos habituales, hay más. Y debes conocerlos. Al menos los más importantes:

- `mailto:`
  Algunos editores WYSIWYG reconocen una dirección de correo electrónico como destino y escriben el protocolo previo automáticamente. Con otros, deberás escribirlo a mano. Entre los dos puntos del protocolo y la dirección de e-mail de destino no debe

haber espacios. Tampoco es necesario escribir el `target`. Al utilizar el enlace, el programa cliente de correo electrónico del usuario —o la página de webmail que tenga activa— se activarán para esa dirección de destino. Muchos programadores usan un truco para que el mensaje de correo tenga un título predefinido de forma automática. Es muy simple y lo puedes programar tú. Sólo debes escribir al final de la dirección de correo `?subject=tu_título`.

* `tel:`

Cuando se escribe para dispositivos que a la vez son un teléfono, es posible enlazar un número. Hay que escribirlo a mano y no hay que dejar espacio entre los dos puntos y el número telefónico de llamada, que debe contener los prefijos correspondientes en formato numérico. El número hipotético +34 93 000 00 00, para la provincia de Barcelona sería 0034930000000. Al activar el enlace, si el usuario usa un *smartphone*, se iniciará una llamada telefónica. El resto de navegadores ignoran el número de teléfono, pero mostrarán que se trata de un enlace. En algunos casos, en terminales de sobremesa y portátiles podría activarse algún programa de telefonía, como Skype.

* `callto:`

Se usa como `tel:`, pero sólo sirve para Skype y, en Hungría, para la empresa Klip Software. Va seguido del nombre de usuario de Skype o del número de teléfono de éste. Cuando no hay Skype instalado, los navegadores muestran un enlace que, evidentemente, no funciona.

* `skype:`

Es otro protocolo idéntico a `callto:`.

* `facetime://`

Sirve para lanzar la aplicación Facetime de Apple. Va seguido del número de teléfono móvil o de la dirección de e-mail del usuario de Facetime. Los visitantes de la página web que no disponen de la aplicación ven un enlace que no funciona.

- `ftp://`
  Protocolo veterano de los servicios de File Transfer Protocol (FTP).
  Si el usuario dispone de un programa cliente predeterminado en
  su sistema operativo, será lanzado. Si no lo tiene, el navegador
  se conectará como cliente anónimo para la descarga de archivos,
  aunque lo normal en este caso es que no tenga permisos para acceder. Junto a la dirección FTP se puede enviar el nombre de usuario
  y la contraseña de acceso.

- `spotify:`
  Este protocolo empieza a gozar de cierta popularidad como herramienta de marketing, en el que las marcas intentan asociarse
  a los valores culturales de una lista musical, de manera que es
  necesario conocerlo. Tras el protocolo se escribe el nombre del
  artista, del álbum o de la canción, tal y como se haya registrado en
  Spotify, y arrancará la aplicación para escucharlo. Puede ir seguido
  de `search:` y de un texto a buscar en la plataforma musical. O
  de `user:` y el nombre de un usuario registrado, de modo que se
  accederá a la selección musical de éste. Si el usuario no dispone
  de la aplicación de la plataforma, se abrirá la página de Spotify, sin
  errores.

- `lastfm://`
  Seguido del nombre de usuario o del de un *stream* radiofónico,
  abre el programa cliente de LastFM para escuchar aquello que se
  haya enlazado. Como en el anterior, si no se dispone de la aplicación, abre la página web de la plataforma musical.

- `ymsgr:sendIM?`
  Seguido del nombre de usuario de Yahoo Messenger, permite enviar el mensaje instantáneo por esta red. Ante el auge de las comunicaciones por las múltiples redes sociales, este protocolo y este
  tipo de mensajería va cayendo en desuso.

Estos son algunos de los protocolos más conocidos. Hay muchos
más. Y pueden surgir nuevos.

La tendencia de futuro, sin embargo, apunta a que no tengas que
escribir el protocolo en una dirección URL. No resulta práctico ni para

el redactor que tiene que recordar una dirección compleja, ni para el servicio receptor, que pierde el valor estadístico del enlace entrante. La mayoría de nuevos servicios generan una página HTML normal y corriente que sirve como pasarela entre el enlace y el servicio final o la aplicación correspondiente.

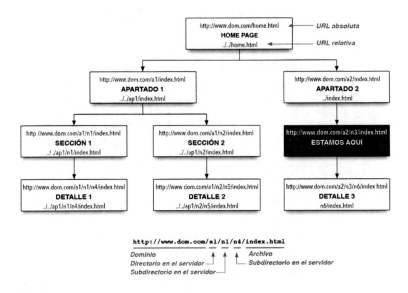

Figura 6
El gráfico muestra la composición de URL absolutas y URL relativas, a partir de la página que se resalta en negro. Las URL absolutas son completas: protocolo, do-minio, directorios y subdirectorios en el servidor web en el que se aloja la página y finalmente, el nombre del archivo (la página) que se llama. Las URL relativas lo son en función del lugar en el que se escriben los enlaces. Ninguna otra URL se parecerá, tomándose como referencia otra página del sitio. Los directorios superiores se sus-tituyen por ../. Las rutas desdencentes por directorios paralelos necesitan subir hasta el ancestro común, en este caso la Home Page, y descender sin perder la ruta de subida (../../). Cuando lo pruebes un par de veces, te parecerá más sencillo.

Sólo tienes que ver cómo funcionan los enlaces para las aplicaciones para dispositivos móviles de Apple. Se enlaza directamente con una página HTML que ha creado Apple para aquella utilidad. Y la página abre, automáticamente, la aplicación iTunes en el terminal del visitante para mostrarle dentro de la aplicación el procedimiento de descarga. Todo es así más seguro y sencillo.

Título

El título (`title`) del enlace también podemos escribirlo directamente desde el editor WYSIWYG. Lo constituye la palabra o frase que se muestra al pasar el cursor sobre el enlace y es indispensable porque tiene varias funciones. Es una herramienta semántica, de accesibilidad, de usabilidad y de posicionamiento.

- Accesibilidad

  Cuando un discapacitado visual está visitando la página web, su navegador le lee en voz alta el título del enlace, indicándole que aquello es un vínculo y a dónde se dirige. Esta información le permite decidir si vale la pena seguirlo.

- Usabilidad

  En aquellos casos en los que los enlaces, por cuestiones estilísticas de la página, no lo parecen, el usuario los detecta al pasar el cursor por encima y leer el título. No es necesario que vaya haciendo clic por doquier para encontrar los vínculos. Aún así, cuando escribas contenido recuerda que los usuarios de dispositivos móviles no ven este atributo, así que el texto del gancho (*anchor text*) debe ser excelente y parecer inequívocamente un enlace o, mediante estilos, aparentar que se trata de un botón.

- Semántica

  Si te fijas bien, el elemento a es una solución técnica carente de contenido. Su misión es activar el nexo entre un espacio virtual de Internet y otro. Nada más. Por lo tanto, para que tenga contenido debe englobar algo —el texto o la imagen gancho— y debe tener un título. De este modo, las máquinas interpretarán que al enlace α le corresponde el contenido β del texto y el contenido δ del título. O lo que es lo mismo, usando un buscador semántico, el criterio de búsqueda δ correspondería con el enlace α. Esta capacidad de aportar contenido debe aprovecharse al máximo, imbricando el mensaje del título al gancho enlazado. Por ejemplo, imaginemos que el enlace vincula "1" a otra página. El guarismo, por sí solo, no dice nada. Si escribes un título que lo aclare, tendrá más enjundia:

```
<a href="http://www.estrategiadelcontenido.com/
pagina.html" title="Versión de la página en la que
estamos trabajando: 1">1</a>
```

Lo mismo sirve para imágenes que actúen como gancho.

* Posicionamiento
En el momento de redactar esta guía, cuando los SEO tradicionales andan de capa caída por la evolución de los buscadores, se considera que las palabras clave que se escriben en el título de un enlace sirven como modificadoras de calidad de las expresiones utilizadas para vincular. Mejor con un ejemplo:

```
<a href="mipagina.html" title="Dulces baratos">
Caramelos Pepe</a>
```

contribuiría a posicionar la marca "Caramelos Pepe" en buscadores para la palabra clave "caramelos", pero mejorando siempre su posicionamiento cuando se buscaran "caramelos baratos", puesto que "barato" es el adjetivo principal que modifica el sustantivo genérico "caramelos". Huelga decir que el beneficio de posicionamiento no es para tu página, sino para la de destino. Pero es de buena persona buscar el beneficio recíproco, o eso dicen. Úsalo a conciencia.

El título es, por lo tanto, indispensable. Escríbelo bien: sujeto, verbo, complementos. Que sea una frase corta, contundente y con un sentido único e inequívoco que describa con precisión qué se encontrará el que active el enlace. Si se vincula a un archivo que el usuario vaya a descargarse, que indique el peso y el formato, así informas y das libertad al usuario para descargarlo y contribuyes al ahorro en consumo de ancho de banda.

Ventana de destino

El atributo `target` es heredero de los antiguos marcos (`frame`) que se empleaban en la arquitectura de los sitios web antes de que la dinamización mediante base de datos fuera generalizada. Los marcos constituían una estructura de páginas embebidas por otras y que se relacionaban entre sí. Una podía contener el menú y la otra, parte del contenido. Ambas ocupaban siempre el mismo espacio en la pantalla. Al hacer clic en un enlace de la página del menú, se sustituía por completo la página de contenido.

Hoy, de todas las opciones de `target` posibles, usaremos la que abre una página en una nueva ventana del navegador (o pestaña, si el usuario las utiliza por defecto) y la que sustituye el contenido actual en la ventana abierta.

En el primero de los casos el valor del atributo `target` es `_blank`.

Dependiendo del libro de estilo del sitio web para el que trabajes, será obligado utilizarlo cuando el enlace sea externo al dominio. Usándolo así, se facilita la navegación del usuario en un flujo constante de contenido, pero sin perderlo, ya que tu ventana permanece abierta y activa por debajo de las que va abriendo. Los administradores de los sitios evitan con este atributo la acción de la competencia y proporcionan a los buscadores una información relativamente falsa de visitas muy largas, esperando que mejoren el posicionamiento.

El valor `_self`, el segundo caso de `target`, abre el contenido en la misma ventana en la que se produce la llamada. Si no lo indicas, es el modo de actuar por defecto de los navegadores.

Los otros valores posibles están en desuso o se utilizan en páginas embebidas con `iframe` para sustituir a otras mediante llamadas a la `id` del espacio. Son casos muy excepcionales y francamente en desuso. Es más que probable que jamás te tropieces con un caso así. Y si sucede, con seguridad deberás recurrir a tu programador y seguir sus instrucciones.

La relación

Llegamos a una de las grandes novedades y que obligatoriamente hay que utilizar para dotar a nuestro contenido de la máxima semántica: el atributo `rel`.

Éste establece una relación directa entre la página que alberga el enlace —en la que trabajamos— y la de destino. Define la conexión entre ambas y convierte el nexo en un significado único que las máquinas semánticas pueden interpretar y valorar.

Recuerda el ejemplo anterior de `rel="author"`, que define la página de destino como el punto de contacto con el autor del contenido. Si se consultara en un buscador semántico el nombre del autor, debería proporcionar la dirección URL que hemos vinculado (si es mayoritariamente usada y correcta). El resultado que obtendría el usuario del buscador sería óptimo y obviaría la visita a la página que contiene la obra del autor. Es decir, nuestra propia página.

A primera vista, cuando el autor es externo a la organización, no nos beneficia el uso de `rel="author"` porque pasa por alto nuestro trabajo. No recibimos visitas. Perdemos peso e influencia.

Pero si alguien busca citas, comentarios, reseñas o cualquier otro formato de contenido relacionado con el autor, nos encontrarán. Y si el autor es de prestigio, nos proporcionará mayor relevancia ante los buscadores, ergo mejor posicionamiento.

Sólo hay que añadir el atributo `rel` de forma manual, editando el código fuente del enlace.

Cuando lo hagas, recuerda que un atributo `rel` puede tener varios valores distintos, separados por un espacio. Por ejemplo: `rel="author external"`.

Las relaciones reconocibles por el estándar tecnológico son:

- `author`

  No insistiré sobre lo apuntado anteriormente. Sí destacaré un par de ventajas adicionales que proporciona el enlace directo a la pági-

na personal de un autor: la actualización permanente de su currículum sin tener que modificarlo nosotros mismos y la redirección
de los afectados, aludidos, ofendidos y discrepantes, que siempre
los hay, hacia el responsable primigenio de aquello que se publica.
En este caso, no existe la exención de responsabilidad ni su servi-
dumbre se deriva, como recordarás de tus clases de Derecho de la
Información.

Una cosa más de vital importancia: author es el autor del contenido de la página web, no el de libros, pinturas, partituras o
películas de las que verse tu artículo. Tampoco es el autor de la
programación de la página. La relación afecta únicamente al responsable del contenido que firma. Si hay varios autores, cada uno
tendrá un enlace con esta relación.

Todo esto, por lo que respecta al atributo tal y como se define en
el estándar tecnológico. Porque hay más.

En el momento de redactar estas líneas, Google ha puesto en marcha su ofensiva Google Authorship [Google-5] para apropiarse de
las referencias de autores a cambio de una mejora en el posicionamiento de las páginas web. Después de varias pruebas, su sistema
consiste en la adición del valor rel=author como una variable en
la URL de la página personal del autor en su red social Google+. La
identificación se completa con la frase "Por" y la escritura exacta
del nombre de usuario del autor en la red social, al principio o al
final del cuerpo de texto. En Google+, además, el autor deberá
tener verificada una dirección de correo electrónico cuyo dominio
corresponda con el dominio del sitio web en el que publica.

Pero todas estas fórmulas pueden cambiar. Ya ha pretendido usar
enlaces en el head de la página, la relación rel="publisher" y
unas cuantas fórmulas más. Es decir, ha intentado apropiarse de
un estándar tecnológico con la única intención de que su red social no se hunda. Y eso perjudica a las páginas personales, sitios de
empresa y dominios propios de los autores que, si quieren asomar
la cabecita en Internet, tienen que sacrificarlos por una página en
Google+. Al menos eso sucede a principios de 2013.

- `external`

La relación dice, a quien pueda interesar, que el destino del enlace está fuera del dominio en el que estás redactando. Y los interesados son dos: los buscadores y los navegadores. Para los primeros es una advertencia de que cuando escribiste el enlace, el contenido de destino era el que pretendías, pero que como está fuera de tu control quizá ha cambiado. Es una forma de eximirse de la responsabilidad ante posibles sorpresas que se produzcan con el paso del tiempo. La advertencia, en principio, debería ser tomada en cuenta por los buscadores y no penalizar el posicionamiento de tu página web. O no en exceso.

A los segundos, los navegadores, les dice que el contenido probablemente no está guardado en la caché y el usuario no podrá navegar offline. Eso significa que cuando se utiliza un dispositivo móvil, el navegador no buscará el contenido de estos enlaces de forma automática. Entenderá que se trata de un contenido externo y no prioritario. Salvo que se active el enlace manualmente, no lo seguirá. Por lo tanto, no habrá una descarga de contenido en la caché del dispositivo móvil para poder navegar posteriormente sin conexión a Internet.

Actuando así, a los usuarios de estos dispositivos no se les agotará sin ton ni son el bono de conexión a Internet. Y aunque ignoren a quién, agradecerán que navegar por tu página web no les cueste dinero.

`external` puede aportarte, además, un uso estratégico para contenido secundario y pesado que puedas albergar en un subdominio. Por ejemplo, estás redactando un estudio crítico en la dirección ficticia http://www.estrategiadelcontenido.com/estudiocritico.html y en él enlazas el análisis con el objeto, que se encuentra en el imaginario subdominio propio http://casos.estrategiadelcontenido.com/caso1.html. Si consideras que el objeto de análisis no aporta información esencial, puedes indicar que se trata de una carga externa y simplificar la vida de tus lectores desde dispositivos móviles. Haciéndolo, además, contribuirás a reducir los costes de transferencia datos del sitio web.

- `tag`

Ya sabes lo que son los `tag`. Una estructura transversal, múltiple y libre de clasificación de contenidos. Una etiqueta puede adjetivar contenidos de distintas secciones y áreas de un sitio web. Se puede crear en cualquier momento, sin obedecer a criterios temáticos estructurados, y permite la calificación de un mismo contenido por diversas etiquetas simultáneas, sin perjuicio de su atribución y dependencia de una jerarquía temática en las secciones del sitio web. Cuando usas `rel="tag"` estás informando de que la página de destino es la que aúna —o es la primera en una secuencia de navegación— todos los contenidos etiquetados de este modo. Sin embargo, `rel="tag"` no se puede utilizar, nunca, pero nunca, en una nube de tags o en la propia página del `tag`, porque generaría un bucle a las máquinas que tienen que interpretar semánticamente el contenido. Para entendernos, si `rel="tag"` se usa en la nube de tags que se muestra en cualquier página, la máquina semántica localizará como resultado el propio enlace de salida, que le indicará que debe volver a buscar, en un circuito sin final.

- `alternate`

La etiqueta significa que el usuario encontrará en el destino exactamente el mismo contenido que ve en la página que está visitando, pero en un formato técnico o visual distinto. Se puede utilizar para los enlaces que generen *on the fly* —al vuelo, en términos informáticos— una versión de la página que se visita en formato Portable Digital Format (PDF) con el fin de obtener versiones de impresión de mayor calidad. O para convertir tablas de datos de una página web en una hoja de cálculo con formato .csv o .xls que se pueda descargar. O para extraer fragmentos de programación en formato plano (.txt) para copiarlos y pegarlos con mayor tranquilidad.

La relación `alternate` tiene dos utilidades fundamentales para los buscadores. Por una parte, les indica la localización del formato de archivo que, precisamente, sus usuarios están buscando para el contenido. Esta característica podría asimilarse a la página de búsqueda interna del sitio web. Por otra parte, los buscadores asumen que la duplicación de contenidos responde a necesidades de usabilidad y por lo tanto no penalizan el posicionamiento de la página original (también denominada canónica).

Lo pones fácil, y las máquinas te lo agradecen enseñándote arriba.

* `bookmark`

Empléalo sólo para *permalinks*, es decir, para las direcciones permanentes, estables y originales de la página que se está visitando. Los *permalink* son útiles en dos ocasiones: cuando la dirección de la página actual ha sido convertida en una URL amigable y existe la posibilidad de que esta conversión cambie en el transcurso del tiempo, y cuando el contenido se muestra, en una navegación habitual, como un fragmento dentro de una lista extensa y se requiere una URL específica para su localización.

Para el primer caso, imaginemos una página que es una cuenta atrás para alguna actividad. Por ejemplo, la URL real de ésta es

http://www.estrategiadelcontenido.com/pagina.php?id=1234

pero se ha transformado en amigable como

http://www.estrategiadelcontenido.com/faltan10diasparaelacontecimiento.html

Cada día que pasa, falta un día menos para la acción, por lo que la URL amigable va transformándose:

http://www.estrategiadelcontenido.com/faltan9diasparaelacontecimiento.html

Y así, sucesivamente.

El contenido no cambia. Y la URL real, tampoco. Sin embargo, los usuarios no pueden compartir la dirección porque ésta cambia cada día. Para eso les proporcionamos un *permalink* con la URL real, que no fallará nunca. Y lo atribuimos a una relación `bookmark`.

Para el segundo caso, podemos pensar en una lista de accesorios en una tienda. Por ejemplo, modelos de casquillos para una tienda de lámparas. Cuando el usuario abre la página de casquillos, ésta muestra la lista de la decena de modelos disponibles en el mercado con su fotografía, denominación técnica, referencia de la tienda, precio y botón de compra.

La lista está paginada de forma secuencial con tres productos por página. Si un cliente busca el casquillo E27 y este aparece en la página 2 de la sección de casquillos, el buscador interno sólo le mostrará la primera página del listado. El usuario deberá navegar hasta encontrarlo.

Si la lista es muy larga y a la tercera página no encuentra el casquillo, probablemente se marchará a otra tienda. Sin embargo, si se programa cada casquillo con un *permalink*, el buscador ofrecerá una URL única y válida para una página en la que sólo encontrará el casquillo E27. El que busca. El *permalink* se atribuirá a una relación `bookmark`.

- `license`

Tu contenido es tan bueno y original que van a querer comprarlo. Tu sitio web podría albergar una página que indique cómo licencias este trabajo tuyo tan excepcional: si cobras, a quién, cuánto, si se puede modificar tu contenido, si te atienes a algunos de los estándares en protección de derechos intelectuales, etcétera.

De hecho, el apartado de avisos legales del sitio web debería incluir una URL para cada uno de los formatos de licencia que se pretendan conceder sobre las unidades de contenido: Creative Commons (CC), derechos reservados, CC con derechos reservados a usuarios comerciales... Cada pieza del contenido que responda a una de las licencias tendrá un enlace a esa URL con la relación `license`.

- `help`

La relación `help` tiene que ver con la usabilidad del sitio. Puede ser una página que aporta detalles sobre el uso de un formulario. O del buscador. O la página de entrada de un útil FAQ (preguntas más frecuentes). Es decir, un lugar donde el usuario puede encontrar ayuda para obtener una mejor experiencia de navegación y de aprehensión del contenido. Y ese lugar puede ser compartido por diversas páginas simultáneamente. El enlace se identifica con `rel="help"`.

- `search`

Identifica el enlace que apunta a la página en la que se encuentra la casilla de búsqueda interna en el sitio web. A primera vista no parece que tenga mucho sentido, ya que, en principio, todos los sitios web modernos disponen de casillas de búsqueda en todas las páginas.

Sin embargo, el auge de los sitios web diseñados en modo *single-page* —todo el sitio es un único documento o aplicación y en una única URL que se recorre con anclajes internos— proporciona utilidad a esta relación. El anclaje interno al buscador estará relacionado como `search` para localizarlo con facilidad. Es también un atributo de usabilidad.

- `next` y `prev`
Estas dos etiquetas van a resultar muy útiles tanto para el lector como para el posicionamiento de páginas con navegación secuencial. Es decir, para aquel tipo de navegación que no te permite pasar a una página si no visitas previamente su inmediata predecesora en un orden predeterminado. Y sucesivamente.

El caso se da cuando escribes un artículo largo y complejo y lo fragmentas en distintas entregas, una cada día. Cada página tiene un título común y una numeración correlativa —(I), (II), (y III)— o títulos distintos, pero un epígrafe común que mantiene la unidad de la serie.

Para leer el tercer capítulo hay que haber pasado antes por el segundo. Y para el segundo, por el primero.

La relación con las páginas (fragmentos) anterior y posterior se establecen en `prev` y `next`, respectivamente, desde la perspectiva de la página presente (en la que se escriben los enlaces).

Esta relación sirve para tres cosas. Por una parte, las máquinas establecen un orden lógico en la serie, para la oferta de contenido, partiendo de la página inicial.

Por otra, los usuarios que tienen activadas las flechas de dirección en el teclado como atajo de navegación pueden pasar de uno a otro capítulo de la serie con mayor facilidad. Incluso cuando el orden de la serie en el menú no es continuado, como en los blog en los que un día se inicia una serie, al siguiente se escribe una entrada que no la continúa, y al tercero se escribe un segundo capítulo.

Con las flechas de dirección se pasaría de la primera parte a la segunda y viceversa, saltando la entrada que se redactó en el ínterin. Finalmente, sirve a efectos de posicionamiento. La idea subyacente es que los buscadores tomen la serie como un todo muy extenso, valorándola de forma unitaria y ofreciendo la URL inicial como resultado a una posible búsqueda.

- `nofollow`

La relación `nofollow` es única y exclusiva para los robots de los buscadores. Debe utilizarse con el fin de mejorar el posicionamiento de la página. Todos los enlaces, por defecto, son `follow` (también se denominan `dofollow`). Es decir, el robot sigue el enlace hasta la página de destino. Por lo tanto, no es necesario indicar esta característica de seguimiento.

Sin embargo, cuando se usa `nofollow` —que sí es necesario explicitar— se interrumpe el flujo de navegación e indexación del robot del buscador para el enlace que muestra esta relación. El *crawler* del buscador no salta al destino e ignora el enlace.

El efecto inmediato es que la página de destino —propia o en servidor ajeno— deja de beneficiarse a efectos de posicionamiento del valor del enlace que has escrito.

La relación `nofollow` suele utilizarse conjuntamente con las relaciones `external` y `noreferrer` y sirve, entre otras cosas, para curarse en salud si no se está seguro de la calidad, solidez y existencia futura del contenido de destino.

Es una buena idea usarla cuando creemos que la página de destino podría desaparecer obsequiándonos con un execrable error de servidor *status 404* (página inexistente) que perjudique nuestro posicionamiento por ser descuidados con los vínculos que hemos escrito. O si creemos que la calidad del contenido de destino irá empeorando, en el caso de sitios web que acogen comentarios de usuarios sin filtrar o que realizan actualizaciones demasiado apresuradas. O si enlazamos con páginas que contienen vídeos y suponemos que estos pueden desaparecer con el tiempo, con lo que estaríamos vinculándonos a una página que parcialmente tendrá un *status 404* y nos perjudicará de rebote. O para páginas propias ciegas (sin accesos naturales de navegación) que utilizamos para el aterrizaje de usuarios en nuestro sitio, procedentes de una fuente controlada en acciones de marketing, y cuya URL no queremos que se divulgue en los buscadores.

Es decir, la usaremos siempre que alberguemos dudas sobre un contenido que está fuera de nuestro control o cuando estamos seguros de que no queremos que nadie encuentre nuestra página de destino.

- `noreferrer`
El objetivo de esta referencia es, en cierto modo, similar a `nofollow`, aunque en este caso el robot del buscador llega a la página de destino y la indiza, pero olvida intencionadamente que llega allí desde nuestro sitio web.

El efecto lógico es que la página de destino no se beneficiará, a efectos de posicionamiento, del valor que nuestra página y enlace pudieran suministrarle. El administrador de la página de destino tampoco sabrá que algunos visitantes le llegan de nuestra página, porque en sus estadísticas no apareceremos.

Podemos usar esta referencia cuando estamos obligados a citar a alguien y no queremos que lo sepa. Construimos un enlace con un *anchor text* y un `title` neutros y lo relacionamos con `norreferer`, de modo que nuestros lectores saben que lo citamos, pero el citado nunca sabe que recibe visitas desde nuestro vínculo.

Esta relación, sin embargo, no tiene efecto para la captura de datos de *social graph* (el mapa de intereses de cada usuario de Internet que ladinamente generan las redes sociales sobre nuestros gustos, consumos y perfiles personales con fines comerciales). Las redes sociales utilizan su propio código en nuestras páginas cuando cargamos sus API [17] y sus widget programados en Ajax, y con ellos

---

17 Siglas de Application Programming Interface, conjunto de instrucciones programables muy sencillas que facilitan el uso de los sitios-aplicación online. Todos los servicios tienen una API pública. Desde Google Maps a Twitter.

chupan de nuestros visitantes el origen y destino de la navegación, el sistema operativo, horarios, IP, localización geográfica, secciones y áreas de contenidos de los sitios web, gustos, navegadores, versiones, dispositivos, precios consultados, y distintos datos personales que guardan y cocinan y que dan pavor.

* `sidebar`
Nunca he visto una implementación de esta relación. Jamás. Parece, según la bibliografía consultada, que define el contenido enlazado que se mostrará en una barra lateral del navegador. Y se comenta que ha sido diseñado para dispositivos móviles con pantalla horizontal.

Intuyo que podría ser útil para mostrar al vuelo, y sin perder la visión del contenido en pantalla, algunos glosarios, ampliaciones de datos, pequeñas tablas, imágenes... Pero nunca, nunca lo he visto programado.

Si tienes la oportunidad de usarlo, obedece las instrucciones de tu programador y me informas de cómo lo has hecho. Que tengo mucha curiosidad.

El cambio de idioma en destino

Los navegadores y los buscadores se adaptan al idioma en el que están escritas las páginas y que se define en la cabecera del documento HTML (échale un vistazo al apartado *Idiomas, países y códigos*). Por lo tanto, el navegador trata el contenido desde la perspectiva de esa única lengua. Si el idioma se cambia sin avisar en el código, podría romper el dibujado de la página y convertirla en un galimatías incomprensible.

Quizá parezca que estoy exagerando, pero piensa en una página con un texto extenso y separación silábica a final de línea. Si le cambias el idioma sin previo aviso, separará las sílabas en cualquier punto menos donde corresponda. No será ilegible, pero a más de un lector le sangrarán los ojos.

Del mismo modo, los buscadores considerarán que todo lo escrito no se corresponde con lo que se esperaría en el idioma declarado, por lo que lo marcarán como si fuera una larga falta de ortografía.

Un desastre, vamos.

El contenido que se puede mostrar en otro idioma no declarado en el elemento `html` puede ser una larga parrafada o un archivo externo HTML, integrado mediante los elementos `iframe` u `object`. Pero también puede estar albergado en una URL externa a la que se accede mediante un enlace desde nuestra página. Y es posible que esa página de destino no esté bien programada y sus administradores no hayan definido el idioma en el que se ha escrito el contenido. El robot del buscador saltará a la página de destino y se adaptará a sus condiciones erróneas. A efectos de posicionamiento, estaríamos enlazando una página que es un enorme error ortográfico. Lo que no nos beneficiaría en absoluto.

Usando el atributo `hreflang` forzamos a las máquinas a utilizar el diccionario lingüístico que nosotros queremos, prescindiendo del posible error de la página de destino.

Si la página de destino está codificada en inglés (`lang="en"`) pero todo el texto está en francés, podemos ayudar a las máquinas declarando en el atributo el lenguaje real en el que se ha redactado el contenido. Sería un enlace similar a:

```
<a href="http://www.destino.com/pagina_con_error.html"
hreflang="fr" title="Página de destino en francés"
rel="external">Página de destino</a>
```

El caso que planteo como ejemplo puede parecer una exageración, pero es más frecuente de lo que parece. La mayoría de los CMS gratuitos no están preparados para la cobertura multiidioma, o sus administradores no son capaces de configurarlos adecuadamente. En países en los que el uso de dos o más lenguas es común, como España, es posible que el sitio esté totalmente configurado en español y la mitad del contenido se presente en otro idioma.

En este tipo de sitios multiidioma, el atributo `hreflang` se usa con vistas al posicionamiento web en buscadores. Estos sitios se caracterizan por una simetría de contenido entre varios idiomas. Es decir, existe una versión íntegra para cada una de las lenguas utilizadas. Si existe un aviso legal en español, pongamos por ejemplo, existirá la traducción exacta, con su propia URL, en catalán.

Supongamos, en un sitio comercial de estas características, que la página de detalle de un producto está formada en un 75% de contenido estructurado de índole técnica en forma de tabla: metros, peso, composición química, etcétera. Es decir, el 75% del contenido se escribe de la misma forma en ambos idiomas: "10 m", "15 kg", "H_2O"...

Para los buscadores se trata de contenido duplicado, por lo que interpretan que eres muy mala persona y les quieres colar un gol para que el producto de la página quede bien posicionado. Ergo, te detectarán a la primera y penalizarán tu sitio web.

En cambio, si en el head de la página se define el enlace simétrico con la relación alternate y el idioma hreflang, el buscador no penalizará la página. De hecho, el buscador intentará ofrecer, como mejor resultado, la palabra buscada o su traducción más frecuente siempre que coincida con el lenguaje de configuración del navegador y con el idioma del sistema operativo del usuario en el momento de la consulta. Es decir, el buscador reducirá el número de interacciones que el usuario debería realizar en el sitio web.

En otras palabras. Si utiliza un sistema operativo en francés y un navegador de última generación con interfaz en francés, se encuentra en Francia y usa el buscador de Internet para localizar el *ProductoX,* el buscador le ofrecerá el contenido alternativo en francés, en lugar de presentarle la página en español. Y ninguna de las dos será penalizada.

El contenido en el head queda en manos de los programadores y debería reforzarse, aunque este manual no es el lugar adecuado para explicarlo, con la indicación de la página canónica y con un *sitemap* multilingüe en el que se ofrezca un hreflang para cada URL.

Pero lo mismo podemos hacer como redactores, cuando citamos una página idéntica a la que estamos escribiendo, pero que se presenta en nuestro sitio web en otro idioma:

```
<a href="pagina_alternativa.html" title="Esta página,
pero en francés" rel="alternate" hreflang="fr">Mi otra
página</a>
```

El tipo de archivo

Cuando has configurado tu navegador, si lo has hecho, te habrá preguntado qué tipo de programas quieres utilizar para abrir algunos archivos. O cuando has instalado un programa en el sistema. En algún momento la aplicación puede haberte preguntado si quieres abrir todos los documentos de cierto tipo con ella.

Así habrás conseguido que los documentos PDF se abran directamente con Acrobat, los .doc con Word, Pages o TextEdit, los .xls con Excel, los .kml con Google Earth, los .avi con VLC, y un largo etcétera.

Generalmente los navegadores actúan en tres fases: se dirigen al destino del enlace, intentan abrirlo y, si no pueden, detectan el sufijo del documento y lo asocian a una de las aplicaciones que se hayan configurado para ese tipo de archivos.

Si cuando escribimos el enlace identificamos en el código el tipo de archivo de destino, aumentaremos la comodidad del usuario y le ahorraremos tiempo. El navegador se saltará pasos intermedios obligados y llamará a la aplicación declarada como complemento para abrir el tipo de archivo identificado con nuestra descripción MIME (Multipurpose Internet Mail Extensions) [IANA-2].

Probablemente pienses que se trata de un ahorro de tiempo mínimo, porque con las velocidades de conexión de hoy suele ser un suspiro. Pero ponte en la piel del que usa un dispositivo móvil con conexión telefónica y hace clic en un enlace en el que un arquitecto desalmado vinculó, a traición, un documento vectorial de más de 100MB que, una vez descargado, no podrá abrir de ningún modo. Te lo agradecerán.

Sólo hay que identificar el tipo MIME en el atributo type:

```
<a href="documento.pdf" title="Mi documento"
type="application/pdf">Carta</a>
```

Los tipos habituales de descripciones MIME son:[18]

- PDF: application/pdf
- OGG, FLAC: application/ogg
- ZIP: application/zip
- GZIP: application/gzip
- RAR: application/x.
  rar.compressed
- StuffIt: application/x-stuffit
- TAR: application/x-tar
- AAC: audio/x-aac
- MP4 audio: audio/mp4
- MP3: audio/mpeg
- WAV: audio/vnd.wave
- Real Audio:
  audio/vnd.rn-realaudio
- Audio WebM: audio/webm
- SVG: image/svg+xml
- TIFF: image/tiff
- WRL, VRML: model/vrml
- CSV: text/csv
- Texto plano, sin
  formato: text/plain
- vCard: text/vcard
- XML: text/xml
- Vídeo MPG: video/mpeg
- Vídeo MP4: video/pm4
- Video OGG: video/ogg

- QuickTime: video/quicktime
- WebM: video/webm
- MKV: video/x-matroska
- WMV: video/x-ms-wmv
- FLV: video/x-flv
- Texto OpenDocument:
  application/vnd.oasis.
  opendocument.text
- Hoja de cálculo
  OpenDocument:
  application/vnd.oasis.
  opendocument.spreadsheet
- Presentación OpenDocument:
  application/vnd.oasis.
  opendocument.presentation
- Excel:
  application/vnd.mx-excel
- PowerPoint: application/
  vnd.ms-powerpoint
- KML: application/vnd.
  google-earth.kml+xml
- Texto de Word 2007:
  application/vnd.
  openxmlformats-
  officedocument.
  wordprocessingml.document

---

18 En versiones posteriores a HTML5 los tipos MIME van a cobrar una gran importancia si las grandes industrias de Internet trasladan, como han decidido, los sistemas de protección de derechos (DRM) al lenguaje HTML. La identificación del MIME correspondiente será la que active los sistemas de protección en los navegadores, logrando un método DRM estándar para todo Internet. Por lo tanto, es buena idea empezar a usarlos en nuestros enlaces.

Si dudas de la versión del tipo de documento, no lo uses. Si vas a enlazar texto plano, un documento HTML, un archivo CSS, una imagen GIF, JPG o PNG que puede abrir el navegador directamente, no es necesario que describas el tipo de archivo.

Además del efecto benéfico para el usuario de destino, el posicionamiento de tu página se verá favorecido. Los buscadores son capaces de entrar en documentos de ofimática y hojas de cálculo, en películas Flash y presentaciones. Además muestran las imágenes y los vídeos en secciones separadas. Si indicas qué tipo de archivo encontrará, hará mejor y más rápido su trabajo y premiará a tu página por cuidar de forma excelente el código fuente.

Otros atributos

Si tienes curiosidad, verás que con frecuencia en los enlaces aparecen otros atributos. No los detallo en este manual porque con demasiada frecuencia quedan fuera del ámbito del redactor. Sólo te indico para qué sirven.

`accesskey` es un atajo de teclado por cuestiones de accesibilidad. Generalmente los programadores definen una tecla que en combinación con otras —dependiendo del navegador y sistema operativo del usuario— activan enlaces y botones de la página sin tener que utilizar el ratón. Un mismo enlace puede repetirse en toda la página, pero su clave `accesskey` será siempre la misma. Una vez se ha declarado por primera vez en la página, no es necesario que sigas usando el atributo.

`tabindex` también es un atributo de accesibilidad. Permite a los usuarios pasar de un enlace principal de la página a otro utilizando la tecla de tabulador. Sólo puede utilizarse una vez por enlace en la página y, a ser posible, en el mismo orden que en resto del sitio. Por lo tanto, sólo lo escribirán los programadores para la interfaz del sitio web. Su valor es numérico y, evidentemente, no debe estar repetido.

Ubicación de los enlaces

Con estos atributos descritos hasta ahora, utilizándolos cuando más convenga, el enlace será mucho más eficiente y la comunicación más eficaz. El mensaje será fácilmente localizable por sus destinatarios naturales y las máquinas lo interpretarán de la forma adecuada. Pero saber construir un vínculo no lo es todo. También hay que saber colocarlo dentro del flujo de contenido de la página. Debemos saber cuándo se escribe un enlace dentro de un elemento superior y qué tipo de gancho —*anchor text* o imagen— son los más adecuados para exprimir las cualidades semánticas del lenguaje.

Podemos tropezarnos con distintas situaciones:

- Vínculo dentro de un párrafo de texto

  El texto enlazado que actúa como gancho debe ser lo suficientemente descriptivo por sí mismo. Ha de ser único e inconfundible, así que huye de las generalidades. Es mejor escribir el nombre del restaurante (`<a [...]>Chez Pepa</a>`) que el tipo de establecimiento a secas: `<a [...]>restaurante</a>`. Los expertos en marketing de buscadores dicen que es mejor introducir una acción dentro del enlace (`<a [...]>visita Chez Pepa</a>`), pero quizá no siempre sea posible. Además no se ha demostrado que realmente funcione, salvo para párrafos en inglés. Así que la libertad de enlazar o no un verbo es tuya.

  Por cierto, cuando redactes un párrafo con varios enlaces, especialmente si son consecutivos, calcula a simple vista si los enlaces ocupan la mitad del párrafo. Si es así, reconstruye lo escrito y pasa los enlaces a una lista. El objetivo es eliminar las posibilidades de que el buscador sospeche que la alta densidad de vínculos en un texto son una forma de *spam linking*. Una buena práctica es, cuando tengas más de cuatro enlaces consecutivos, pasarlos por sistema a una lista `ul`.

- Enlace dentro de una lista o tabla

  El vínculo puede escribirse dentro de una lista no ordenada (`ul`), ordenada (`ol`) o de definiciones (`dl`) y también dentro de una tabla (`table`). El tipo de elemento HTML en el que se escriba el enlace sirve de contexto semántico a los textos vinculados, permite a las máquinas ubicar los mensajes en el ámbito de conocimiento adecuado y disminuye la redundancia frente al lector humano.

En las listas `ul` y `ol`, la contextualización del contenido se establece en la frase inmediatamente anterior al listado o en el título previo. Es decir, las máquinas interpretan el contenido de la lista en función de la descripción del contenido de ésta que se haga previamente. Si un título indica "Restaurantes en mi ciudad", es redundante que el texto enlazado sea "Restaurante Chez Pepa", basta con que muestre "Chez Pepa". No obstante, es recomendable que el atributo `title` mantenga el término:

```
<a [...] title="Restaurante Chez Pepa">Chez Pepa</a>
```

Algo parecido se produce en las listas de definición. Éstas se componen por binomios de elementos: los términos a definir (`dt`) y sus respectivas descripciones (`dd`). Los vínculos se escriben en las `dd` que ilustran los `dt`, de modo que el enlace se contextualiza a partir del texto que figure en el `dt`.

Para el `dt` "Restaurante en Barcelona" corresponderá el enlace dentro del `dd` "Chez Pepa". Sin más.

Las tablas, sin embargo, tienen una lectura de accesibilidad —si están bien construidas— que, literalmente, suponen el producto cartesiano de la ordenada y la coordenada correspondiente. Más claro: las máquinas interpretan que la celda con el enlace "Chez Pepa", es el resultado de la columna "Restaurantes" por la línea "Barcelona".

Matemáticamente: "Restaurantes" × "Barcelona" = "Chez Pepa". La contextualización del enlace se produce por la combinación de columnas y filas.

- Enlaces en titulares

Un titular es un paquete semántico que puede incluir un enlace. El vínculo puede afectar a una parte del titular o a todo el elemento por completo. Por lo tanto, nunca hay que escribir la etiqueta del enlace antes que la del titular. Nunca. Lo que hay que hacer es ampliar la información en el `title` respecto del *anchor text*. Por ejemplo:

```
<h2> <a [...] title="Artículo titulado «Inexistencia
en Barcelona de un restaurante llamado Chez Pepa»,
del 30 de febrero de 2013">Inexistencia en Barcelona
de un restaurante llamado Chez Pepa </a></h2>
```

En el ejemplo, los buscadores valorarán el título como un artículo en una secuencia temporal, mejorando el posicionamiento de la pieza vinculada (si la fecha coincide con la fecha indicada en el sitemap de destino y el contenido enlazado incorpora el elemento `time` coincidente, por supuesto).

* Anclajes internos
Un anclaje interno es una herramienta de usabilidad y de estrategia en la presentación de contenidos. Permite abrir la página de destino y fijar en la pantalla aquel apartado al que nos interese dirigir al usuario. Por ejemplo, el tercer título en una página que muestra cinco. El usuario accede de forma directa al contenido que desea sin tener que emplear la persiana de *scroll*.

En los sitios de formato *single-page,* sin embargo, los anclajes funcionan de forma idéntica a los enlaces de los menús de navegación. El anclaje sustituye la URL de destino o le añade un fragmento de dirección que coincide con la identificación (`id`) de un elemento en la programación de la página. El `id` debe ser único en cada página y se llama desde la URL escribiendo una almohadilla como prefijo. Por ejemplo, para centrar en pantalla un título secundario

```
<h3 id="mira_tu">Título de tercer nivel de esta
página</h3>
```

se puede escribir en cualquier parte de esa misma página extensa un enlace que se dirija al titular

```
<a href="#mira_tu">Ir al titulillo</a>
```

Cuando el usuario lo pulse, la página se desplazará automáticamente a la altura del título, que se ajustará a la parte superior de la ventana del navegador.

Empleado para mejorar la usabilidad en páginas muy largas, el *anchor text* suele componerse de indicaciones geográficas de la página: "Arriba", "Subir", "Bajar", "Abajo", "Regresar", "Avanzar", etcétera. Estas indicaciones corresponden a los textos que, como redactor, podrás escribir. Otras, creadas por programadores y diseñadores, escaparán a tu alcance y, frecuentemente, se sustituirán por iconos y botones gráficos.

En los anclajes, el texto gancho no aporta valor semántico. Por lo tanto, procura cuidar siempre el atributo `title` del enlace para dotarlos de contenido:

```
<a href="#cabecera"
   title="Título principal de la página">
   Ir a la cabecera
</a>
```

Prevalencia y jerarquía de los titulares

Tu titular no es el único en la página. Aunque sea el más importante. El título no es un faro aislado al que mira el cuerpo de texto y las imágenes y vídeos de tu contenido para no perderse. Tu titular es uno más en un archipiélago de elementos de titulación dentro de la página. Aunque sea el más importante, insisto.

Los títulos tal y como los entendemos en periodismo son la élite de los elementos de titulación de la página. Los otros —rescata los apuntes de la Facultad— son los ladillos, destacados, titulares de despieces, de fotonoticias, pies de fotografía, entradillas o sumarios, antetítulos y subtítulos. Y, lo que son las cosas, inventados para esponjar el texto en las páginas de periódicos y revistas en papel, siguen teniendo utilidad como reclamo visual y, aún más importante, transmisión de valor semántico del contenido en la era de Internet.

Podemos utilizar casi todos estos elementos con una codificación HTML5, pero dependeremos del programador de estilos CSS para que los efectos visuales sean los que deseamos. Así que se impone la prueba, comprobación del resultado y eliminación del error, si no es lo que queríamos hacer.

Un buen principio consiste en utilizar siempre la configuración más sencilla.

Organización jerárquica

Los titulares son elementos del lenguaje HTML que responden a una jerarquía de seis niveles, siendo el 1 el más importante y el 6, el menor. Las etiquetas son h1, h2, h3, h4, h5 y h6.

Cada uno se corresponde con un contenido al que precede. Para que nos entendamos, el cuerpo de texto inmediatamente después de un titular y hasta el próximo, o el final, es el contenido titulado.

Hasta la versión 5 de HTML, cada página tenía un único titular h1, que abarcaba el contenido propio y de los titulares de nivel jerárquico inferior. De hecho, este tipo de programación es compatible con HTML5, aunque desde una perspectiva práctica resta flexibilidad a las páginas y complica las actualizaciones.

La tendencia natural, con HTML5, es que cada parte principal de la página tenga su propia estructura de titulación autónoma, partiendo de un titular de primer nivel. Es decir, cada sección de la página, cada menú, cada cuerpo de texto, cada pie de página tendrán su propia estructura de titulares iniciándose en un h1. Si fuera necesario sustituir un bloque de programación de una sección, se evita la obligación de reprogramar los niveles de titulación para que no colisionen con los del resto de la página.

La mejor forma de comprenderlo es viendo esquemas del contenido de una página (Figura 7). Con las versiones anteriores de HTML la página se estructuraría:

h1: Diferencias entre estrategia de contenidos y estrategia digital
  h2: Sobre todo, comunicación
    h3: Cómo distinguir qué tipo de "estrategia de contenidos"...
    h4: Comparta este post
    h4: Añadir un comentario
    h4: *Tags*
    h4: Archivo cronológico

Observa bien el esquema. Sólo los titulares `h1` a `h3` se refieren al contenido principal y cuerpo de texto. Los otros cuatro `h4` son secciones de la página que estarán presentes aún cambiando por completo el contenido. Son instrumentos que proporcionan funcionalidades de interactuación y navegación al conjunto de entradas del blog. Además, la cabecera y el pie de página carecen de valor semántico.

En HTML5 es más recomendable estructurar el contenido de otro modo:

`header`
   `hgroup`
      `h1`: Estrategia del Contenido *[Titular de posicionamiento automatizado]*
      `h2`: Afianzamos el liderazgo de nuestros clientes *[Slogan]*
      `h3`: Consultoría y servicio de Estrategia de Contenidos: Periodismo de Marca, Content Marketing, Inbound Marketing, Semantic SEO, Web y Social curation *[Servicios]*
     [Menú principal y auxiliares]
   `article`
      `h1`: Diferencias entre estrategia de contenidos y estrategia digital
      `h2`: Sobre todo, comunicación
   `aside`
      `h1` Cómo distinguir qué tipo de "estrategia de contenidos"...
`h1`: Comparta este post
`h1`: Añadir un comentario
`h1`: *Tags*
`h1`: Archivo cronológico
`footer`
   `hgroup`
      `h1`: Estrategia del contenido *[Contacto]*
      `h2`: *[E-mail y teléfono]*
   `h1` *[Navegación auxiliar y corporativa]*
   `h1` *[Últimas entradas en el blog]*
(Entre corchetes y en cursiva, las aclaraciones del contenido o los elementos que visualmente no son fácilmente identificables.)

La página en HTML5 se divide en tres grandes áreas: la cabecera (header), el cuerpo central y el pie (footer). El cuerpo central alberga un grupo de secciones de la página y el elemento article, que es nuestro campo profesional. Es la parte de la página en la que introducimos nuestro contenido, la que podemos crear, editar y actualizar. El resto de la página se genera de forma automática y constituye el área de servicios de la misma.

Cada una de estas partes tiene una jerarquía de titulación autónoma, empezando siempre por un titular principal que deduce valor semántico y guía la lectura del usuario.

Por lo tanto, cuando escribimos un titular h1 debemos estar seguros de que la programación de la página lo admite, y que todos los elementos de titulación posteriores que escribamos se supeditarán jerárquicamente al principal.

Ergo, no escribas un h2 antes que un h1, porque el vasallo debe caminar siempre dos pasos después de su señor. Y el amo manda. Las máquinas, aunque algún programa de accesibilidad lo valide, interpretarán que un código con titulares invertidos es un error. Es posible que el contenido no les resulte comprensible y, por lo tanto, la indexación en buscadores sea débil y el posicionamiento escaso.

La jerarquía debe respetarse ante todo

Figura 7
Cada bloque principal de la página —a la derecha— utiliza su propia jerarquía de titulares, comenzando por un nivel inicial h1. De este modo siempre es más fácil sustituir fragmentos o actualizarlos, sin tener que recomponer toda la jerarquía de titulares de la página.

Grupos de titulares

Cuando escribimos títulos, subtítulos y/o antetítulos estamos proporcionando a nuestro contenido un cantidad enorme de unidades semánticas que las máquinas deben procesar.

No descubriré nada nuevo si recuerdo que generalmente utilizamos los antetítulos para la ubicación y contextualización de los titulares principales. Lo usamos para identificar series de artículos consecutivos, para ubicar la información en acontecimientos que se prolongan en el tiempo, para indicar temas de debate abierto, para anteceder un comentario a un acontecimiento, etcétera. El antetítulo ubica al lector y le facilita la descodificación, sin malentendidos, del titular posterior.

El subtítulo, por su parte, nos sirve para ampliar la información del titular con detalles impactantes y cobra mayor sentido cuanto más breve e interpretativo es el título principal. Algo del estilo: "Matanza en Connecticut" (principal) y "Asesinados a tiros 22 niños y 7 adultos en un ataque a una escuela de primaria".

La cuestión, como en la prensa tradicional, es de eficiencia visual del titular y de economía de espacio.

Si lo revisamos desde una perspectiva semántica, ambos casos pueden resolverse en un único titular utilizando la maravillosa y ancestral técnica de los dos puntos.

Un antetítulo sumado al título podría ser: "Málaga 3 - Real Madrid 2: Mourinho pierde su gran órdago al Madrid". Un titular sumado al subtítulo podría ser: "Matanza en Connecticut: Asesinados a tiros 22 niños y 7 adultos en un ataque a una escuela de primaria".

Ergo, en lenguaje HTML debería codificarse como:[19]

```
<h1><span class="antetitulo">Málaga 3 - Real Madrid
2<span style="visibility:none;display:none;">:</span>
</span>Mourinho pierde su gran órdago al Madrid</h1>
```

---

19 Los ejemplos en vivo de este capítulo se encuentran en http://d.pr/CjWy.

y

```
<h1>Matanza en Connecticut<span
style="visibility:none;display:none;">:</span> <span
class="subtitulo">Asesinados a tiros 22 niños y 7
adultos en un ataque a una escuela de primaria</span>
</h1>
```

Si lográramos un buen control de la longitud del titular y que los buscadores no lo penalicen por usar trucos de estilos para ocultar los dos puntos, el titular sería más eficiente. Pero necesitaríamos un diseño muy consistente de la página y una programación de estilos CSS que dividiera los titulares de forma visual en dos líneas, para lograr el impacto y la comprensión en el lector que deseamos. Lamentablemente, el lenguaje HTML no se hizo para periodistas. Se creó para tecnólogos que comparten una información estructurada en los límites de la ofimática casera. Y eso ocasiona que las soluciones como la apuntada arriba sean tan complicadas que, salvo que tengas un control absoluto del sitio web y de su futuro, no valga la pena aplicarlas.

En su lugar deberás decidir el nivel de los antetítulos y de los subtítulos, respecto del titular principal. Y utilizarlos en un único bloque de titulación, hgroup, en el encabezamiento de tu pieza informativa.

Si tenemos claro que un titular abarca todo el contenido hasta el próximo titular del mismo nivel o superior o hasta el final del elemento, mi propuesta es utilizar h2 para subtítulos y antetítulos de piezas informativas. De lo contrario, con el uso amplio de la jerarquía de titulares estarías diciendo cosas distintas a las que deseas expresar.

Vamos a comparar. Imaginemos que usas antetítulo, título y subtítulo con elementos h3, h1 y h2 respectivamente:

```
<h1>Matanza en Connecticut</h1>
    <h2>Asesinados a tiros 22 niños y 7 adultos en un
ataque a una escuela de primaria</h2>
        <h3>El debate de las armas en Estados Unidos</h3>
```

El antetítulo se mostrará por encima del titular principal mediante una programación de estilos en cascada (CSS). Pero no modifica al titular principal. En este caso establece el contexto para el subtítulo, restándole color humano y el dramatismo propio de la historia. Es un ejemplo semánticamente incorrecto.

Sin embargo, si utilizamos un mismo nivel para el subtítulo y el antetítulo, todo queda más claro. Y si los agrupamos en un único elemento de HTML5, se convierten en un bloque de titulación que tiene un efecto global sobre el contenido al que antecede. Lo describe y resume perfectamente. A los periodistas nos resultará más fácil escribirlo y, además, transmitirá a las máquinas un único e inconfundible valor semántico:

```
<hgroup>
    <h1>Matanza en Connecticut</h1>
        <h2 class="clase_subtitulo">22 niños y 7 adultos
asesinados a tiros por un pistolero que atacó una
escuela de primaria</h2>
        <h2 class="clase_antetitulo">El debate de las armas
en Estados Unidos</h2>
</hgroup>
```

Antes de usar hgroup, consulta al programador o haz una prueba para evitar errores. En algunos casos, los programadores de plantillas, cuando el titular principal de la pieza informativa se escribe desde una casilla de formulario independiente, ya codifican por defecto el elemento hgroup. Si posteriormente tienes la oportunidad y decides escribirlo, el elemento estaría duplicado y generaría un error en la página. Pero no es demasiado frecuente.

Debes saber, además, que el elemento `hgroup` es uno de los que se cuestionan en la versión CR del estándar tecnológico HTML5. Es decir, que existe una posibilidad de supresión. Parece extraño, porque es un elemento muy utilizado y no sólo por su capacidad semántica, sino porque los diseñadores tienen una forma de aplicar estilos en conjunto a la parte de la página en la que se ubican los titulares. Si desaparece, lo usas y no se produce un efecto extraño en el diseño de la página, no te preocupes. Recuerda que los navegadores que interpretan HTML5 ignoran por completo aquellos elementos y atributos que no reconocen.

Una nota final en este apartado: los atributos `class` del primer ejemplo tienen una doble utilidad. A nosotros, en este manual, nos sirven para distinguir qué es qué. A los programadores les sirve para definir y aplicar tipografías, mancha en pantalla, alineaciones, colores y un largo etcétera.

Ladillos

Ya hemos titulado. Con un simple titular principal o con un grupo de titulares. Ambos son válidos. Y empezamos a escribir el mazacote de texto. Que puede ser muy denso. O no.

Como siempre, nuestro bien estructurado cuerpo de texto albergará narraciones de acontecimientos adyacentes e historias menores que se desarrollan al hilo de los acontecimientos más importantes. Para señalarlos y para esponjar visualmente la página tenemos un par de recursos profesionales: el uso de ladillos y destacados. Ambos, en el ámbito del papel, son elementos de titulación.

Empecemos por el ladillo. Convencionalmente se compone de una frase-titular en una línea, en negrita y pegado al párrafo siguiente. Puesto que nuestros lectores lo identifican como un elemento de titulación e intuyen su utilidad, nos podemos dejar llevar por la convención visual más habitual. Es decir, lo mostraremos a una línea en bandera izquierda y compuesto en negrilla.

Una vez hemos decidido este formato visual —que podría ser otro: caja alta, centrado, de colores…—, la tentación de componerlo rápi-

damente tirando de editor WYSIWYG y botón de negritas, es enorme.
Pero hacerlo así no aportaría nada.

Error.

Un ladillo es un elemento de titulación. Y como tal hay que envolver-
lo en un elemento de *heading* de HTML.

Sólo tendrás que decidir qué nivel de título HTML le aplicarás. Si has
escrito título y subtítulo principal (`h1` y `h2`) para la pieza informativa,
probablemente te interese convertirlo en un `h3`. Si, además, el `hgroup`
contiene un `h3`, es probable que lo codifiques como `h4`.

Antes de analizar los efectos del ladillo, tengamos muy presente que
un titular HTML compromete el valor jerárquico del texto —y otros
recursos— al que antecede. Con el límite de la aparición de un nuevo
titular o el propio final del contenido (Figura 8). El valor del texto, por
lo tanto, estará condicionado por el nivel de titulación que lo precede.

Establecido este principio, y como el titular, por naturaleza, resume y
destaca los datos principales que se desarrollan en los párrafos siguientes, es lógico suponer que los términos esenciales del cuerpo de texto
consten en la composición del ladillo. Consiguientemente, visto desde
la perspectiva de los buscadores, las palabras clave del cuerpo de texto
abarcado por el ladillo estarán presentes en su redacción, contribuyendo positivamente al posicionamiento de la página.

El silogismo es muy sencillo. Si es un titular, tiene palabras clave. Ergo,
posiciona el texto. La comparación de alternativas, por lo tanto, es posible.

Imaginemos una pieza de texto de veinte párrafos iniciada con un
simple titular `h1`. Las máquinas, que acceden al contenido como un
oleaje continuo y cada vez más profundo, valoran los veinte párrafos
como un nivel 1. En este supuesto, el párrafo 18, aunque tenga un nivel
alto, no será interpretado semánticamente por las máquinas hasta que
llegue su turno. Es decir, hasta que haya transcurrido un período de
tiempo dilatado.

Pongámosle en nuestra imaginación un ladillo con nivel `h2` antes del
párrafo 15. Eso implica que desde el 15 y hasta el final el contenido
tiene un valor de nivel 2. Por lo tanto, la prioridad de las máquinas será
siempre secundaria para este contenido.

La cuestión es: ¿Se gana o se pierde usando un titular como ladillo? La respuesta es simple: se gana. Las máquinas acceden en un primer momento al contenido de la página y detectan —e indexan— su estructura. El primer contacto del robot con la página captará el título h1, el ladillo h2 y comenzará a rastrear el cuerpo de texto, hasta que expire su exiguo plazo. Lo que no sea capaz de captar, lo dejará para la siguiente visita. Y así sucesivamente. Pero en el primer contacto habrá tomado las palabras clave del titular principal h1, las del ladillo h2 y las coincidentes en el cuerpo de texto, contribuyendo de forma muy positiva —es de esperar— al posicionamiento de la página web en buscadores.

Destacados sobre titulares

El destacado, que entresaca frases o expresiones del cuerpo de texto y aligera visualmente la densidad de la página, es también un elemento de titulación en periodismo.[20] Convertirlo, como hacen muchos medios, en un figure —elemento que recoge aquello que ilustra el contenido principal del artículo— es, por principio, un error. Si se considera que es un titular, debe etiquetarse como *heading*.

En tus manos está decidir qué nivel de titulación HTML tendrá. Si usas el mismo nivel que el de un ladillo —por ejemplo, h4—, deberás disponer de una clase de CSS especial para poder mostrarlo gráficamente como deseas sin perder su valor semántico. Es la opción recomendada y sin embargo la menos utilizada. Generalmente las plantillas HTML que permiten escribir destacados emplean un *heading* de nivel inferior al ladillo, porque simplifica el trabajo de redactor, del diseñador, del programador...

---

20 Considerarlo un titular es una posibilidad. Otra, menos explorada y probablemente más perfecta semánticamente es considerarlo un texto relevante, como verás en el capítulo *El planeta de las abreviaturas y los textos remarcados*.

Figura 8
El ladillo generado a partir de un titular h2 cambia el nivel jerárquico de todo el contenido —resaltado en gris oscuro—, respecto del nivel jerárquico que establecía el titular h1, resaltado en un tono menor de gris.

Este apaño, sin embargo, genera un problema de mayor calado y de difícil resolución. Los elementos HTML en flujo (*inline*) se escriben dentro del cuerpo de texto. Se mostrarán —salvo programación CSS que fuerce lo contrario— insertados entre los elementos en los que se hubieran programado.

Un título usado como ladillo se mostrará entre los párrafos en los que se hubiera programado. Un titular a modo de destacado, también. Pero con la particularidad de que, usado para esponjar el texto, su ubicación no se corresponderá con el fragmento al que pone título. Se colocará allí donde favorezca la cosmética del contenido.

En la práctica, el titular del destacado no titula nada y sin embargo traslada todo su valor jerárquico al texto al que encabeza. Ya sabes, hasta el próximo titular o hasta el final del contenido. Eso significa que el destacado no contendrá los términos esenciales del texto al que titula. Hurta contenido a un titular superior y reduce el valor del contenido al que encabeza. Y todo porque se intenta usar como empleamos generalmente las herramientas de maquetación, como QuarkXPress o InDesign, colocando la caja de texto con el destacado a la altura más estética y dejando que el texto fluya alrededor. En Internet, la elección condiciona el contenido que antecede y precede. De ahí que la mejor solución sea usar *headings*, cuando menos, del mismo valor jerárquico que los elementos de titulación más próximos. Si el anterior era un ladillo h3, pide a tu programador y diseñador que creen una clase especial para mostrar un titular h3 que tenga la vistosidad de un destacado para iluminar tu página.

Negrita y cursiva, más allá de la convención visual

Lo primero que hay que asumir es que el uso tipográfico de cursivas y negritas, en un cuerpo de texto, es una convención visual. Sirven para destacar algo que el lector pueda descodificar fácilmente. Ve la cursiva o la negrita y reconoce el tipo de concepto destacado por el autor, adivinando el sentido que éste quiso darle.

Establecido el principio de convencionalismo visual, las cursivas son un modo de llamar la atención utilizando el modo itálico de la fuente tipográfica. Pero también podría utilizarse el modo redondilla en otro color, con sombras, relieves, fondos coloreados, transparencias, modalidad de versalitas, e incluso en negrilla, porque sólo se trata de resaltar un tipo de concepto por algún motivo metalingüístico.

Otro tanto sucede con las negritas. Las empleamos por declinación de la construcción visual de las noticias sobre papel, lo que, no obstante, sigue siendo plenamente válido en el ámbito online.

En segundo lugar, hay que tener clara la dificultad para el uso correcto de cursivas y negritas en lenguaje HTML5. Puede resultar complicado o irresoluble con los editores WYSIWYG más frecuentes en el mercado y con los principales gestores de contenido. Esta es la realidad.

La dificultad estriba en que para escribir una cursiva se emplean habitualmente dos elementos distintos (`i` y `em`). Se usan estos porque son los que, por defecto, utilizan los navegadores para mostrar el texto como itálicas. Sin embargo, los editores WYSIWYG sólo tienen un botón para ello. Y lo mismo sucede con las negritas (`b` y `strong`). Queremos escribir algo en cursiva y el editor sólo nos presenta el botón de la *a tumbada*. Ignoramos cuál de las dos etiquetas `i` o `em` codificará finalmente.

Y la diferencia no sólo es importante. Es fundamental. Porque las etiquetas `i` y `b` no aportan valor semántico al contenido, pero `em` y `strong`, sí. Y mucho.

Como el editor sólo escribe una de estas dos etiquetas alternativas, la solución pasa por acceder al código fuente y editarlo manualmente. La idea es sustituir la `i` por `em` cuando se necesite. Y la `b` por `strong` cuando toque.

Aún así, podría darse la situación de que, una vez hecho el cambio y guardado en la base de datos, el dibujado de la página vuelve a utilizar el elemento que habías modificado. Puede ser que el gestor de contenidos no admita estas etiquetas y la programación del editor las corrija al guardar el texto o que la programación del front-end sustituya de forma automática etiquetas que considera antiguas, como `i` o `b`.

'i' y 'b', ahora sí, ahora no...

Las pruebas realizadas tanto con el WYSIWYG Xinha como con Drupal 7 para escribir este volumen mostraron que el editor siempre utilizaba `em` y `strong` para las cursivas y las negritas, respectivamente (Figura 5). Probablemente la mayoría de los editores y CMS actuales apliquen la misma solución.

Esta opción se debe a que en la versión anterior a HTML5 —XHTML 1.1— las etiquetas `i` y `b` se consideraban obsoletas, prefiriéndose sus alternativas naturales. Si se necesitaba redactar un texto que convencionalmente se exhibía en cursiva pero sin valor semántico, se debía utilizar un truco de estilos CSS:

```
<span style="font-style:italic;">cursiva</span>
```

Como todos los gestores de contenidos y editores visuales proceden de las versiones anteriores de HTML, siguen escribiendo únicamente los elementos énfasis (em) e importante (fuerte, strong). Pero son cosas distintas y tienen usos diferentes.

HTML5 ha recuperado los elementos despreciados en la versión anterior y ha dotado a la itálica (i) de expresividad para mostrar las convenciones visuales en los textos escritos en la mayoría de los idiomas. Otro tanto ha hecho con la negrita (b), aunque ésta no tiene ningún valor semántico.

Como periodistas que elaboramos textos exquisitamente elaborados, necesitamos recuperar i y b y toda su expresividad. Pero se hace muy difícil.

Si no logras corregir los elementos que escribe tu editor WYSIWYG o muestra tu CMS, estarás transmitiendo permanentemente mensajes semánticos que no se corresponderán a lo que deseas decir. Será un pecado de exceso.

Con todo, mi recomendación es que te fijes bien en lo que quieres decir. Especialmente, respecto al uso de cursivas. Algunos tipos de contenido deben etiquetarse con otros elementos HTML5 que en pantalla producen itálicas.

Las cursivas y todos sus elementos

Creo que el mejor punto de partida para aprender a utilizar las etiquetas correspondientes a las cursivas es olvidarse del concepto que se transmite y pensar únicamente en que convencionalmente aquello que marcaremos se muestra siempre en cursiva.

Una vez hemos definido que algo se marcará, será más fácil determinar qué tipo de etiqueta le corresponde.

Empezaremos por el elemento itálica (i). Cuando se escribe se está indicando que aquella palabra o expresión, en el idioma en el que está escrita y en el contexto del contenido, se muestra siempre en versión cursiva. Nada más. Las máquinas no interpretan un valor especial de contenido más allá del formato tipográfico.

Usaremos la itálica para:[21]

- Nombres científicos de uso académico o muy restringido:

```
<p>Cabra montés (<i>capra pyrenaica</i>)</p>,
<p>Níscalo (<i>lactarius deliciosus</i>)</p> o
<p>Bacteria <i>Chlamydia</i></p>.
```

- Expresiones idiomáticas autorreferentes en el texto. Aquellas que se han planteado y que sirven para resumir y referenciar explicaciones muy largas en un texto complejo:

```
<p>Lo interesante, a nuestro entender, de la
propuesta de Vergnaud (1985) es que, además de
posibilitar la de Langacker como <i>estrategias
ocasionales de interpretación</i>, le da a su
diagrama un carácter conmutativo, en el sentido de
que la interpretación figurada F puede relacionarse
tanto con la suma de f<sup>1</sup> + f<sup>2</sup>
(sentidos figurados o simbólicos) [...]</p>
```
[MENDÍVIL].

- Expresiones en otro idioma que se utilizan tal cual en el nuestro. En este caso, se identifica el idioma con el atributo `lang`:

```
<i lang="fr">déjà vu</i>,
<i lang="en">blackout</i>,
<i lang="en">welfare</i> o
<i lang="en">hat trick</i>.
```

---

21 Los ejemplos de este capítulo pueden seguirse en http://d.pr/9BB9.
En algunos de los ejemplos online he resaltado usando un estilo de color de fondo la palabra afectada por el elemento de estudio, para que se identifique rápidamente.

- Neologismos de uso extendido:

`<i>tablet</i>`,

`<i>neuromarketing</i>` o

`<i>ciberokupa</i>`.

- Alias y apodos cuando acompañan al nombre real:

`<p>Eleuterio Sánchez, <i>el Lute</i></p>`,

`<p>David Otero, <i>El Pescao</i></p>` o

`<p>Ernesto <i>Che</i> Guevara</p>`.

Cuando no lo acompañan y una vez declarados, se escriben en redonda y con las mayúsculas correspondientes a un nombre propio.

- Nombres propios de aeronaves:

`<i>Titanic</i>`,

`<i>Spirit of Saint Louis</i>`,

`<i>Plus Ultra</i>`,

`<i>Challenger</i>`.

Cuando se refiere un modelo y no un nombre propio, se emplea redonda: "Airbus 380".

- Nombres propios de animales, incluso de la ficción:

`<i>Rocinante</i>`,

`<i>Secretariat</i>`,

`<i>Chita</i>` o `<i>Cheetah</i>`,

`<i>Rin-tin-tin</i>` y

`<i>Laika</i>`.

- Sustantivación del nombre de un ganadero usada como genérica para los encastes de sus reses:

`<i>victorinos</i>`,

`<i>miuras</i>` o

`<i>pedrorromeros</i>`.

- Latinajos, con la etiqueta `lang` correspondiente:

`<i lang="la">carpe diem</i>`,

`<i lang="la">cave canis<i>`,

`<i lang="la">corpore insepulto</i>`,

`<i lang="la">habeas corpus<i>`,

`<i lang="la">honoris causa</i>`,
`<i lang="la">opus magna</i>` o
`<i lang="la">in dubio pro reo</i>`.
La definición tecnológica de HTML5 incluye otro uso de la etiqueta `i` que se aleja bastante de nuestra labor como periodistas. Sirve para destacar pensamientos o sueños dentro de un discurso público. Viene a ser lo que, en el ámbito del cómic, se escribiría dentro de un bocadillo con forma de nube. Desde una perspectiva literaria y a primera vista, el uso parece algo caótico y desde una perspectiva académica y/o periodística, es totalmente contraproducente. Pero debes saber que el etiquetado `i` en este ámbito es correcto.

En cambio, la etiqueta énfasis, `em`, representa un cambio en la intensidad de la palabra señalada respecto del contexto en el que se expresa. El nivel de intensidad viene determinado por la cantidad de palabras que forman la oración. Su colocación cambia metalingüísticamente el significado o sentido de la frase para aquél que la pronuncia o lee. Y su precisión varía para cada idioma.

Por ejemplo, para una frase aparentemente sencilla y de significado inequívoco ("Pepe tiene un coche rojo"), el énfasis de los términos produce comprensiones no expresadas totalmente distintas. Observa:

- `<p><em>Pepe</em> tiene un coche rojo</p>`: Que no te enteras, que es Pepe y no otro.
- `<p>Pepe <em>tiene</em> un coche rojo</p>`: ¡Quién iba a decir que Pepe se iba a comprar un coche!
- `<p>Pepe tiene un coche <em>rojo</em></p>`: ¡Pero si Pepe es daltónico!

Caben más interpretaciones, dependiendo de tu grado de conocimiento del tal Pepe y de la situación coyuntural del mercado del automóvil. Cada lector pondrá más ímpetu en la lectura de la palabra enfatizada, con un acento distinto, y con su propia interpretación que no está estrictamente expresada en el texto.

Las máquinas y los buscadores, cuando se tropiezan con una etiqueta `em` no pueden entender qué lectura hará el destinatario del mensaje, pero sí comprenden que es el término más destacado de su oración o párrafo, alterando el sentido por completo, y lo registran convenientemente.

La etiqueta █ se utiliza en otros casos en los que convencionalmente se compondría en cursivas la palabra o expresión:

* Cuando con malicia se utiliza un doble sentido en la expresión y éste se quiere manifestar con claridad:

```
<p>Froilán <em>tira con bala</em></p>,
<p>El <em>gobierno de los mejores</em></p> o
<p>El detenido <em>celebró</em> el Día de Santos
Inocentes en el juzgado</p>.
```

No olvides que eso del doble sentido está muy feo en periodismo.

* Cuando se crea en la opinión pública un apodo coloquial y aceptado para un grupo social. El apodo no deja de tener un retintín enfático:

```
<p><em>Los Albertos</em> y sus negocios</p>,
<p>Los grandes almacenes de <em>las Koplowitz</em>
</p>,
<p><em>Los Rivero</em> de Sacyr Vallehermoso</p>.
```

Sin embargo, otras denominaciones para grupos se escriben habitualmente en redonda. Por ejemplo, seguidores deportivos. Los "periquitos" son los seguidores del RCD Espanyol y su significado es inequívoco en contextos de información futbolística.

También se escriben en redonda las grandes dinastías, aunque en mayúscula, como nombres propios: "los Austrias", "los Borbones" o "los Borgia".

* Tienen énfasis también las expresiones idiomáticas propias o no (pero infrecuentes o localismos) que se ponen de actualidad y sirven para identificar un fenómeno o suceso notable. Todo el contenido gira en torno a esta expresión o localismo. No es necesario indicar el idioma, puesto que se asume como propio para designar la situación o noticia:

```
<em>tsunami</em> o
<em>chapapote</em>.
```

Estos dos elementos, █ y ██, son los más habituales para escribir textos en cursiva y son los que presentan mayores dificultades de escritura.

Suelen sustituirse uno al otro en la mayoría de nuestros instrumentos de escritura HTML actuales. Uno marca la convención visual y el otro aporta un valor semántico al texto señalado, de manera que las máquinas comprenden que ése y no otro puede ser el eje de la interpretación válida del contenido adyacente, ya sea en la misma oración o párrafo.

Pero tenemos un par de etiquetas más que se emplearán con plena aportación semántica en aquellos casos en los que, convencionalmente, solemos escribir las palabras o expresiones en cursiva.

Como con otros elementos, estas etiquetas pueden transformarse visualmente con estilos CSS de manera que el texto que habitualmente escribirías en itálica se muestre en pantalla con versalitas, tamaños desmesurados, colores frontales y de fondo distintos, iconos antes o después, parpadeos... Piensa en ellas como posibles cursivas en tu cuerpo de texto. Y después verifica que el tipo de contenido marcado se corresponde con las cualidades semánticas.

- Títulos de piezas sometidas al derecho intelectual como novelas, poemas, libros de todo tipo, películas, canciones, discos, programas informáticos, determinados sitios web, etcétera. Si es el caso, es una cita:

```
<cite>Cincuenta sombras de Grey</cite>,
<cite>Platero y yo</cite>,
<cite>Diccionario panhispánico de dudas</cite>,
<cite>Their satanic majesties request</cite>,
<cite>Yellow submarine</cite>,
<cite>El padrino III</cite>,
<cite>Halo 4</cite> o
<cite>Twitter</cite>.
```

Cuando un título se cita a medias, o por sus siglas o anagrama, y sigue siendo comprensible es obligatorio el atributo `title`:

```
<cite title="El ingenioso hidalgo Don Quijote de la
Mancha">Don Quijote</cite> o
<cite title="Diccionario de la Real Academia Española
de la Lengua">DRAE</cite>.
```

- Noticias y medios de comunicación impresos:

`<cite>La Vanguardia</cite>` y
`<cite>El Constitucional francés anula el impuesto para ricos del 75% que aprobó Hollande</cite>`.
Pero también:
`<p><cite>El horario de los funcionarios se podrá ampliar hasta las seis</cite> en <cite>El País </cite></p>` o
`<p><cite>Las cajetillas de Fortuna, Ducados y Nobel se encarecen 20 céntimos</cite> (<cite>El Mundo </cite>)</p>`.

- Expresiones de fortuna en el periodismo que se autodefinen en los primeros párrafos del texto. Por ejemplo:

`<p>El Congreso de EEUU comienza el receso navideño hoy con la frustración de no haber aprobado un plan para evitar el <dfn>abismo fiscal</dfn>, que conllevará una subida sistemática de impuestos a principios de 2013, si republicanos y demócratas no logran un acuerdo antes de que acabe el año.</p>`,
[EFE-1].

Queda claro que el abismo será una subida de impuestos con los efectos que ésta tenga en la economía. La etiqueta apropiada es una definición que abarca al término a definir y convierte el contexto más próximo en la explicación oportuna. Una vez se ha usado la etiqueta la primera vez en un entorno claro de explicación del término, ya no es necesario volver a utilizarla.

Las etiquetas cite y dfn no se confunden con ninguna otra. Transmiten un valor semántico comprensible para las máquinas. La primera está relacionada con la capacidad de discernir el nivel de relevancia de un cuerpo de texto. Es una cuestión casi matemática, aunque no siempre sea cierta: a mayor número de citas, mayor calidad. Además, separa las palabras seleccionadas como cita del resto del texto, abordándolas como un conjunto ordenado e indisoluble y evitando que se pueda considerar un error en un análisis LSA.

Otro tanto sucede con `dfn`. Simplifica la localización de la respuesta por parte de los buscadores semánticos. Detectarán la respuesta adecuada para la consulta solicitada, aún cuando el texto no sea considerado una autoridad en la materia.

Negritas

El irrefrenable deseo de algunos de escribir mucho con negrillas y la necesidad de destacar de vez en cuando algún término o expresión tropiezan con el mismo problema que las cursivas. Aquí también se superponen dos elementos con la misma convención visual que se sustituyen mutuamente en los botones de la mayoría de los editores WYSIWYG y en la programación de los CMS.

Pero en este caso hay dos diferencias fundamentales. Por una parte, el uso de negrillas es discrecional y no responde a tipologías de contenidos que deben destacarse según las convenciones preestablecidas para cada idioma. Esta característica es básica.

Por otra parte, mientras uno de los elementos posibles, `b`, no aporta absolutamente nada, más allá de declarar un estilo ornamental que bien podría generarse con un `span` que aplicase CSS, el elemento `strong` define la idea importante de la página, que es la que utilizarán las máquinas como modificador de las palabras clave detectadas durante la indización de contenidos.

Aquí caben, por lo tanto, diversas interpretaciones.

Puesto que `strong` actúa como modificador de palabras clave, los especialistas en SEO han recomendado utilizarlo profusamente. Así vemos blogs en los que se hace difícil leer un párrafo decentemente, porque los ojos nos saltan de línea en negrita a línea en negrita. De hecho, los defensores de esta técnica se apoyan también en la afirmación rotunda de que el usuario no lee, lo cuál es también materia de discusión entre estos y los que creemos que si el contenido interesa, se lee. Sin lugar a dudas.

También los diseñadores han dicho lo suyo y llenan las páginas web de pequeñas islas en negrilla, sin distinguir entre `b` y `strong`, porque el efecto visual es el mismo. Su intención es reorientar el recorrido visual del lector por la página. Su modelo de actuación proviene del papel y de los mazacotes de texto en cuerpo 9,5 de la prensa y revistas.

Lo que sucede, como explica Jorge de Buen en *Tipografías para pantalla* [TASCÓN], las negrillas "son tan terriblemente conspicuas en los textos que los tipógrafos más aseados nunca echan mano de ellas, salvo para la composición de títulos. El efecto ideal de las negritas es subrayar o destacar una palabra o frase, pero, en realidad, lo que logran es degradar todos los textos que están en cuerpos normales."

Por lo tanto, la bienintencionada creación de focos de atención para ayudar al lector a encontrar conceptos selectos y que pueda construir su propio discurso paralelo fracasa al reducir el valor del resto de palabras a la nada, tipográficamente hablando.

Lo excepcional de la negrita aplicada como strong es el rasgo singular que le confiere la transmisión a las máquinas de la idea fuerte del contenido. Pero con una limitación: sólo se transmite un valor como idea fuerte, tal y como apunta el estándar tecnológico.

Es más, si lo pensamos bien, una unidad de contenido —article o página web— sólo debería contener una idea que prevalezca por encima de las demás. Y esa idea estructura, afirma y apuntala el discurso. Por lo tanto, el uso indiscriminado de strong en un texto, señalando más de un grupo de cuatro o cinco palabras que formen la idea más importante, contrariamente a lo pretendido, rebaja la calidad de todo el conjunto.

Para comprender la recomendación del estándar tecnológico de HTML5, vamos a utilizar una puntuación ficticia:

Uso de strong	Valor semántico por expresión
0	0
1	1
2	0,5
3	0,33

Sin constituir un error, puesto que el estándar no indica cuántas veces se puede utilizar strong, sí que reduce su eficiencia, ya que el valor semántico trasladado es único. Por lo tanto, a partir de una programación de `strong`, el valor posible se divide entre la cantidad de elementos usados. Y así sucesivamente.

¿Qué sucede con los buscadores? El elemento `strong` es un modificador de las palabras clave utilizadas en la construcción de la página que los buscadores toman en consideración. Cuando se abusa de la etiqueta, las máquinas sospechan que la página web está sobreoptimizada para mejorar el posicionamiento y hacen fracasar todos los intentos de mejora SEO. Otra pregunta: ¿eso es real? Sí. Va a misa. Lo que sucede es que en la mayoría de los casos es imperceptible, porque la interpretación del valor semántico de `strong` es uno de los dos centenares de parámetros que ponderan los buscadores y, frecuentemente, las palabras clave son las que se destacan como más importantes.

En otras palabras, su valor es prácticamente imperceptible. Si se ha construido erróneamente, aporta poco (la mitad, la tercera parte, la cuarta parte... de lo que debería aportar). Y si abarca palabras clave, otros criterios —título, código `meta`, URL...— compensan la pérdida.

Teniendo en cuenta estos factores, el uso de la negrilla mediante `strong` debe limitarse a palabras, expresiones o conceptos resumidos en cuatro o cinco términos consecutivos. Con frecuencia se utiliza para destacar las ideas generales del artículo englobando oraciones largas, lo que reduce su eficacia.

Para esos casos, no se utiliza ni `b` ni `strong`. Se debe emplear `mark`, un elemento que sirve para destacar el fragmento de párrafo o la frase que resume a la perfección la idea general del artículo. `mark` dentro de un elemento de párrafo transmite el valor del contenido que resalta como el más relevante de la unidad informativa.

Aunque aparentemente no tenga una gran incidencia en el posicionamiento de la página, obligará a los buscadores a indizar ese texto de forma prioritaria, contribuyendo a la mejora del long-tail.[22]

---

22 Tomado del artículo *The long tail*, de Chris Anderson (*Wired*, 2004), se usa para definir el
    (pasa a la página siguiente)

El elemento `mark`, por defecto, genera un fondo de color fosforito bajo los textos señalados, pero se puede modificar mediante estilos CSS para que muestre negritas, siempre más adecuadas. Cuando se emplea dentro del elemento `p` sólo puede haber uno por `article`. Más marcas en la página serán también consideradas un error por las máquinas. Recordado esto, el uso de negritas es absolutamente discrecional y debe ser mesurado y diría que hasta tímido.

Los libros de estilo de los periódicos impresos [El País, CAMPS, Fundación, La Voz y VIGARA] definen unos casos clásicos de uso de la negrita que se han trasladado a las páginas web. Permíteme que, grosso modo, traduzca algunas de sus recomendaciones al uso de `b`:

• Destacar listados:
Tras el topo, el cuadratín, la letra o el número en listados ordenados (`ol`) suele escribirse en negrita la primera frase o título del ítem. Especialmente, si la lista es muy larga y cada ítem es lo suficientemente extenso. En estos casos, la negrilla se plasmará mediante un elemento inocuo: `b`.
No hay que perder de vista que las listas tienen un proceso distinto de indización, según su formato `ol` o `ul`.

• Entradillas y sumarios:
Cuando el primer párrafo es el *lead* de la noticia suele destacarse visualmente para que el lector pueda realizar una lectura muy rápida del titular y la entradilla, haciéndose una idea del contenido. Si la opción gráfica es una negrita, puede utilizarse el elemento `b`. Éste podrá modificarse mediante estilos en cascada: justificar párrafos, aumentar cuerpo de letra, cambiar la familia tipográfica, colores frontales…

(Viene de la página anterior)
conjunto de artículos a la venta cuya rotación no es muy destacada pero que, sumados, son los que aportan mayor beneficio que los artículos con mayor salida. La expresión ha hecho fortuna en el ámbito SEO para referirse al resto de expresiones que no incluyen la palabra clave y que también sirven para posicionarse con mayores índices de conversión.

Puesto que b en este caso no aporta ningún valor semántico, existe
otra solución más reusable: utilizar estilos CSS en la versión 3 y
aplicar estilos únicamente al primer párrafo, utilizando un pseu-
do-selector (`:first-child`, `:nth-child(1)`, `:first-of-type` o
incluso `first-line`). En este caso, la decisión queda en manos
del diseñador y del programador del sitio web.

- Engatillar elementos de titulación:
  A veces, para titular breves o pies de fotografía, se engatilla un
  titular en el mismo texto. El título se muestra en negrita y, flu-
  yendo como si fuera un párrafo, el cuerpo de texto de la pieza
  informativa.

En ocasiones el titular es una oración-resumen, separado por un
espacio en blanco o por un punto del resto del texto. Otras veces
es, simplemente, el sujeto y el verbo de la primera frase.

En lenguaje HTML los elementos de titulación actúan como bloques sólidos en la página, separándose de los demás elementos
que se puedan mostrar por encima y por debajo, pero nunca flu-
yendo. Para embridar un título engatillado podemos usar el elemento b hasta el punto de corte en el que continuará el párrafo.
Si es necesario ocultar la puntuación (. o :), usaremos estilos CSS
desde un elemento span:

```
<span style="display:none;">:</span>
```

No perdamos de vista que si se trata de una fotonoticia, es mejor
utilizar el elemento figcaption, más apropiado y con valor semántico real. Y que si se trata de un breve, es preferible usar un
titular completo, haciéndolo fluir mediante estilos CSS:

```
<h5 style="display:inline;">Titular del breve</h5>
```

- Primera aparición de nombres propios
En algunos medios, las páginas de color se fundamentan en personajes públicos. Cuando estos aparecen por primera vez se muestran en negrilla. El caso es parecido al anterior. Si se trata de nombres propios inocuos, con un elemento `b` basta. Si se supone que el personaje puede ser criterio de búsquedas en relación con el tema principal de la página, el elemento podría ser un `strong`. Que quede claro. `strong` es el elemento que destaca la importancia del contenido. La cantidad de usos por página relativiza la importancia de la página. Y sin embargo, no modifica la percepción de la misma por parte de un usuario. Se puede rizar el rizo y escribir un `strong` dentro de una etiqueta `b`, que no aporta nada más que una marca de estilo adicional.

Cuando no cabe énfasis ni fuerza y, sin embargo, se necesitan

La capacidad de enfatizar o de destacar la fuerza de una palabra o expresión son potestad nuestra. Pero sólo podemos ejercerla sobre nuestros propios textos. Es decir, en un párrafo de nuestra autoría podemos destacar semánticamente aquello que nos interese, pero no hacerlo dentro de una cita directa.

Quién escribió el texto que introducimos en un `blockquote` o quién pronunció las declaraciones que reproducimos, incluso nuestro entrevistado, de ningún modo quisieron que las palabras que nosotros consideramos importantes tuvieran un énfasis especial o transmitieran una idea fuerte dentro de nuestro texto.

Fundamentalmente, porque no pensaba en nuestra versión cuando escribió o habló.

Es más, podríamos estar citando literalmente un texto ajeno y éste ya podría tener —¿nos apostamos algo a que no siempre?— sus propias expresiones destacadas como `strong` y `em`.

Por lo tanto, cometeríamos un error semántico y una intromisión intolerable acudiendo con nuestro editor WYSIWYG a marcar las palabras ajenas que nos gustaran más como ideas-fuerza o como ironías enfáticas.

Para ello, tenemos un elemento que transmite, cuando se utiliza dentro de los elementos q o blockquote el valor semántico más relevante que nosotros encontremos en la cita:

```
<p>Cuenta <cite>La Voz de Galicia</cite> del 9 de enero
de 2013 en la noticia <cite>«Sólo» y «éste» siguen con
tilde dos años después de desaconsejarlo la RAE
</cite>:</p>
<blockquote>
   <p>Sin embargo, <b>«consejos»</b> como los de suprimir
   la tilde diacrítica en el adverbio «solo» o en
   los pronombres demostrativos, «hay autores que lo
   siguen y otros no»; es más, <b>hay quienes «exigen»
   continuar con la costumbre de poner el acento
   </b>, ha indicado Gutiérrez Ordóñez con motivo
   de la conferencia que imparte hoy en León. Ha
   matizado que <mark>los que desoyen estas últimas
   recomendaciones no están faltando a la regla
   </mark>, ya que se trataba de «aconsejar» y
   explicar con criterios científicos por qué no
   se debían acentuar. Además, ha apuntado que
   «en la ortografía no hay que adaptar posturas
   contundentes, sino tratar de reorientar los
   usos».</p>
</blockquote>
```

En el ejemplo [EFE-2], los redactores de *La Voz de Galicia* consideraron que las ideas fuertes —o visualmente más atractivas— eran las que se muestran en un elemento b: "«consejos»" y "hay quienes «exigen» continuar con la costumbre de poner el acento". Bien podrían haber utilizado strong. Si lo hubieran hecho, probablemente nos limitaríamos a cambiarlo por un elemento b, porque el strong ajeno colisionaría con el que nosotros hubiéramos usado. Incluso podríamos borrar estas marcas, porque su interpretación visual está fuera del contexto en el que se crearon. Pero hay más, el texto es una cita directa. Lo tomamos para que sirva a nuestros argumentos y es posible que aquello que queremos destacar no se corresponda con lo que hubiera resaltado el autor original.

Prefiero, en este caso, elegir "los que desoyen estas últimas recomendaciones no están faltando a la regla", porque en mi hipotético cuerpo de texto resalto que no atender a la caprichosa normativa sobre la tilde, no constituye una falta mortal de ortografía. Y, por lo tanto, la destaco usando `mark`. Práctico y eficiente.

Citas textuales, entrecomillados, fuentes y entrevistas

Si algo nos diferencia del resto de creadores de contenido online, es que sabemos citar fuentes. Además para ello tenemos unos elementos del lenguaje HTML5 muy apropiados. Haciéndolo bien podremos tener textos recuperables, reusables y aptos para cualquier tipo de dispositivo. Por otra parte, la identificación semántica de las fuentes originales contribuirá a que las máquinas otorguen mayor relevancia a nuestro trabajo.

Cuestión de comillas

Es evidente que lo primero que hay que definir es el tipo de comillas que usaremos. En español e inglés, son habituales las comillas denominadas tipográficas, que se curvan estilosas y penden en lo alto, a derecha e izquierda del texto que queremos marcar.

No hay que confundir nunca las comillas con el minuto o los segundos. Una cosa son ", ", ' y ', y otra ' y ". De hecho, el apóstrofo debe ser una comilla simple de cierre, nunca un minuto.

Lo demás es erróneo, aunque las máquinas lo toleren porque los usuarios de PC siempre han tenido tantos problemas para escribir las comillas correctas que al final han olvidado qué son y han tenido que encomendarse a la ofimática para que las ponga por ellos.

Una vez definidas, sepamos que se pueden utilizar de dos formas: tipográficamente y como un elemento HTML.

El primer método puede utilizarse en cualquier momento y es el único indicado cuando se trata de destacar sin enfatizar alguna expresión idiomática. Y evidentemente no se corresponde con ninguna cita textual. Por ejemplo:[23]

```
<p>Cuando nos referimos a las "amistades en las redes
sociales" estamos hablando de conocidos</p>.
```

También es posible utilizarlas en aquellos casos en los que nuestro sitio opta estilísticamente por destacar con comillas algunos textos que se destacarían con el elemento i: neologismos o expresiones en otros idiomas y latinajos.

La comilla se escribirá justo antes y justo después de la expresión entrecomillada.[24]

La Real Academia Española (RAE) establece una jerarquía de usos de esta tipografía, cuando algunas expresiones se anidan en otras entrecomilladas. En primer lugar recomienda el uso de las comillas españolas « y »;[25] en segundo, las inglesas " y "; y finalmente, las simples ' y '. Ante esta sugerencia de la RAE cada sitio y editor puede optar por su propio estilo visual.

---

23 Los ejemplos en vivo de este capítulo se encuentran en la dirección http://d.pr/26rt.

24 Las normas ortográficas de algunos idiomas exigen espacios en blanco antes o después de las comillas. Este espacio puede ser obviado, adecuándose a las características de fluidez de los textos propias de Internet. Sobre canales impresos es fácil controlar que los espacios no coincidan con el final o principio de línea, pero en lenguaje HTML para webs dinámicas es prácticamente imposible. Si por norma se eliminan los feos espacios en blanco, el texto ganará en fluidez sin desbaratar la capacidad de lectura.

25 La RAE (Real Academia Española de la Lengua) reconoce como comillas españolas las angulares dobles « y ». Los franceses dicen que son suyas y las llaman *guillemets*.

La sustitución de « » por " " es correcta, si mantiene homogéneo su uso editorial en un sitio o libro.

La gran excepción a la comilla tecleada la constituyen las citas textuales, que es cuestión que nos atañe especialmente. Cuando tengamos que redactar una cita directa, utilizaremos el elemento q:

```
<p>El presidente del Gobierno afirmó: <q>El caballo
blanco de Santiago es de color blanco</q>.</p>
```

Los navegadores escribirán antes y después de la cita la comilla correspondiente. Emplearán la modalidad que tengan programada, por defecto, para cada idioma de interfaz. Sin embargo, con un par de líneas de programación CSS es posible mostrar la modalidad de comilla más adecuada a cada entorno lingüístico.

Si se le exige al programador un mínimo esfuerzo, será capaz de generar los estilos CSS adecuados que detecten el idioma de la página o el idioma de la cita y que muestren las comillas más apropiadas. Un mismo texto aparecerá correctamente entrecomillado en distintas versiones idiomáticas del sitio web: con las „ y " alemanas o con las 「 y 」 japonesas. Aunque el lector no entienda el idioma, comprenderá que se trata de una cita textual. También será posible escoger qué tipo de comilla se muestra en las citas anidadas dentro de formatos entrecomillados por q.

```
<p>Mariano dijo: <q>Me llevó Pepe, que me gritó
<q>¡Vamos!</q> y fuimos corriendo</q>.</p>
```

Las máquinas, por su parte, comprenden la cita como un objeto único e indivisible que aporta relevancia al sitio. Los buscadores, por lo tanto, mejorarán la posición de nuestra página en sus resultados. Y si en el interior del elemento citado se producen faltas de concordancia o fallos sintácticos, estos no serán considerados en el análisis semántico del texto como errores, puesto que provienen de una fuente externa y la cita es fidedigna y textual.

El elemento q se utiliza también cuando se recogen fragmentos breves de fuentes documentales: libros, poemas, letras de canciones, documentos periodísticos... El estándar tecnológico HTML5 recomienda la indicación de una URL [26] donde la máquina pueda comprobar el origen cierto de la fuente. La dirección debe incluirse como atributo cite en la etiqueta de apertura:

```
<p>
  <q cite="http://politica.elpais.com/
     politica/2012/09/08/actualidad/1347129185_745267.
     html">La clase política española ha desarrollado
     en las últimas décadas un interés particular,
     sostenido por un sistema de captura de rentas, que
     se sitúa por encima del interés general de la
     nación.</q>, afirma César Molinas.
</p>
```

El usuario no ve la fuente, salvo que acceda al código de la página web, pero la máquina realiza la comprobación y sigue el enlace. La

26 Esta es una de las cuestiones que podrían sacrificarse en la versión definitiva del estándar tecnológico HTML5, como ya he indicado. Se trata de un problema tecnológico de los navegadores y operadores de conectividad de Internet, y no de posibilidades de uso, necesidades semánticas u otras implicaciones del creador. Introduciendo una URL se obliga a las máquinas —navegadores incluidos— a seguir la dirección externa de un contenido que no se mostrará. Los navegadores intentarán guardar aquél resultado que encuentren en la caché, y para nada. Y los usuarios que se conecten mediante dispositivos de telefonía móvil estarán pagando transferencia y consumo de datos, sin ningún efecto para ellos.
Visto así, es probable que desaparezca finalmente.
En el momento de redactar este manual, los tres validadores de código HTML5 probados indican que el atributo cite es un error. Sin embargo, está contemplado, por el momento, en el estándar tecnológico. Ten esto en cuenta para futuros proyectos. La certificación de estandarización es mejor hacerla a mano.

página que estamos redactando gana en credibilidad, relevancia, notoriedad e importancia ante futuras consultas.

El uso del atributo `cite` en el elemento `q` debería ser obligatorio, cuando se citan fuentes documentales. E implicaría que todos los documentos periodísticos utilizados, incluso los correspondientes a filtraciones, están bajo control en una URL propia del medio y accesible.

Fragmentos extensos de fuentes documentales

A diferencia de la redacción periodística habitual, una reproducción extensa de una fuente documental no se expresa en un párrafo largo entrecomillado y apuntalado con citas previas ("Fulanito dice:..."), intermedias ("..., dijo Fulanito. Añadió:..."), o finales ("..., expuso Fulanito").

Cuando escribimos una página web utilizamos el elemento `blockquote`, que se asemeja a las inserciones de argumentos externos en documentos académicos.

`blockquote` genera un espacio grande, diferenciado visualmente del resto del cuerpo de texto, en el que, sin más, se reproduce literalmente la cita. Es fácilmente adaptable a los estilos del sitio web y se inserta como un bloque entre párrafos. En su interior, es posible escribir párrafos que fluyen con un aspecto diferenciado del resto de la pieza informativa. El texto se puede elidir según el estilo del medio —con paréntesis o corchetes y puntos suspensivos— para mostrar lo más sobresaliente, poner en contexto —con corchetes y el sujeto elidido del verbo inicial— y atribuir, con el atributo `cite` referente a la web existente, si la hubiera.[27]

```
<blockquote cite="http://www.abc.es/opinion/20121230/
abcp-nina-estacion-20121230.html">
    <p>El último Consejo de Ministros acordó, a propuesta
```
▶

---

27 La URL de referencia en el atributo `cite` de `blockquote` corre el mismo peligro que en el caso de `q`. Pero sigo creyendo que debería ser obligatoria.

> de la titular de Fomento, la supresión de un buen
> número de conexiones ferroviarias que, por su
> escasa utilización, son manantiales de pérdida
> antes que medio de transporte. El gesto de Ana
> Pastor la convierte en una nueva y revisada versión
> de <cite>La niña de la estación</cite>. Pastor es
> uno de los pocos casos en el entorno gubernamental
> de Rajoy que tiene acreditada —Educación,
> Presidencia, Interior, Sanidad, Fomento— una
> solvencia gestora con más nueces que ruido y,
> en consecuencia, pretende ajustar el gasto a su
> rentabilidad; pero, como en el poema de Rafael de
> León que cantaba Concha Piquer, ya no podrá bajar
> todos los días de su casa a la estación para tratar
> de ver pasar al ambulante de Correos —¿Montoro?—
> fruto de su ensoñación.</p>
> </blockquote>
> <p><cite title="La niña de la estación">La niña de la
> estación</cite>, de Manuel Martín Ferrand. En <cite
> title="ABC">ABC</cite>, 30 de diciembre de 2012</p>

El autor o fuente de la cita que incluye el elemento blockquote, si no se ha indicado en el flujo de texto del párrafo inmediatamente anterior, debe escribirse fuera del elemento. Generalmente se utiliza el primer párrafo posterior.

Este uso, fuera del flujo normal de la narración, puede romper el ritmo y no vincular el párrafo-fuente al blockquote-cita de manera suficiente.

Hay un par de alternativas que conviene considerar. La primera de ellas responde a una recomendación que se realiza en la propia especificación del lenguaje HTML5. Según este consejo, la cita se construye como elemento blockquote dentro de un elemento figure —utilizado para ilustrar el artículo con imágenes, vídeos, tablas, documentación adicional, etcétera— que nunca es indispensable. El figcaption, elemento de titular de figure, se utilizaría para escribir la atribución de la fuente:

```
<figure>
    <blockquote cite="http://www.abc.es/opinion/20121230/
    abcp-nina-estacion-20121230.html">
        <p>El último Consejo de Ministros [...]</p>
    </blockquote>
    <figcaption>
        <cite>La niña de la estación</cite>, de Manuel
            Martín Ferrand. En <cite>ABC</cite>, 30 de
            diciembre de 2012
    </figcaption>
</figure>
```

Esta solución complica mucho la escritura desde un simple editor WYSIWYG, requiriendo un nivel elevado de conocimientos del lenguaje HTML5 que nos debería superar. Además, desde una perspectiva semántica supone que la cita no forma parte del cuerpo central del artículo, sino que lo ilustra. Y que además es prescindible, circunstancia que no siempre será cierta.

La segunda posibilidad se justifica en la admisión, por parte del elemento blockquote, de cualquier tipo de contenido de flujo, según la especificación tecnológica del lenguaje HTML5. Consiste en la introducción de un elemento de footer para escribir la fuente:

```
<blockquote cite="http://www.abc.es/[...]">
    <p>El último Consejo de Ministros [...]</p>
    <footer>
    <p><cite>La niña de la estación</cite>, de Manuel
        Martín Ferrand. En <cite>ABC</cite>, 30 de
        diciembre de 2012</p>
    </footer>
</blockquote>
```

El `footer` se escribe y se muestra dentro de la cita, con la atribución del crédito de la misma lo más completo posible.

Desde la perspectiva semántica, todo cuanto alberga el elemento `blockquote` constituye una cita textual y un único objeto para el análisis LSA. Por lo tanto el `footer` y su contenido deberían considerarse un error. Y sin embargo y paradójicamente, el elemento `footer`, por definición, aporta un valor semántico que hace referencia directa al elemento que lo contiene, por lo que, desde este punto de vista, debería considerarse un acierto.

Ni la solución `figure` ni la solución `footer` se muestran como error o advertencia en los sistemas de validación del lenguaje HTML5 [W3C-4 y Mozilla].

Resumiendo, hay tres métodos de identificación de la fuente:

- Primer párrafo posterior a la cita.
- Construcción de `figure` con la cita.
- Introducción de `footer` en la cita.

De los tres, el primero es el más semántico y el tercero el más narrativo. Tú eliges.

La lógica de las máquinas

La cita mediante bloques textuales es una de las fórmulas menos periodísticas y más propias de Internet que podemos utilizar para aportar mayor relevancia a nuestros textos. No perdamos de vista el hecho de que Internet se desarrolló desde la comunicación académica y científica y que hereda este tipo de formatos asertivos. El tecnólogo echaba mano de fuentes externas a su trabajo para asentar sus teorías. Pero es algo muy poco periodístico.

Como entonces, el contenido de los `blockquote` sirve como argumento de terceros que refuerza la opinión expresada.

Sin miedo a equivocarme puedo afirmar que un texto repleto de `blockquote` podría leerse de arriba abajo saltándonos estas citas. Nuestro criterio de lectura se fundamentaría en el grado de confianza que otorguemos al autor. Si creemos que es riguroso, podemos saltarnos los argumentos de terceros. Él ya los habrá tenido en cuenta.

Las máquinas utilizan el mismo criterio lógico. Digamos que en su primera aproximación al texto identifican los `blockquote`, encuentran las URL del atributo `cite` —por ahora— y localizan los conceptos que el autor del texto haya señalado como relevantes con el elemento `mark`. Si existen. Cuando tienen que analizar semánticamente el contenido de la página, siguen el cuerpo de texto, pero se saltan el interior de los `blockquote` (Figura 9) tomando nota de los que están correctamente identificados en fuente externa mediante el atributo `cite`.

Se estima que para los buscadores usar `blockquote` implica conseguir una buena valoración de la página. El *crawler* entiende que el autor ha invertido su tiempo en procurar los mejores argumentos que apoyen sus tesis. También se cree que se valoran de forma especial los `blockquote` con atributo `cite` hacia la URL original. En este caso, valora la colaboración que el autor presta al buscador y proporciona una relevancia extraordinaria a la fuente original, contribuyendo a su posicionamiento.

Por lo tanto, un posicionamiento rápido de texto citado será posible utilizando fórmulas directas con el elemento `q` y un posicionamiento más lento pero que contribuya tanto al cuerpo de texto propio como a las fuentes citadas se corresponderá con una utilización de `blockquote`.

Entonces, ¿las entrevistas?

Las entrevistas se escriben con `q`, porque no dejan de ser diálogos y la especificación del lenguaje HTML5 dice que es el elemento adecuado para los diálogos.

No confundas una entrevista-diálogo con el diálogo de un guión (de cine, de radio o de un videojuego) que se escribirá con párrafos alternativos `p` o con listas de respuestas condicionales para aplicaciones interactivas, `ul`.

Las entrevistas se escriben con el elemento `q`, que pone automáticamente las comillas al inicio y al final de cada intervención. Evidentemente, no querremos que nuestra transcripción se entrecomille automáticamente, así que echaremos mano del programador para que cree una clase específica para las entrevistas.

Figura 9
Una persona podría leer el texto siguiendo las flechas. Saltándose el blockquote.
Sólo apreciaría una frase terminada en dos puntos que le parecería un error meca-
nográfico. La comprensión sería total.

Utilizando los pseudo-elementos del lenguaje de estilos CSS odd y even, el diseñador podrá crear alternativas visuales para elementos alternos. Por ejemplo, los impares se corresponderán siempre con una pregunta y podrán mostrarse en negrita, con el texto "P:" autogenerado al inicio, con un espacio entre párrafos mayor, etcétera. Y otro tanto con los q pares, que se corresponderán con las respuestas.

Y, por supuesto, sin mostrar antes y después las comillas.

¿Cuándo se complica la cosa?

En dos casos. El más frecuente será la edición de respuestas muy, muy largas. El elemento q sustituye al elemento p —párrafo— en las entrevistas, por lo tanto los puntos y aparte no son el final de un párrafo, son simplemente un salto de línea. Si fueran el final del elemento, cambiaría el estilo y las respuestas tendrían el aspecto de preguntas y viceversa. La entrevista sería ilegible, porque no se identificaría quién es quién y quién dice qué.

Cuando se dé un salto de línea dentro de una misma respuesta, asegúrate de que se trata de un elemento de salto de línea br, que no tiene barra de cierre ni etiqueta final.

El otro caso problemático son las entrevistas en grupo, con varias personas que responden a un mismo entrevistador y a una misma pregunta. Si sucede así, toda la estructura de estilos que haya preparado tu programador se irá a la porra.

Tendrás que editar parte de los estilos manualmente, con mucho cuidado y, siempre que lo tengas a mano, siguiendo los consejos del programador. Te presto un ejemplo que no siempre será válido: cuando escribas la entrevista, la secuencia de preguntas y respuestas se escribirán en elementos q, pero con una clase única que identifique al interrogador (aquí "pregunta") y otras distintas a los que responden (aquí "r1" y "r2" para cada uno de ellos).

Mira, justo antes de empezar a escribir el texto de la entrevista, accedemos mediante el editor WYSIWYG al código fuente y escribimos, si nos deja, las excepciones de estilos para esta página:[28]

```
<style scoped>
    q.pregunta:before, q.r1:before, q.r2:before {
        content:"";
    }
    q.pregunta:after, q.r1:after, q.r2:after {
        content:"";
    }
    q.pregunta {
        font-weight:bold;
    }
    q.pregunta:before {
        content:"P: ";
    }
    q.r1:before {
        content:"Interpelado 1°: ";
        font-weight:bold;
    }
    q.r2:before {
        content:"Interpelado 2°: ";
        font-weight:bold;
    }
</style>
```

28 El atributo scoped para los estilos dentro del código de la página es uno de los aspectos que están en entredicho para la especificación final de HTML5. Genera conflictos para los navegadores con los estilos de impresión, para dispositivos móviles (*pasa a la página siguiente*)

Este fragmento de código debe escribirse en el mismo marco en el que se redactará la entrevista que use el elemento q con estas clases. De este modo sólo afectará estilísticamente a este fragmento del sitio web. La función del atributo *booleano* [29] scoped significa que el nuevo estilo sólo se aplicará a los elementos del ámbito en el que se haya escrito. Por ejemplo, si se escribe en el footer de la página, sólo afectará a los elementos que se encuentren dentro del pie de página. Las dos primeras instrucciones eliminan las comillas anteriores y posteriores. La tercera convierte la pregunta en negrita y la cuarta escribe mediante estilos la abreviatura "P:" antes de la cuestión. La siguiente escribe antes de la respuesta "Interpelado 1°" y en negrita. Y la última, "Interpelado 2°", en negrita también.

Evidentemente puedes sustituir los textos autogenerados —y los nombres de las clases de CSS— por lo que quieras. Lo habitual son unas iniciales que hayan sido explicadas en la entradilla de la entrevista.

Una vez acabadas las excepciones de estilos del ejemplo de arriba, escribe la entrevista y, finalmente, edita los elementos q, añadiendo las clases que hemos definido antes y, si quieres, un atributo title que identifique a los interrogados:

(Viene de la página anterior)
y cuando hay fuentes tipográficas definidas para toda la página. scoped implica una preeminencia sobre el resto de especificaciones. De ahí el problema. Si no lo escribes, de momento funciona. Pero comprueba siempre el resultado.

29 Un atributo *booleano* es aquel que sólo admite una respuesta positiva o negativa, como un interruptor. Siempre está en una posición y cuando se declara, se activa. Para activar un atributo *booleano* basta con escribirlo o darle valor. Las opciones válidas son, por ejemplo, scoped, scoped="scoped", scoped=1 y scoped="true". Podría parecer que no tiene sentido, por lo tanto, apagar el interruptor. Bastaría con dejar de escribirlo. Sin embargo, si ya estuviera activado, para desconectarlo habría que pasarle el valor de cierre: scoped=0 o scoped="false". Todos los atributos *booleanos* funcionan así.

```
<q class="pregunta" title="Interrogador">¿Es complicado
escribir así una entrevista?</q>
<q class="r1" title="Periodista Sufridor">Hombre…</q>
<q class="r2" title="Programador Agobiado">Los
periodistas, siempre pidiendo cosas raras…</q>
```

El elemento title puede utilizarse sólo en la primera aparición de
uno de los conversadores o en cada caso: Si decides no utilizarlo, sería
conveniente aclarar el sentido de las abreviaturas en la entradilla:

```
<p>Periodista Sufridor (<abr title="Periodista
Sufridor">Interpelado 1º</abr>) y Programador Agobiado
(<abr title="Programador Agobiado">Interpelado 2º</abr>)
responden a las cuestiones de nuestro Gran Periodista
(<abr title="P">P</abr>), en un ambiente distendido
frente a unas cervecitas.</p>
```

Así todos quedarán perfectamente identificados.

Listas y definiciones

Habrás leído en cualquiera de esos manuales que circulan sobre cómo escribir para Internet que las listas son de lo primero que se lee. No es exactamente cierto. Son lo primero que se ve, porque suelen diseñarse con margen a izquierda, textos capitulares en negrita y viudas en bandera, por lo que la cantidad de espacio en blanco en pantalla es mayor y la vista se dirige, por contraste con el vacío, hacia el texto. Evidentemente, si llama más la atención hay más posibilidades de que la lean, eso no lo voy a discutir. Pero no siempre se busca.

Las listas en código HTML son de tres tipos: no ordenadas (ul), ordenadas (ol) y de descripciones (dl), con usos diferentes y acceso semántico absolutamente distinto. Cada modalidad sirve para expresar una cosa diferente y hay que saber utilizarlas para algo más que para listas de preferencias o para las "10 cosas que aprendí viendo flotar a las nubes".

Los dos primeros elementos ul (*unordered list*) y ol (*ordered list*) engloban una serie de ítems li (*list item*) que admiten textos, imágenes, enlaces, figure e incluso otras listas. Esta versatilidad convierte a las ul en el elemento idóneo para la creación de menús de navegación. De hecho, los botones de un menú no dejan de ser una lista de enlaces.

El `dl` *(description list)*, por su parte, es frecuentemente una lista de pares de elementos con una correspondencia recíproca. Uno de los elementos es el término (`dt`, término a describir) y el otro es su descripción (`dd`, valor de descripción). Cada uno de ellos sirve exactamente para lo que su denominación indica: para plantear cuestiones y responder con su explicación más ajustada.

HTML5 se orienta especialmente al uso de las `dl` en contextos en los que hasta ahora no se utilizaban. En muchísimos casos será la mejor opción para crear una lista. Su dificultad estriba en la presentación estilística de los elementos. Son pares de ítems que frecuentemente necesitamos mostrar enfrentados, en una misma línea y en un espacio a modo de tabla con dos columnas. Sin embargo, los navegadores muestran por defecto la lista con una entrada, `dt` o `dd`, por línea, en una sola columna.

La lógica interna de las listas

Las listas sirven para mostrar grupos de elementos que tienen un rasgo en común. Los vínculos de un menú de navegación son exactamente eso: herramientas para acceder a los principales apartados de un sitio web. La lista de tendencias para el año que entra, los ingredientes de una receta de cocina, los finalistas de un premio literario o las direcciones de los establecimientos comerciales de una cadena son casos similares.

Sería posible ordenar las tendencias alfabéticamente. Los ingredientes, por orden de necesidad en la elaboración. Los finalistas, por el número de páginas de sus obras. O las direcciones postales de las tiendas, por código postal o proximidad geográfica al lector.

Pero en ningún caso sería prioritaria esta clasificación.

El orden de las tendencias no importa. Los ingredientes deberían estar a mano antes de empezar a elaborar el plato. De los finalistas sólo importa quién ganará y quién será el finalista, los demás desaparecerán tristemente en el olvido. Y de las tiendas quizá sólo nos interesa conocer su e-mail, por lo que la proximidad geográfica probablemente no sea una prioridad.

En todos estos casos, con una simple lista ul se solventaría la presentación del contenido.

¿Podría mostrarse en un texto corrido? Sí, por supuesto. Pero la organización del contenido en una lista estructura mejor el mensaje, le aporta claridad, esponja visualmente los párrafos y, lo que resulta muy importante, evita, si cada ítem contiene un enlace, que los buscadores lo consideren un intento de *spamlink*.[30] De hecho, si en un párrafo tienes más de cuatro enlaces consecutivos, mejor conviértelos en una lista.

Segunda gran pregunta: ¿Cuándo se utilizan las listas ordenadas? Se usan cuando el orden es fundamental obedeciendo a su lógica interna: las tendencias ordenadas por meses consecutivos; el paso a paso de la receta de cocina; el ganador, el finalista y los accésit por puntuación; y los e-mails de las tiendas por stock del producto que interesa al cliente. Si lo observas, en estos ejemplos se dan dos circunstancias: la secuencialidad o encadenamiento y la preeminencia de unos ítems sobre los otros. Unos ítems no tienen cabida sin haber cumplimentado el criterio del anterior o algunos son más importantes que otros.

En resumen, para escribir contenidos estructurados según su secuencialidad o preeminencia, utilizaremos listas ordenadas numéricamente, con dígitos árabes o romanos.

Pero las listas ordenadas tienen un tercer uso: cuando se quiere facilitar al lector el recuerdo de un ítem concreto y, más frecuentemente, un apartado de un contenido o párrafo. Las listas ordenadas se emplean como sustitutas de los titulares de nivel inferior y los ítems se identifican con letras (*a, b, c...*). Cualquiera podrá recordar y citar el apartado *f* de la página α.

La lógica interna de las listas ul y ol es parte de su valor semántico y es interpretable por las máquinas. De ahí su importancia, más allá de hacer la vida más cómoda al lector.

---

30 Colocación intencionada de enlaces a otras páginas web, internas o externas, para forzar su posicionamiento en buscadores. Se considera una acción ilegítima de *black SEO* y conlleva penalizaciones al sitio web.

ESTRATEGIA DEL
contenido

Diagnóstico de fracasos que pueden evitarse

Los manuales fracasan por distintos motivos:

- **Contenido secundario**: La empresa invierte en operaciones de marketing y olvida su mensaje directo al consumidor, cuando éste ha adquirido el producto y se enfrenta a las instrucciones de uso en solitario.
- **Contenido especializado**: La información del manual ha sido elaborada por expertos que no se ponen en la piel del usuario final, lo que produce un mensaje incomprensible. Quizá, el ingeniero del dispositivo antiapagones no pensó que lo usaría un simple electricista.
- **Contenido desactualizado o superactualizado**: El manual hace referencia a características que han cambiado en la evolución del producto y no se tiene en cuenta el momento de consumo de la información entre manual y producto. Los botones pueden haber desaparecido en el producto actual y el manual aún se refiere a ellos. O el manual descargado online puede referirse al novísimo producto y el usuario tener una antiguilla de saldo.
- **Contenido mal traducido**: El contenido es caro. Las traducciones, también. La terminología no es la misma en dos países, aunque hablen el mismo idioma. Ni las condiciones del entorno de uso del producto. Cada manual debería adaptarse y traducirse al idioma del usuario final. Y por completo.
- **Contenido hiperdiseñado**: A veces el minimalismo icónico no se comprende. Puede suponer un ahorro en traducciones, pero la iconografía no es suficientemente comprensible. Me contaron una vez que una de las principales quejas en Ikea tenía que ver con un símbolo de plano rectangular inclinado junto a un cilindro con tapa. Los usuarios telefoneaban indicando que esa extraña pieza no venía en el kit de montaje. Y es que no existía: el dibujo quería indicar que el cartón del envoltorio (rectángulo en plano inclinado) debía tirarse al cubo de la basura (cilindro con tapa).
- **Contenido estúpido**: Aunque sea una obligación legal, decir que un coche necesita gasolina para funcionar, es un argumento estúpido que contagia su insustancialidad al resto de la página. Las obligaciones informativas deberían reunirse en otro tono y otro apartado dentro del manual.
- **Contenido centrado en el producto**: El fabricante está orgulloso de su producto y es capaz de explicarlo, pero no es capaz de ponerse en la piel del usuario y situar en un contexto adecuado las soluciones que el artículo puede aportarle de forma personal. La capacidad de atornillar que tiene un utensilio puede explicarse en potencia y en dimensiones físicas. Pero puede ser más útil explicar qué atornillar, dónde, cómo y con qué complementos.
- **Producto demasiado barato**: Esta postura empresarial es demasiado frecuente. El fabricante sólo compite por el precio. Sus márgenes son muy reducidos y su modelo de negocio se fundamenta en el alto número de operaciones. Por lo tanto, en el escandallo del producto no hay margen para un manual de instrucciones. El futuro de la marca, de la empresa, no importa. Sólo el presente. ¿Para qué un manual de uso?
- **El contenido es caro**: Equivocadamente, los empresarios incluyen el manual de instrucciones en los costes de producción. Pero es un coste fijo. No se trata del producto. Se trata de la marca. Es la marca comercial quien habla del producto al usuario. Por lo tanto, el presupuesto de creación del contenido, actualización informativa, producción industrial (online y offline) y difusión se diluye entre todos los costes de la empresa. Ahora y en el futuro. Visto así, no es tan caro.
- **No existe el manual**: Todo producto o servicio necesita un manual. Desde el reproductor de DVD al suministro eléctrico doméstico, pasando por el surtidor de gasolina autoservicio. Que el usuario esté acostumbrado al uso, no exime de su explicación detallada. El bonobús necesita tanto un manual de instrucciones como una amoladora. En unos casos se acompañará con el producto y en otros se podrá consultar en el sitio web corporativo. Pero es necesaria la explicación.
- **Nadie lee el manual de instrucciones**: Esta es una falacia muy asentada. Una cosa es que lea por encima, contiando en la memoria, dando por sentadas concepciones erróneas, que sea mal comprendido (mal redactado, diseñado, incompleto) o que se lea a destiempo, pero se lee. La industria farmacéutica sabe bien que buena parte de sus visitantes provienen de sus prospectos colgados en otros sitios web no sometidos a control ético-legal. El usuario busca el fármaco que puede solucionar su problema porque ha leído el manual de instrucciones —el prospecto— con anterioridad.

ESTRATEGIA DEL
contenido

Diagnóstico de fracasos que pueden evitarse

Los manuales fracasan por distintos motivos:

1. **Contenido secundario**: La empresa invierte en operaciones de marketing y olvida su mensaje directo al consumidor, cuando éste ha adquirido el producto y se enfrenta a las instrucciones de uso en solitario.
2. **Contenido especializado**: La información del manual ha sido elaborada por expertos que no se ponen en la piel del usuario final, lo que produce un mensaje incomprensible. Quizá, el ingeniero del dispositivo antiapagones no pensó que lo usaría un simple electricista.
3. **Contenido desactualizado o superactualizado**: El manual hace referencia a características que han cambiado en la evolución del producto y no se tiene en cuenta el momento de consumo de la información entre manual y producto. Los botones pueden haber desaparecido en el producto actual y el manual aún se refiere a ellos. O el manual descargado online puede referirse al novísimo producto y el usuario tener una antiguilla de saldo.
4. **Contenido mal traducido**: El contenido es caro. Las traducciones, también. La terminología no es la misma en dos países, aunque hablen el mismo idioma. Ni las condiciones del entorno de uso del producto. Cada manual debería adaptarse y traducirse al idioma del usuario final. Y por completo.
5. **Contenido hiperdiseñado**: A veces el minimalismo icónico no se comprende. Puede suponer un ahorro en traducciones, pero la iconografía no es suficientemente comprensible. Me contaron una vez que una de las principales quejas en Ikea tenía que ver con un símbolo de plano rectangular inclinado junto a un cilindro con tapa. Los usuarios telefoneaban indicando que esa extraña pieza no venía en el kit de montaje. Y es que no existía: el dibujo quería indicar que el cartón del envoltorio (rectángulo en plano inclinado) debía tirarse al cubo de la basura (cilindro con tapa).
6. **Contenido estúpido**: Aunque sea una obligación legal, decir que un coche necesita gasolina para funcionar, es un argumento estúpido que contagia su insustancialidad al resto de la página. Las obligaciones informativas deberían reunirse en otro tono y otro apartado dentro del manual.
7. **Contenido centrado en el producto**: El fabricante está orgulloso de su producto y es capaz de explicarlo, pero no es capaz de ponerse en la piel del usuario y situar en un contexto adecuado las soluciones que el artículo puede aportarle de forma personal. La capacidad de atornillar que tiene un utensilio puede explicarse en potencia y en dimensiones físicas. Pero puede ser más útil explicar qué atornillar, dónde, cómo y con qué complementos.
8. **Producto demasiado barato**: Esta postura empresarial es demasiado frecuente. El fabricante sólo compite por el precio. Sus márgenes son muy reducidos y su modelo de negocio se fundamenta en el alto número de operaciones. Por lo tanto, en el escandallo del producto no hay margen para un manual de instrucciones. El futuro de la marca, de la empresa, no importa. Sólo el presente. ¿Para qué un manual de uso?
9. **El contenido es caro**: Equivocadamente, los empresarios incluyen el manual de instrucciones en los costes de producción. Pero es un coste fijo. No se trata del producto. Se trata de la marca. Es la marca comercial quien habla del producto al usuario. Por lo tanto, el presupuesto de creación del contenido, actualización informativa, producción industrial (online y offline) y difusión se diluye entre todos los costes de la empresa. Ahora y en el futuro. Visto así, no es tan caro.
10. **No existe el manual**: Todo producto o servicio necesita un manual. Desde el reproductor de DVD al suministro eléctrico doméstico, pasando por el surtidor de gasolina autoservicio. Que el usuario esté acostumbrado al uso, no exime de su explicación detallada. El bonobús necesita tanto un manual de instrucciones como una amoladora. En unos casos se acompañará con el producto y en otros se podrá consultar en el sitio web corporativo. Pero es necesaria la explicación.
11. **Nadie lee el manual de instrucciones**: Esta es una falacia muy asentada. Una cosa es que lea por encima, contiando en la memoria, dando por sentadas concepciones erróneas, que sea mal comprendido (mal redactado, diseñado, incompleto) o que se lea a destiempo, pero se lee. La industria farmacéutica sabe bien que buena parte de sus visitantes provienen de sus prospectos colgados en otros sitios web no sometidos a control ético-legal. El usuario busca el fármaco que puede solucionar su problema porque ha leído el manual de instrucciones —el prospecto— con anterioridad.

Pongámonos en el lugar del robot de un buscador con capacidad de interpretación semántica. Los robots acceden a una página web y —entre otras muchas acciones simultáneas— detectan la estructura de la página. En este caso, nuestro ejemplo tendrá unos elementos fundamentales: `header`, `footer`, `article`, `section`, `section` y `section`. Tras la comprobación de accesibilidad y conformidad al estándar tecnológico HTML y al idioma manifestado, digamos que el robot se organiza y distribuye el brevísimo tiempo que tiene asignado para realizar una lectura e indexación de cada uno de los elementos. Su actuación es como un oleaje continuado. En la primera visita su acción llega hasta un punto de lectura; en la segunda, avanza un poco más; en la tercera, algo más; y finalmente, ha leído e indizado todo el contenido de la página y sus próximas visitas sólo servirán para determinar los cambios que se hayan podido producir. Entre una visita y la otra pueden pasar días o semanas.

Nuestra lista está dentro de `article`, que es el área que como periodistas podemos crear. Dentro de este elemento tenemos titulares (`hgroup` o `h1`), textos (`p`), y listas (`ul` u `ol`). Del tiempo asignado a `article`, el robot debe organizar su tiempo para captar contenido entre el cuerpo de texto `p` y las listas.

Aquí llegan las diferencias: si la lista es `ul`, desordenada, algunos robots entienden que no existe una preeminencia de un ítem sobre otro, de manera que si sólo tienen tiempo de leer 3 de 10 ítems, empezarán por arriba y terminarán en el tercero. El robot dejará los siguientes para próximas visitas.

Figura 10
Resaltado en gris, en la página anterior, simulación del comportamiento de un buscador sobre listados y con un límite hipotético temporal para 12 frases. En la lista `ul` lee las 11 frases consecutivas y se detiene. En la lista `ol` lee por orden las 11 primeras frases, la primera de cada ítem, y, como tiene tiempo, regresa al inicio para indizar la duodécima.

En otras palabras, la profundidad de rastreo en la lista `ul` es idéntica a un párrafo, de arriba abajo y de derecha a izquierda. Si nos interesara una buena indización del ítem 7, tendríamos que esperar.

En cambio, si la lista es `ol`, el robot detecta la preeminencia de unos ítems sobre los demás y reparte su tiempo entre ellos, como si fueran elementos básicos de la página.

Por ejemplo, para una lista ordenada numéricamente con 10 ítems y tres frases por cada ítem, si sólo tuviera tiempo para interpretar 11 frases, indexaría una por cada ítem, a excepción del primero, en el que abarcaría dos frases (Figura 10). Y el resto, hasta la próxima, siguiendo el mismo criterio.

Si el orden fuera alfabético, la indexación sería parecida al numérico, tomando contenido de cada ítem. La diferencia estriba en que no aplicaría un criterio de preeminencia, sino que utilizaría sus propios criterios internos: menor número de palabras, menor número de elementos embebidos, presencia de `strong` en los ítems, etcétera.

La decisión es siempre del redactor.

Escritura de listas 'ul' y 'ol'

HTML5 recupera para sí un par de características que habían pasado al lenguaje CSS para escribir y dar formato a las listas: el tipo de presentación y el valor de ordenación. Volver a tener dentro del lenguaje HTML esta capacidad proporciona al redactor un alto nivel de control sobre los resultados que tendrá su creación, tanto desde la perspectiva de la legibilidad como de la transmisión de un contenido semántico.

Las listas se definen por la etiqueta de apertura y cierre y contienen ítems:

```
<ul>
   <li>Ítem 1</li>
   <li>Ítem 2</li>
</ul>
```

En el caso de listas desordenadas, la presentación del ítem (topo, cuadratín, círculo, imagen embebida, color, sangría francesa...) se establece mediante las hojas de estilo predefinidas por el diseñador y programador. Generalmente y por defecto los navegadores escriben un topo: •.

Si la lista es ordenada, aunque el programador haya definido un formato determinado y el navegador por defecto muestre un orden numérico, puedes alterarlo desde la programación utilizando el atributo type:[31]

```
<ol type="I">
  <li>Ítem 1</li>
  <li>Ítem 2</li>
  <li>Ítem 3</li>
  <li>Ítem 4</li>
</ol>
```

Los valores admitidos para type son:
- 1: decimales, por ejemplo, "11."
- I: numeración romana mayúscula, "XI."
- i: numeración romana minúscula, "ix."
- a: alfabética minúscula, "k."
- A: alfabética, mayúscula, "K."

Observa que en el ejemplo para cada modalidad, el orden alfabético se corresponde con la posición numérica 11.

Conocer cada posición real en la lista nos resulta útil para establecer o alterar valores consecutivos de los ítems.

Por ejemplo, imaginemos que escribimos un artículo con los 100 pasos consecutivos para hacer algo muy complejo y decidimos segmentar la pieza informativa en un par de entradas del blog. Cada una de las

---

31 Los ejemplos de este capítulo y otros relacionados se encuentran en http://d.pr/9Z2i.

partes de nuestro artículo tendrá un fragmento de la lista ordenada con 50 ítems.

Lógicamente en la segunda parte de la entrada la lista debería empezar por 51, puesto que los 50 precedentes ya se han publicado. Lo solucionamos con el atributo start:

```
<ol type="I" start="51">
   <li>Ítem que aparecerá como 51</li>
   <li>Ítem que se mostrará como 52</li>
</ol>
```

El primer ítem de la segunda parte de la tabla empezará en 51 y los demás se ordenarán sucesivamente desde este valor.

El atributo start puede sustituirse por el atributo value del elemento li en una lista ordenada. Afecta al ítem que lo marca y a los que le sigan. La ventaja de value es que permite escribir cualquier tipo de orden, afectando a los siguientes ítems de la lista, hasta que encuentra un nuevo atributo value:

```
<ol type="I">
   <li value="11">Ítem 1</li>
   <li>Ítem 2</li>
   <li value="23">Ítem 3</li>
   <li value="54">Ítem 4</li>
</ol>
```

Desde una perspectiva semántica, las posiciones desaparecidas se considerarán ítems vacíos, porque se requieren para para establecer el orden correcto. Las máquinas reconocen el elemento inexistente y no indizan nada, porque ven que está vacío.

Este estilo de narración puede ser útil cuando se está explicando un proceso y dos o más fases se solapan. Son consecutivas o casi simultáneas.

```
<ol>
  <li>Fase 1</>
  <li>Fase 2</li>
  <li>Fase 3. Y fases 4 y 5.</li>
  <li value="6">Fase 6</li>
  <li>Fase 7</li>
</ol>
```

En cambio, no resulta útil cuando se realizan grandes incisos, con párrafos, entre grupos de fases en un procedimiento. Si se hiciera así, se estarían escribiendo 2 listas en una secuencia: ol, p, ol. Con dos unidades semánticas similares.

Tampoco es útil cuando se intenta sustituir el número de orden de la lista con el número "denominación" de un ítem. Por ejemplo, la numeración de los dorsales de un equipo de fútbol no se sustituye con valores en la lista. El jugador con el dorsal 1, lo perderá si se sustituye por un value="1" en una lista ordenada.

reversed es otra de las posibilidades de adaptación de una lista ordenada. Se trata de un atributo *booleano*. De este modo, si no se ha usado el atributo *valor* en ningún ítem, el contenido se mostrará en pantalla con orden decreciente o inverso al natural.

El atributo reversed sólo admite una respuesta ya que por defecto no se aplica. Puede utilizarse como un atributo sin valor o con los valores true o 1.

El ejemplo mostrará una lista con numeración romana, empezando en el 51 y orden inverso:

```
<ol type="I" start="51" reversed>
  <li>El 51</li>
  <li>El 50</li>
  <li>El 49</li>
</ol>
```

Si no se indica el atributo `start`, el navegador cuenta los ítems de la lista y los presenta en orden decreciente.

El orden decreciente puede resultar útil para mostrar en pantalla actualizaciones de contenido. Por ejemplo, si estás cargando comentarios de Twitter y la base de datos los ofrece en orden creciente (del más antiguo al más nuevo). Usando `reversed`, se mostrará el más nuevo primero.

La presentación inversa no tiene un efecto semántico sobre el contenido de la página ni sobre el comportamiento de las máquinas. Sólo afecta al dibujado de la página por parte del navegador y, consiguientemente, a la visualización por parte del visitante. La lectura del código fuente se seguirá haciendo de arriba bajo y de izquierda a derecha, e interpretándose así.

Las listas de descripción

Habiendo visto cómo se escriben las listas `ol` y cómo las interpretan semánticamente las máquinas, ¿no crees que muchas listas que encontramos por Internet utilizan elementos equivocados?

Vemos listas numeradas, del tipo "10 consejos para…", donde la numeración semántica de los ítems tiene una única intención asertiva para el lector, y, en cambio, transmite un contenido semántico jerarquizado contrario al pretendido.

O nos topamos con listas, ordenadas o no, que resumen cada ítem en una palabra o expresión inicial al que acompaña una detallada explicación. Para éstas, las mejor opción es usar una lista de descripción.

El viaje de este elemento `dl` a través de HTML ha sido azaroso. En un principio se denominaban listas de definición y servían para escribir el término y su explicación. Sin embargo, su uso estaba tan poco especificado que o se usaba mal o, ante la duda de cómo emplearlo, simplemente no se usaba.

Hoy, con la versión 5 de HTML se convierte en un elemento fundamental para la transmisión de contenido semántico.

Este tipo de listas se utilizan para expresar conceptos y sus definiciones. Metadatos y sus valores, preguntas y respuestas, y cualquier tipo de término o expresión que se corresponda con su debida explicación. Las normas de uso son muy sencillas. Tanto, que se puede complicar muchísimo su escritura.

El principio elemental es que dentro de un elemento dl debería haber pares de dt y dd, correspondiéndose los dt a los dd y siempre por este orden. Partiendo de este criterio, los programadores pueden generar estilos que muestren en pantalla las listas dl en dos columnas, una para las definiciones y otra para las correspondientes explicaciones, en paralelo y a modo de tabla:

```
<dl>
    <dt>Concepto 1</dt>
    <dd>Explicación del concepto 1</dd>
    <dt>Concepto 2</dt>
    <dd>Explicación del concepto 2</dd>
</dl>
```

El segundo principio básico es que sólo puede haber un dt idéntico en cada lista. Lo que implica que el binomio dt-dd puede complicarse con varios dd para un mismo dt.

```
<dl>
    <dt><dfn>Polisemia</dfn></dt>
    <dd>Pluralidad de significados de una palabra o de
    cualquier signo lingüístico</dd>
    <dd>Pluralidad de significados de un mensaje, con
    independencia de la naturaleza de los signos que lo
    constituyen</dd>
    <dt>Explicación del modelo anterior</dt>
    <dd>Las dos explicaciones para <i>polisemia</i>
    corresponden a las dos acepciones de la RAE</dd>
</dl>
```

Observa que el término que se va a definir se refuerza con el elemento **dfn** en el ejemplo anterior. En este caso, cada acepción es una definición independiente de la anterior y constituye un mismo **dd**. Por el mismo principio, una misma explicación puede tener más de un término que le corresponda:

```
<dl>
    <dt>Héroe de <cite>El Quijote</cite></dt>
    <dt>Protagonista de <cite>El Quijote</cite></dt>
    <dd>Alonso Quijano, hidalgo que pierde la cabeza tras
    la lectura abusiva de libros de caballerías</dd>
</dl>
```

Más normas de uso: los grupos de descripciones empiezan siempre, indefectiblemente, por un **dt**.

Esta norma tiene una excepción, listas **dl** que sólo tienen **dd**. Y por analogía, existen también las listas que sólo tienen **dt**.

Siempre, en todos los casos de esta excepción, necesitan una presentación previa mediante un título o un párrafo de texto, si no sería imposible determinar qué pretenden explicar.

Vista esta correspondencia necesaria entre **dt** y **dd**, es evidente que el orden de los factores es esencial para proporcionar significado a la lista.

Un significado que, atención, se pierde para toda la lista por completo si se escribe un elemento **dt** o **dd** vacío. El conjunto deja de tener valor semántico para la página.

Los usos más habituales de las listas **dl** son pequeñas listas de preguntas más frecuentes; listas de metadatos de archivos fotográficos, vídeos o MP3; listas estandarizadas de características de productos (dimensiones, peso, marca o colores); vocabularios técnicos... Pero también listas de instrucciones a las que a un título se suceden las explicaciones oportunas, listas de tendencias, consejos, etcétera.

Una de las utilidades más singulares recomendadas por HTML5 es el guión o pauta de conversación, en función de respuestas recibidas.

Definiciones a secas

Más allá de las listas, un término que se va a definir se marca con el elemento `dfn`. Si el término se encuentra dentro de un párrafo, en el mismo o en el siguiente se mostrará la definición y así será transmitida semánticamente.

Si se utiliza dentro de un elemento de titulación, el elemento siguiente será considerado la explicación. Y si se utiliza dentro de una lista `dl`, el `dd` inmediatamente posterior al `dt` será la explicación correspondiente.

La web semántica busca definiciones correctas, relevantes y aceptadas. Escribir definiciones con estas características proporciona autoridad a la página web. Es, por lo tanto, uno de los elementos más valorados de una página. Indispensable. Pero debe ser un contenido de calidad.

Dataciones y actualizaciones

Imagina que escribes una noticia sobre un acto único y solemne que tendrá lugar en el Congreso de los Diputados y que tu texto está disponible para el público desde dos semanas antes del acontecimiento. En él has escrito —supongamos— la fecha y hora de la magna celebración en un elemento `time` de HTML5, adecuado para estos menesteres. Quien acceda a tu noticia al día siguiente de la redacción, leerá en pantalla la fecha del calendario y la hora de la cita parlamentaria. Quien lo haga dos días antes del acontecimiento, leerá "pasado mañana a las x horas", y tú no habrás tenido que escribir o actualizar el texto. El que acceda al texto en la víspera, leerá "mañana". Y el que lo haga el mismo día, un par de horas antes de la sesión legislativa, leerá "dentro de dos horas".

Esta es parte de la filosofía de la etiqueta más complicada y potente que proporciona el lenguaje HTML5 a los periodistas. La capacidad de indicar con absoluta precisión a las máquinas cuándo suceden las cosas y cuánto duran. Y nos resulta fundamental.

Que un navegador de Internet llegue a modificar automáticamente la fecha introducida y a explicar que un suceso aconteció "ayer" o "anteayer" para un lector del día después o del pasado mañana, implicará que tendrás que replantearte los componentes informativos que utilizas, para que el texto resulte lo suficientemente fluido.

Unos atributos de ahora sí, ahora no

El elemento `time` sirve para que las máquinas sean capaces de reconocer cualquier acontecimiento de calendario u horario y ubicarlo correctamente. Dentro de poco, los navegadores serán capaces de interpretar las fechas y expresarlas relacionadas con el momento de lectura, tal y como imaginábamos antes. De hecho ya hay experiencias que utilizan el inglés —lingüísticamente más facilón que el español— para mostrar de modo coloquial los momentos relativos en el tiempo.

Los navegadores, máquinas, reconocen ya el contenido semántico de la etiqueta, extraen los datos, los comparan con la fecha y hora de consulta y establecen si aquello fue en pasado o será en futuro.

Las máquinas, además, utilizan este elemento HTML5 de forma independiente del idioma para ordenar los tuits, los comentarios, la agregación de noticias desde distintas fuentes y los calendarios de diferentes usuarios. Obtienen así listas que se pueden ordenar por antigüedad y que facilitan la consulta de los lectores.

Los buscadores, que también son máquinas, emplean los datos de la página web para ofrecer el resultado más candente. Y también el más fresco. Para ello usan las fechas de creación/modificación que constan en el sitemap del sitio web.[32]

---

32 Un sitemap es un archivo estructurado con todas las URL de un sitio web en el que consta su fecha de modificación, prioridad de paso para los robots de los buscadores y frecuencia de rastreo de la página. Opcionalmente, en sitios multilingües, ofrece la versión idiomática alternativa de cada página, lo que facilita que el buscador presente el resultado en el idioma correcto independientemente del término buscado. También hay sitemaps para fotos o para vídeos. Pero el más importante, como periodistas, es el sitemap de los servicios de noticias, que se verifica por canales distintos del resto de sitios de Internet y que prevalece sobre el código `meta` de las páginas de noticias.

El elemento `time`, por lo tanto, es fundamental para obtener los mejores resultados de un contenido creado para la web y, quizá por ello, es el que ha sido más maltratado por la industria de Internet. En su proceso de especificación ha sufrido tantas idas y venidas que en la versión CR de HTML5 sólo le ha quedado un atributo y con un uso de amplio espectro: `datetime`. Por el camino se ha dejado otros dos que aparecieron, desaparecieron, volvieron a surgir en una especificación técnica, levantaron la protesta de los buscadores de Internet y, finalmente, fueron suprimidos. `pubdate` (la fecha de publicación) y `revdate` (la fecha de modificación) ya no existen.

Desde nuestra perspectiva profesional, sin embargo, los datos que se pierden con estos atributos son muy interesantes y valiosos. Sería deseable poder utilizar estos valores por su valor semántico. Ante su falta, nos conformaremos con programación Microdata o Microformats para emularlos dentro de snippets.

La azarosa historia del elemento `time` está íntimamente ligada a la fecha que utilizan los programadores en la generación del sitemap. Esta fecha debe corresponder con la última modificación producida en el contenido de una URL, si es distinta de la data de creación. La usan los *crawlers* —Google, Bing, Ask, Yandex…— para rastrear la página e indizar su contenido, ordenándolo por antigüedad. El posicionamiento se produce después por novedad en combinación con la relevancia del contenido, su notoriedad transitoria (*buzz*) y su popularidad.

Los buscadores han visto una laguna en la declaración de esta fecha de última modificación que podría ser utilizada por los *black SEO* para forzar el posicionamiento óptimo de contenidos de escasa calidad, alterando deliberadamente el valor del elemento `time` y entrando en contradicción con la fecha indicada en el sitemap. Evidentemente, la posibilidad no les hacía ninguna gracia.

De forma paralela a la definición de la especificación de HTML5, se estaban desarrollando dos sublenguajes: Microdata, que modifica parcialmente la semántica de HTML, y Microformats, que utiliza clases propias de CSS atribuyéndoles significado. Ambos mecanismos generan snippets sobre elementos de la página para la constitución de contenidos con valor semántico que puede ser reconocido por las máquinas. Y tanto uno como el otro permiten indicar la fecha de publicación de un contenido, de su revisión, la de inicio de un acontecimiento y la de su final.

El temor de la industria de Internet (básicamente de los buscadores) y la posibilidad de sustituir los atributos previstos para `time` por sublenguajes o mecanismos complementarios, llevaron a la defunción de `pubdate` y `revdate`, y flexibilizaron el uso de `datetime`.

Datación correcta y concordancia

Un CMS que se precie escribirá automáticamente en la base de datos la fecha de creación de un contenido web y la fecha de modificación, cuándo éste se haya revisado.

La primera o, si existe, la segunda serán utilizadas para la creación del sitemap con todas las URL del sitio web, permitiendo a las máquinas que determinen cuándo se ha creado cada página. Este dato, sin embargo, sólo sirve a efectos de posicionamiento. Su única misión es indicarle al robot del buscador que el contenido está listo para que pueda rastrearlo de forma automática.

Será más efectivo si existe una concordancia clara entre la fecha que se indique en el sitemap y la que el propio *crawler* pueda extraer de los metadatos de fichero de los archivos modificados. Y más aún si la concordancia se produce con la data del `header` de la noticia o `article`, para aquellos documentos web que sólo cambian por alimentación desde la base de datos.

Los proveedores de alojamiento más importantes mantienen acuerdos con los buscadores para permitir al *crawler* el acceso a los metadatos de los archivos modificados y a los logs de servidor.[33] Cada archivo

---

33 Toda operación que se realiza en un servidor —subir o eliminar archivos, acceder a una URL, modificar un fichero...— queda registrada en un log. La fidelidad de estos datos suele ser absoluta. Los mejores programas de estadísticas web —caros y de pago— usan los logs como fuente real de información, a diferencia de servicios online como Google Analytics, que utilizan los caprichosos comportamientos de JavaScript para recibir los datos.

web, como cualquier documento en un ordenador doméstico, guarda metadatos ocultos con sus fechas de creación y modificación.

Si al buscador se le indica en el sitemap una fecha diferente de la que puede recoger en los datos que le cede el servidor y detecta que, simultáneamente, no hay cambios desde la base de datos que alimenta el sitio web, probablemente penalizará el dominio.[34]

Igualmente, si desde el header del article principal de la página programada con HTML5 se indica una fecha dentro de un elemento time que no coincida con la que se declara en el sitemap, la página y el dominio también serán susceptibles de penalización.

En definitiva, el sitemap, el log del servidor y el elemento time deben guardar una sincronía lógica para que las máquinas interpreten la fecha adecuadamente.

El problema de la concordancia, como ves, es grave y de muy difícil detección. Sólo mediante una auditoría exhaustiva de contenidos podrás localizarlo o tener indicios de que se está produciendo.

Las causas suelen ser programaciones defectuosas de CMS o uso de plug-in SEO para la creación de sitemaps que no son adecuados y necesitan reprogramarse para adecuarse a las necesidades del contenido del sitio web. También es una causa frecuente de error la confección de páginas desde bases de datos con contenidos fechados en ocasiones distintas y tomando para el sitemap la más antigua, en lugar de la más moderna. Recuerda que la antigüedad de una página es siempre la del componente informativo más moderno que muestre.

La solución se explica en el problema: reprogramar los CMS y sus plug-ins, o modificar la programación de dibujado de las páginas dinámicas para que muestren la fecha más actual. El objetivo, siempre, será sincronizar el atributo lastmod del sitemap, el metadata modified del

---

34 Este comportamiento puede no ser el que se describe para servicios de noticias que utilizan el canal apropiado de los sitemap de noticias. También se advierte diferente rasero para los que mantienen una relación comercial con el buscador.

documento —si se ha cambiado el archivo web— y el elemento `time` de la página.

Por cierto, si el CMS que usas no genera automáticamente las fechas de creación y modificación, y/o no las puedes utilizar para crear las etiquetas `time` aunque sea manualmente, tírale de las orejas a tu programador para que lo solucione de inmediato. Crear contenidos para una página que no se indexa adecuadamente es tirar el dinero.

El porqué y el cuándo de la datación

Nosotros lo entendemos, porque somos periodistas. Pero el resto de los mortales, especialmente directivos de empresa, de marketing y un larguísimo etcétera de gente que tiene la mala costumbre de mandar en sitios web, no. Y aunque lo expliques una y mil veces, no te harán caso.

Pero hay que insistir: una noticia caduca en sí misma. Una noticia corporativa caduca en sí misma. Una historia en un medio informativo caduca en sí misma.

La noticia, por sí misma, es una radiografía que captura la instantánea de un momento determinado y la plasma junto a la fecha. Ergo, la situación descrita al día siguiente puede haberse modificado sustancialmente y nadie puede reclamar por ello. Si en una noticia anuncias que "desde hoy y hasta el martes próximo se realizará una captación de personal", su data pone límite al reclutamiento. Y nadie debería reclamar expirado el proceso.

Los directivos a los que aludía creen que cuando un acontecimiento anunciado ha pasado hay que eliminar el contenido. Consideran que historias viejas no interesan, pueden perjudicar o proporcionar una imagen descuidada del sitio web, si no se actualizan.

Pues que contraten a más periodistas para mantener actualizado el apartado de noticias. Pero las noticias no se borran. Nunca.

Un argumento más: las noticias antiguas están posicionadas en los buscadores. Cuanto más viejas, mejor posición. Es ley de vida. Y eliminarlas podría perjudicar a todo el sitio web.

Insiste como yo insisto, aunque pierdas.

Por lo tanto, el primer criterio para datar contenido es el que hace referencia a las noticias. Repasemos:

- Noticias y entradas de blog
  La fecha fija la instantánea de un momento histórico, aporta caducidad automática a las historias, exime de responsabilidad expirado el límite del acontecimiento narrado y facilita la ordenación cronológica del bagaje de la organización. Es indispensable.

- Ofertas y precios especiales
  Cualquier tipo de oferta comercial que suponga una alteración temporal del precio habitual de las cosas debe tener una fecha límite. Incluso si se trata de una liquidación, en la que la oferta desaparece en el momento en el que se agotan los productos. Siempre hay que indicar la fecha de inicio y la de final para evitar que alguien, dentro de unos años, reclame el producto al importe del chollo caducado. No está de más echarle un vistazo a la legislación pertinente en materia de ofertas y *outlet,* que puede fijar restricciones tanto de fechas como de procedimientos de anuncio de la ganga, por ejemplo en Catalunya.

- Algunos avisos legales
  En mercados regulados (sanitario, financiero). Las condiciones de contratación de las tiendas on line, las de reclamación, los acuerdos temporales con proveedores que proporcionen una pátina de calidad al sitio web... El usuario debe saber cuándo empiezan y cuándo acaban las condiciones pactadas.

- Proyectos temporales
  Uniones temporales de empresas, asociación de organizaciones para el desarrollo de proyectos, declaraciones de intenciones, manifiestos, adhesión corporativa a movimientos socioeconómicos externos... Vale la pena saber cuándo se produce la unión. Si se rompe, basta una actualización o una noticia que lo deje claro.

- Páginas de usabilidad susceptibles de caer en el olvido
  Por ejemplo, los FAQ enormes. Un sistema de preguntas frecuentes es más eficiente si hay más preguntas distintas que dan acceso a

una misma respuesta. La búsqueda de esta eficacia crea montones y montones de páginas que, una vez actualizados los métodos de producción web, quedan desfasadas y nadie es capaz de poner al día. Viene bien proporcionar la fecha de creación, de modo que en las búsquedas de estas páginas se ordenen por novedad y no por coincidencia plena con el tema. En todos estos casos —y en aquellos que se te ocurran— la fecha, aunque discreta, debe estar presente.

Elemento 'time' y las fechas

Todos los cambios que se han producido para definir el elemento `time` le han restado la potencia que podía llegar a tener para transmitir un valor semántico, pero, a cambio, nos han facilitado su escritura.

Las fechas, cualquier fecha, se escriben con el elemento `time`, que encapsula el dato en cualquier formato y, si dispone del atributo `datetime`, lo transmite semánticamente.

Es decir, podemos escribir la fecha como:[35]

```
<time>15 de enero de 2013</time>
```

o como:

```
<time datetime="2013-01-15">15 de enero de 2013</time>
```

Las máquinas, en ambos casos, reciben la fecha correcta. En el primero detecta que está escrita en español (`<html lang="es">`) y que coincide con la interpretación que da la norma ISO 8601, adoptada por

---

35 Los ejemplos en vivo de este apartado se encuentran disponibles en http://d.pr/4scP.

Internet,[36] para "2013-01-15", y lo acepta. En el segundo caso, prescinde del texto que leerán los usuarios web y transmite directamente el valor del atributo `datetime`.

Este procedimiento de detección implica que el elemento `time` carecerá de valor semántico en otros casos de coloquialidad frecuente. Véase:

* `<time>Cuando se arrancan los pepinos</time>`: No encuentra ningún valor que pueda interpretar como año, mes, día, hora o minuto. La expresión, vulgar por otra parte, quiere referirse a junio.

* `<time>A final de año</time>`: La fecha es concreta para el lector, pero no para la máquina, que es incapaz de reconocer dentro del elemento ningún factor de calendario, ni siquiera expresado en palabras.

Consecuentemente, no se debe usar el elemento `time` en contextos tan abiertamente inconcretos. O, si se usa, debería obligatoriamente incluir el atributo `datetime`.

Este atributo ha evolucionado desde una exigencia inicial de formato tecnológico estándar para la fecha y hora a la localización de fragmentos del sistema gregoriano informático en su interior:

* `<p><time datetime="2013-01-15T14:01:00+01:00"> Las 2 de la tarde y 1 minuto del 15 de enero de 2013 </time>, horario de Madrid</p>`

Se construye indicando año (4 cifras), mes (2 cifras), día (2 cifras), separados por guiones. A continuación, se indica la hora, precedida de una T (tiempo) mayúscula. Ésta es opcional, pero recomendable. Si no se escribe, puede dejarse un espacio en blanco. Horas, minutos y, opcionalmente, segundos, se escriben con 2 cifras y se separan por dos puntos. Finalmente, se indica el huso

---

36 Para profundizar en el estándar ISO 8601, adoptado para las comunicaciones de fechas y horas en Internet, puedes visitar http://www.w3.org/TR/NOTE-datetime

horario sobre el formato UTC (Tiempo Universal Coordinado).[37]
En España es el horario GMT más una hora y se expresa con un
+01.00. También podría sustituirse por el código correspondiente
al huso horario: A.

- `<time datetime="2013-01-15">15 de enero de 2013`
  `</time>`
  Tiene el formato estandarizado y se transmite tal cuál.
- `<time datetime="2013-01">En enero</time>`
  Reconoce el mes y transmite el valor semántico "enero de 2013".
- `<time datetime="2013">Este año</time>`
  Reconoce el año y lo transmite: año 2013.
- `<time datetime="12:34:00">Pasadas las 12 y media`
  `</time>`
  Reconoce una hora dentro del estándar ISO y transmite con exac-
  titud el valor semántico de las 12 y 34 minutos. También valdría
  con las horas (en formato 24 horas) y los minutos, separados por
  un par de puntos y sin segundos.
- `<time datetime="2013-W7">La séptima semana del año`
  `</time>`
  Aquí una novedad que se sale del estándar ISO, pero que reconoce
  HTML5: el año separado de un guión y una cifra de 1 a 52 y precedida de una W mayúscula identifican la semana del año. Es el
  valor semántico que se transmite.

El estándar tecnológico ISO que se toma como punto de partida de
time se fundamenta en el calendario gregoriano. Y eso es una limitación, porque significa que no podrás escribir nunca ninguna fecha
correspondiente a la era anterior a Cristo, porque, simplemente, no la
contempla. Y si la escribes dentro de un elemento time y sin el atributo
datetime, el valor semántico que puede reconocer siempre será posterior a Cristo, porque las máquinas no reconocen las abreviaturas AC

---

37 Lista de los husos horarios mundiales y sus correspondientes abreviaturas, en la
    Wikipedia: http://es.wikipedia.org/wiki/Huso_horario.

(antes de Cristo), BD (*Before Domine*), ni ninguna de sus expresiones habituales.

Mejor no uses el elemento `time` en esos casos.

Escritura de fechas y horas

Escribimos las fechas y horas en muchísimos casos. En muchos más de los que a simple vista parece. A veces escribiremos sólo la fecha, o el año. Otras, sólo la hora.

Cuando utilizamos el elemento `time` sólo estamos transmitiendo un valor semántico correspondiente a unos factores temporales que afectan, sin embargo, a su contexto más próximo.

En otras palabras, escribir la expresión de tiempo "15 de enero de 2013", por sí misma, no significa nada más. Sin embargo, dentro del elemento `time` se convierte en una suerte de complemento temporal de la frase o párrafo en la que se encuentre, del snippet o del elemento de titulación más importante compartido en un elemento superior (`header`, `hgroup`, etcétera).

Los casos más habituales de escritura son:

- Fecha de publicación de un artículo, entrada de blog (ambos en el grupo de titular) o comentario (generalmente junto al autor, en cada `article`).
- Fecha de actualización de un artículo o entrada de blog (en el grupo de titular).
- Años de publicación en fichas bibliográficas (en snippets bibliográficos).
- Años de nacimiento en perfiles personales (en snippets personales).
- Currículos (snippet personal y encabezando los ítems de listas no ordenadas).
- Planes de trabajo (ítems en listas no ordenadas).
- Carteleras (snippets de acontecimientos).
- Citas (snippets de agendas).
- Horarios de apertura (dentro del mismo párrafo o bajo un titular de categoría menor).
- Ofertas comerciales (dentro de un snippet de producto).

Esta pequeña lista, que puede crecer tanto como quieras, constata unas situaciones en las que junto al horario de inicio interesa expresar la duración o el intervalo. Sucede en las carteleras, en las citas de la agenda, en los planes de trabajo y, en menor medida, en la duración de estudios y empleos desempeñados cuando se redactan currículum personales.

El concepto duración es una de las excepciones introducidas en el elemento `time`. Se aleja de la norma ISO y no utiliza el atributo `datetime`, pero reconoce el intervalo y lo transmite semánticamente:

```
<time>1h 35m 4s</time>
```

El elemento anterior realmente transmite de modo semántico: "PT1H35M4S". También podría escribirse, porque la especificación HTML5 lo admite, directamente el valor:

```
<time>PT1H35M4S</time>
```

Pero ningún usuario sería capaz de interpretar qué demonios has escrito. Así que lo mejor es expresar las horas, minutos y segundos, separados por espacios y marcados por las abreviaturas *h, m* y *s,* como en el ejemplo anterior.

Observa un inconveniente práctico: te limita la escritura a duraciones menores de 23:59:59, es decir, un día menos un segundo, porque, aunque sería posible escribir: "45h 10m 0s", no resulta humanamente legible, especialmente si estás refiriéndote a meses o años.

La duración suele asociarse a un snippet de agenda, que toma la cita (o el espectáculo de la cartelera) como un todo. En este ámbito el intervalo transcrito en la etiqueta `time` constituye un atributo único para el título o actividad del snippet.

El uso de duraciones puede parecer una nimiedad, pero imagina todas sus posibilidades futuras: ordenación automática de una lista de espectáculos por su duración; búsquedas de películas a la carta en función del tiempo disponible para verlas; detección de intervalos sin actividad en flujos de trabajo; automatización informática de tareas consecutivas estableciendo el inicio de la siguiente respecto de la duración de la precedente... un sinfín.

Actualización de contenidos y fe de erratas

Podríamos entrar en un largo debate sobre si las noticias se corrigen o no. Yo, particularmente, soy partidario de no corregirlas nunca. Ni siquiera cuando la falta de ortografía es flagrante y lacera las pupilas. Creo que corregir una noticia implica que el lector atento al error y a su arreglo pierdan la confianza en nuestro medio. Ese lector nunca estará seguro, accediendo a nuestras noticias, de si lo que está leyendo es el original o una corrección posterior. Y si esa corrección se debió a una falta de ortografía, a un arreglo sintáctico, a la resolución del patinazo transcribiendo datos, a la rectificación de una mala conversión de cifras o a doblegarse ante los poderes fácticos (o a veces los malditos jefecillos) que te han obligado a quitar frases que pudieran zaherir a terceros.

Uno solo de nuestros mejores lectores que pierda su fe en nuestro trabajo, y se convertirá en la *Zona Zero* de una epidemia que, a medio plazo, acabará con nuestro prestigio. Será la primera ola de un maremoto lento que arruinará la concepción pública de nuestro oficio en la intermediación de los hechos como noticias, que al fin y al cabo son propiedad de nuestros lectores.

Pienso que nuestro trabajo consiste en ofrecer la mejor instantánea y las claves de su interpretación sin retoques, con sus defectos y errores. Procuraremos que estos sean los menores posibles. Y si se producen se asumirán y se creará una nueva pieza, a ser posible en ámbito editorial, corrigiéndolos.

Soltado este discursito de defensa de nuestra profesión, sí participo de la opinión de que debe escribirse un *addendum* a la noticia advirtiendo del error. Pero sólo cuando en otra noticia se realiza fe de error, se corrigen datos equivocados, se solventan las malditas conversiones realizadas contando con los dedos y se ha matado al duendecillo de imprenta de un martillazo en la cabeza.

Es decir, en una notica con URL α decimos que "el robo fue de 8.000.000 millones de euros" y, advirtiendo el fallo, lo corregimos en la noticia de ampliación con URL β, en la que admitimos la errata y la enmendamos con un "o sobraban los ceros tras el 8 o sobraba la palabra 'millones', pero el robo fue sólo de 8 millones de euros".

Redactada y puesta en circulación la corrección β, regresamos a la noticia α y añadimos un titular de alto nivel (`h2`, `h3` o lo que admita el diseño de página), y escribimos al pie del cuerpo de texto que la cifra estaba equivocada y que se corrige en la URL β, con el enlace correspondiente y con la fecha de corrección en la etiqueta `time`.

La noticia original no habrá perdido su sentido inicial de radiografía, con sus fallos, de la actualidad y la habremos enmendado de forma correcta.

Evidentemente, este procedimiento queda a vuesa merced, que debéis valorar si consituye mala praxis profesional la creación de nuevas noticias que, siguiendo el hilo informativo de las anteriores, corrijan sus datos.

Sí constituye una buena práctica, sin embargo, la corrección usando el elemento `del` y el aviso correspondiente dentro del `article`, indicando la fecha de corrección, el objeto modificado y, por supuesto, el motivo. Es un procedimiento idóneo para aquellos contenidos que se identifican con una fecha de publicación: entradas de blog, ofertas económicas temporales, textos de disposiciones legales... A mi entender, no para noticias. Que quede claro.

El elemento `del`, como casi todos, se puede adaptar al estilo visual que el diseñador haya definido para el sitio web mediante hojas de estilo CSS. Puede mostrarse como un texto tachado, como un texto atenuado, con color de fondo, letra reducida... Lo habitual es mostrarlo como texto tachado.

Permítame un par de toques de atención, en referencia a `del`.

En primer lugar, se usa este elemento para invalidar y eliminar cualquier valor de un contenido escrito en una página web. En ningún caso se emplea con estos fines el elemento `s`, adecuado sólo para trasladar el valor obsoleto de un contenido (por ejemplo, el precio anterior al ofertado si se muestran los dos, nueva característica de un producto enfrentada a la previa, etcétera) o si éste ha perdido toda importancia. Segundo toque de atención. `del` es tachar, no borrar. Lo que se marca con `del`, se ve en pantalla, pero no tiene valor semántico. Si existía y se había trasladado, las máquinas lo eliminarán.

Es, por lo tanto, una pieza fundamental de la construcción del discurso y no puede confundirse con un estilo visual utilizado erróneamente por algunos editores WYSIWYG, como el que se reproduce en la Figura 5. Algunos editores producen, desde el botón de texto tachado en su barra de herramientas, un simple estilo visual

```
<span style="text-decoration:line-through;">[...]</span>
```

que no elimina el valor semántico del contenido. Ni siquiera lo disfraza de otra cosa.

Imagina que estás editando un texto publicitario con la frase "Sólo 3 días" y que deseas añadir "¡Ampliamos un día más la promoción!". Querrás tachar la frase vieja y escribir en su lugar la nueva. Pero, no borrarla. Porque todavía tiene fuerza publicitaria.

Si usas la etiqueta con el atributo `style`, como hace el editor YUI de la Figura 5, estás transmitiendo dos frases con el mismo valor semántico: la vieja y la nueva. Si usas `del` para tachar la vieja, las máquinas que la hubieran captado, borrarán de sus archivos el valor "Sólo 3 días" y lo sustituirán por "¡Ampliamos un día más la promoción!", sin perjuicio de la fuerza visual que tengan ambas conjuntamente en la pantalla.

Evidentemente, no es lo mismo.

Para una corrección, el uso más lógico es la eliminación del texto erróneo utilizando el elemento `del` y, a continuación, la introducción del texto correcto usando la etiqueta `ins`.

Veamos el ejemplo, en la canción de Manolo Escobar:

```
<p>No me gusta que a los toros te pongas la minifalda.
La gente mira parriba, porque quieren ver tu cara y
quieren ver tus rodillas.</p>
```

Realizamos las correcciones pertinentes:

```
<p>No me gusta que <ins>cuando vayas</ins> a los toros
te pongas la minifalda. La gente mira <del>parriba
</del><ins>hacia arriba</ins>, porque quieren ver tu
cara y quieren ver tus rodillas.</p>
```

El elemento ins es el antagonista de del. Su contribución semántica es también parcial. Es eficiente, como del, cuando la máquina ya ha indizado e interpretado los valores del contenido recibidos.

Junto al texto que modifican por sustracción o adición, incluyen la posición en la frase o elemento superior.

Como con ambos se ayuda a las máquinas a hacer su trabajo, es probable que a efectos de posicionamiento los buscadores te vayan a agradecer su uso.

La actualización o corrección del contenido no se detiene aquí. Cuando eliminamos o introducimos nuevo texto usando del o ins, es siempre muy recomendable emplear el atributo cite [38] con la URL absoluta de la página en la que expliquemos qué hemos cambiado.

En la estrofa de la canción anterior, podríamos enlazar una URL absoluta con un anclaje interno hacia el nuevo apartado "Actualización", "Corrección", "Fe de erratas" o como queramos llamarlo al pie de la

---

38 Permíteme que insista en que el atributo cite es uno de los que se encuentran en la cuerda floja y podría caerse de la especificación HTML5. Sí, también para ins y del.

entrada. El elemento `article` corregido quedaría, en la hipotética URL
http://www.estrategiadelcontenido.com/la_minifalda.html así:

```
<article>
    <h1>Cancionero de Manolo Escobar</h1>
    <p>Escribimos la letra de la canción <cite>La
        minifalda</cite> de Manolo Escobar:</p>
    <p>No me gusta que <ins>cuando vayas</ins> a los
        toros te pongas la minifalda. La gente mira <del
        cite="http://www.estrategiadelcontenido.com/la_
        minifalda.html#actualizacion">parriba</del>
        <ins>hacia arriba</ins>, porque quieren ver tu
        cara y quieren ver tus rodillas.</p>
    <p>Concluimos con un deseo de que la tonada, que
        atraía a los turistas de los 70 hacia las
        castañuelas, el Sol mediterráneo y la sangría de
        botellón, te haya gustado.</p>
    <h2 id="actualizacion">Actualización</h2>
    <p>El <time datetime="2013-01-15">15 de enero
        </time> hemos corregido la letra de la canción,
        evitando las elipsis y los coloquialismos.</p>
</article>
```

Un lector humano vería el apartado actualización —especialmente
si se destaca de alguna forma con estilos CSS— y captaría enseguida la
corrección. Una máquina no sólo captaría el valor semántico de las correcciones, sino que también recibiría la justificación que hemos escrito
al pie del artículo como un añadido al cuerpo de texto.

La capacidad de corrección de `del` e `ins` va más allá. Nos resultará
muy útil cuando el volumen de pequeñas correcciones en un texto sea
elevado, cuando éstas tengan lugar en momentos temporales distintos o
cuando haya varias manos realizando arreglos en el mismo texto.

Tienen la particularidad de poder indicar en qué fecha se han llevado a cabo las modificaciones usando el atributo datetime (el horario es opcional).

El párrafo corregido quedaría:

```
<p>No me gusta que <ins datetime="2013-01-15">cuando
vayas</ins> a los toros te pongas la minifalda. La
gente mira <del datetime="2013-01-15T11:00:00+01:00"
cite="http://www.estrategiadelcontenido.com/la_
minifalda.html#actualizacion">parriba</del><ins
datetime="2013-01-15">hacia arriba</ins>, porque quieren
ver tu cara y quieren ver tus rodillas.</p>
```

Ambos elementos pueden utilizarse de forma independiente de los elementos sobre los que actúan. Por ejemplo, de tres párrafos p, corregir consecutivamente dos párrafos y medio del tercero con una etiqueta del al principio y antes del primer p, y el cierre de etiqueta del en medio del tercer párrafo.

Sin embargo, no es recomendable. Realizar así una actualización complicaría enormemente la comprensión ulterior de la labor correctora, además de volver locos a los validadores automáticos del lenguaje HTML5 y a los navegadores, que tendrían problemas para encontrar el principio y el final de los elementos superpuestos.

Si se da un caso como el descrito, siempre será mejor realizar una corrección del párrafo inicial; volver a hacerla con el segundo; y, dentro del elemento p, realizar la corrección parcial del tercero. Con una única llamada cite al texto explicativo bastaría para los tres fragmentos modificados.

Esta recomendación es válida también cuando necesites corregir listas —siempre dentro del ítem li— o tablas —siempre dentro de la celda td.

La nota al pie sobre la actualización

Durante todo el apartado anterior me refiero al aviso de actualización como una nota al pie, muy apropiada para cuerpos de texto extensos:

noticias, entradas de blog, páginas con disposiciones legales, preguntas más frecuentes, casos prácticos estructurados, etcétera.

La confección habitual es la descrita anteriormente: un titular de primer nivel y uno o dos párrafos de texto breve y explicativo de los cambios, con el correspondiente elemento `time` de la fecha de la modificación. En la práctica, sin embargo, puede ser algo más complicado. El diseño de la página que estés editando puede tener distintos contenidos dentro del `article`, o en secciones separadas pero con una misma interfaz gráfica, que dificulten la identificación visual de la actualización. Por ejemplo, bajo los cuerpos de texto suelen implantarse secciones de notas al pie con bibliografía, secciones de comentarios para los lectores, botoneras de redes sociales, despieces, fotografías y un largo etcétera. En estos casos, algo tan fundamental como la advertencia de una actualización se diluye visualmente entre el resto de titulares.

Para solventar el problema, pide a tu diseñador y a tu programador que te permitan escribir un elemento `hr` y que le den estilos con CSS para que destaque visualmente la actualización (sustitución de la línea por imágenes de fondo, colores, asterismos...).

`hr` es un filete horizontal. O por lo menos así lo mostrarán los navegadores por defecto. Se escribe sin etiqueta de cierre, como el salto de línea `br`.

Existe en el lenguaje HTML desde siempre, pero había caído, lógicamente, en desuso. La nueva versión 5 del idioma lo recupera y le dota de un nuevo significado semántico: la transmisión de una separación temática en una misma unidad de contenido conceptual. Es decir, se habla de lo mismo, se hace referencia a la misma cuestión, pero se cambia de tema o se aborda desde otra perspectiva.

Cuando se escribe, no es necesario un elemento de titular a posteriori. Recupera el nivel de texto del titular precedente:

```
<p>…y bla, bla, bla</p>
<hr>
<p>Con fecha <time datetime="2013-01-
15T11:00:00+01:00">15 de enero de 2013</time> se
actualizó esta entrada de blog, dando cuenta de los
nombres de los nuevos vocales del Consejo General del
Poder Judicial, que fueron elegidos en esa misma fecha,
y que asumirán las tareas indicadas en el texto.</p>
```

El planeta de las abreviaturas y los textos remarcados

Las abreviaturas sólo le gustan a quien las pone. A las máquinas, tampoco. Una abreviatura está diseñada para facilitar la escritura y debe coincidir con el código del lector. Sólo así podrá descifrarla. Un acrónimo, sin embargo, es una abreviatura diseñada para facilitar el habla. Aunque no siempre.

Era más fácil decir "SEAT" que no "Sociedad Española de Automóviles de Turismo". Es menos complicado decir "Defcon uno", que no "Defense Condition 1", en jerga militar estadounidense. Y además es un concepto extendido por todo el mundo por películas y videojuegos. Sin embargo, es más difícil recordar "Simacet" (Sistema de Mando y Control del Ejército de Tierra español, [GALENDE]), si no se está familiarizado con la cosa castrense.

En ambos casos, siglas y acrónimos, las palabras no están en el diccionario. El código común existente entre lector y autor son los que permiten discernir de qué se está hablando. Y las máquinas carecen de ese código.

Siglas y acrónimos

Para solventar el problema, HTML dispone de un elemento semántico que indica a las máquinas —y también aclara a los lectores— que aquel texto que se ha señalado corresponde a un nombre propio de extensión considerable que resulta de tediosa escritura y pronunciación fatigosa. El elemento es `abbr` e incluye tanto siglas como acrónimos y abreviaturas propias del idioma y más habituales:

```
<p>Antes del cambio de nombre, la Ser era la <abbr
title="Sociedad Española de Radiodifusión">SER</abbr>
</p>
```

El elemento `abbr` incluye un atributo `title` que transmite, junto al texto que engloba, la atribución correcta que deben realizar las máquinas. En el ejemplo, comprenderán que "IVA" corresponde a "Impuesto sobre el Valor Añadido" y no considerarán "IVA" un error por no aparecer en sus diccionarios.

Pero, además, para el lector poco ducho en la descodificación de siglas, el atributo aporta la expansión del nombre, mostrándolo al pasar el cursor sobre la palabra marcada. Resulta, por lo tanto, un elemento muy usable y accesible que debería ser de obligado uso.

`abbr` se puede escribir dentro de casi cualquier elemento de flujo de texto: dentro de definiciones (`dfn`), de titulares (`h1` a `h6`), de enlaces (`a`)...

Por norma general y en función del libro de estilo que use tu sitio web, las siglas se escribirán sin separación de puntos. Aunque conozco puristas de la ortografía recién llegados a la escritura para Internet que obligan a puntear los textos de los sitios que administran.

Las iniciales en Internet no se separan con puntos, generalmente, porque podrían coincidir con un final de línea y truncar las siglas. El caso podría solucionarse con estilos CSS, pero complica la vida al autor, al diseñador, al programador... ¡Con lo fácil que es escribir sin puntos!

Algunos libros de estilo recomiendan, también, escribir las siglas en versalita. Eso resulta muy simple con estilos CSS. Bastaría acordar con el programador una clase para aplicar el estilo correctamente. Lo importante, al fin y al cabo, es que en español las siglas se escriben con un formato de mayúscula o versalita y que en los acrónimos sólo la primera letra usa caja alta.

Nuestra costumbre profesional, cuando tenemos una sigla o acrónimo recurrentes en el texto, es presentarlo con su denominación completa al inicio y, posteriormente, utilizar de forma indiscriminada la forma abreviada. En la escritura para la web, haremos lo mismo con vistas al lector, pero utilizaremos el elemento completo con vistas a la transmisión semántica del contenido. Un texto periodístico [SANTAMARTA], retocado con los fines de este capítulo, quedaría:[39]

```
<h1>Los sindicatos de <abbr title="Novagalicia Banco">
NCG</abbr> piden subastar ya la entidad si no hay otro
plan laboral</h1>
<h2>Trabajadores de Barcelona inician encierros contra
el cuarto <abbr title="Expediente de regulación de
empleo">ERE</abbr></h2>
<p>Los sindicatos de Novagalicia Banco (<abbr
title="Novagalicia Banco">NCG</abbr>) dejaron ayer
claro a la dirección del banco su rechazo al plan de
reestructuración, un proyecto que contempla la salida
de 2.508 personas en cinco años, y el cierre de 327
sucursales. Ese planteamiento, presentado por la cúpula
como una imposición de Bruselas a cambio del rescate
```

▶

---

39 Los ejemplos de este capítulo se pueden consultar en http://d.pr/2fwG.

▶

```
bancario (5.425 millones de euros que ha recibido ya)
es algo «inasumible», coinciden los sindicatos, que
haría inviable el banco. Desde su nacimiento, en
diciembre del 2010, ya han salido 1.833 empleados.</p>
<p>Ante ello quieren que se presente una propuesta
laboral alternativa. De lo contrario, pedirán
formalmente al <abbr title="Fondo de Reestructuración
Ordenada Bancaria">FROB</abbr> (que tiene el 100 % de
<abbr title="Novagalicia Banco">NCG</abbr>) que saque
ya a subasta a Novagalicia. «Tener otros interlocutores
delante es una solución posible, porque nos tememos
que a este ajuste siga otro si la entidad se vende, y
mejor será tener ya claro qué va a pasar», explican las
centrales.</p>
```

En algunos casos, como ERE, FROB o el antiguo significado de Renfe, la abreviatura es tan común que no necesita presentación previa.

Hay otros casos en los que la abreviatura forma parte del acerbo idiomático y tiene una escritura particular:

```
<abbr title="calle">C/</abbr>
<abbr title="avenida">Avda.</abbr>
<abbr title="Francisco">Fco.</abbr>
<abbr title="Don">D.</abbr>
<abbr title="Norte">N</abbr>
<abbr title="Página">pág.</abbr>
<abbr title="páginas">pp.</abbr>
<abbr title="usted">Ud</abbr>
<abbr title="kilómetro">km</abbr>
<abbr title="administración">admón.</abbr>
```

Algunas abreviaturas utilizan (o pueden utilizar) letras voladas. En español, la RAE recomienda escribir el punto antes de la letra volada, pero el problema podría ser idéntico al de la separación de iniciales con puntos en las siglas, y es preferible prescindir para un texto que fluya en la página web.

```
<abbr title="doña">Dª</abbr>
<abbr title="María">Mª</abbr>
```

Lo ortográficamente correcto sería "D.ª" y "M.ª".

Siempre que exista la letra volada y sea de uso común, será preferible teclearla a volar la letra o letras correspondientes con etiquetado HTML.[40] El juego de caracteres UTF-8 ofrece unas posibilidades pictográficas inmensas, pero que pueden convertirse en un galimatías para el lector.

Cuando las letras voladas se tienen que crear, como en los plurales españoles o por tradición idiomática en otras lenguas, se emplea el elemento sup. Éste eleva sobre la línea base de texto las letras afectadas y las muestra en un cuerpo reducido:

```
<abbr title="doñas">D<sup>as</sup></abbr>
<abbr title="Mademoiselle" lang="fr">M<sup>elle</sup>
</abbr>
```

Lo mismo sucede con los ordinales en muchos idiomas. Requieren volar letras:

```
<abbr title="twentieth" lang="en">20<sup>th</sup></abbr>
```

Pero siempre hay que respetar la ortografía de cada idioma. Por ejemplo, en catalán no se vuelan las letras. Y en español, cuando se escribe numeración latina, tampoco:

```
<abbr title="segon" lang="ca">2n</abbr>
<abbr title="quincuagésimo cuarto">LIV</abbr>
```

---

40 Insisto: las letras voladas (ª) y las potencias (²), siempre que sea posible, deben teclearse directamente aprovechando las posibilidades de UTF-8. Es una cuestión, también, de recuperabilidad y reusabilidad del contenido. Cuando quieres usar el texto HTML para redactar un e-book o para transponerlo en un folleto o dossier, sólo tendrás que usar una función sencilla para eliminar todo el código HTML y obtener el contenido limpio. Por ejemplo, en PHP la función strip_tags() eliminaría también las etiquetas abbr y sup para conseguir el texto sin modificaciones. Para
```
<p><abbr title="doña">Dª</abbr> o
<abbr title="doña">D<sup>a</sup></abbr></p>
```
el texto limpio sería "Dª o Da". Evidentemente, no es lo mismo. Y, además, sería prácticamente imposible la localización del error sin leer todo el documento con atención. Si lo escribimos bien de entrada, mucho mejor.

Numerónimos y fórmulas químicas

Los ordinales no dejan de ser abreviaturas que responden por números dentro de series. Los denominados numerónimos tan utilizados en los medios de comunicación son a la vez nombres propios y abreviaturas de los acontecimientos a los que se refieren. Implican la complejidad de que se trata, generalmente, de fechas que no podremos incluir dentro de un elemento `time`.

Evidentemente, dentro de un atributo HTML no caben elementos. Además, no tiene mucho sentido convertir una abreviatura de un nombre propio en una combinación de letras y elementos `time`. Por lo tanto, el sentido común nos lleva a explicitar que se trata de una fecha dentro del atributo `title`:

```
<abbr title="Atentados ferroviarios de Al Qaeda en
    España el 11 de marzo de 2004">11-M</abbr>
<abbr title="Movimiento social de Indignados">15-M
    </abbr>
<abbr title="Efecto del año 2000 en los ordenadores">
    Y2K</abbr>
```

La mayoría de estos numerónimos son expresiones de fortuna que se han asentado en el mapa conceptual de los lectores, pero que no constan en los diccionarios normativos. También hay otros que son publicitariamente intencionados:

```
<abbr title="Cristiano Ronaldo">CR7</abbr>
<abbr title="Airbus 380">A-380</abbr>
```

Todos estos ejemplos podrían ser tratados como un nombre propio, sin ningún tipo de etiquetado como abreviatura. Es cierto.

Las máquinas pueden asociar la función del numerónimo como un sujeto activo en una oración normal y corriente. Con su verbo y sus complementos. Y deducir que se trata de nombres propios y, por lo tanto, considerar que su escritura es correcta sin riesgo de penalizaciones.

Pero utilizando la programación para una abreviatura estamos dándole una doble oportunidad al contenido. Las máquinas identifican que, efectivamente, se trata de abreviaturas que corresponden al contenido transmitido semánticamente mediante el atributo `title`. Los buscadores comprenden el contenido y ofrecen dos vías de localización: el texto del atributo y el numerónimo en sí mismo.

Un porcentaje altísimo de usuarios de Google, cuando quiera buscar algo sobre el futbolista Cristiano Ronaldo escribirá como criterio "Cristiano Ronaldo" y sólo una minoría escribirá "CR7". En ambos casos, nuestra página con la abreviatura será entregada como resultado. Y eso, antes de que caiga en el olvido, cuando muchos menos recuerden las siglas CR7 relacionadas con el jugador.

Aún hay más: puestos a buscar CR7 en Google, ¿cómo se escribe?, ¿lleva guión o no?, ¿se separa el número por un punto o por un guión mayor?, ¿o por una raya?

No existe ninguna norma para escribir numerónimos. Y aunque los buscadores de Internet son inteligentes y no discriminan —todavía— entre palabras acentuadas o no, apóstrofes y minutos, o guiones, guiones mayores y rayas, nuestra intranet o el buscador interno de nuestra página no tendrán esta capacidad de perdonar faltas de ortografía y entregarnos contenidos similares, así que deberemos, si podemos, simplificar siempre al máximo su composición.

Esta es una recomendación que, quizá, supera tus atribuciones como redactor, pero si estás trabajando para un website comercial que denomina con numerónimos sus productos, insiste, si puedes, en que retiren guiones y puntuaciones de los mismos. El Airbus será más fácil de encontrar si se escribe "A380" que "A-380". O el spa "Advance 50" (o "Advance-50"), será más fácil de localizar si el número se engancha a la palabra: "Advance50".

Un argumento más: la mayoría de los buscadores de Internet utilizan los guiones como operadores lógicos. Cuando fijas el criterio de búsqueda "Boeing 787-800", que corresponde al modelo de avión Dreamliner con capacidad extra para 800 viajeros, muchos directorios anticuados consideran que hay que localizar el término "Boeing 787" en todas las páginas en las que no aparezca el término "800", puesto que el guión es el símbolo lógico de restar. Ergo, los resultados de la búsqueda se reducirán en los casos en los que el buscador pueda aplicar la fórmula.

Si es posible, guiones fuera.

Hay otros casos en los que el término es un nombre propio y utiliza subíndices sub,[41] pero no se pronuncia (salvo excepciones) como se escribe: las moléculas químicas. La recomendación es, como con el caso anterior, utilizar abreviaturas para que tanto la expresión química como su nombre común sean fáciles de localizar.

```
<abbr title="agua">H<sub>2</sub>O</abbr>
<abbr title="dióxido de carbono">CO<sub>2</sub></abbr>
<abbr title="gasolina">C<sub>8</sub>H<sub>18</sub>
   </abbr>
```

Generalmente desde casi todos los editores WYSIWYG existen botones que permiten introducir con rapidez tanto las letras voladas (sup), como los subíndices (sub) y las abreviaturas (abbr).

Fórmulas físicas y matemáticas

Una de las características más singulares de HTML5 es su capacidad aritmética. El navegador realiza cálculos sencillos y ofrece los resultados *on the fly*. Como periodistas, sacaremos poco partido de este potencial. Más bien nos dedicaremos, cuando se tercie, a referirnos a alguna fórmula física o matemática.

Sería deseable, en estos casos, que usáramos el lenguaje de marcación web MathML [W3C-2], que dispone de elementos para escribir fórmulas matemáticas y se integra bien con HTML5, aunque no traslada valores semánticos del contenido.

Otras alternativas, a día de hoy, no se ajustan al estándar tecnológico.

MathML define todo un bloque de contenido como un lenguaje matemático y los navegadores de Internet reproducen en pantalla de forma correcta divisores complejos, símbolos trigonométricos, raíces y todo el

---

41 Como con las letras voladas y las potencias, UTF-8 también ofrece la posibilidad de teclear directamente subíndices: ₀, ₁, ₂, ₃, ₄… Siempre será mejor usar el subíndice tecleado que escribir el elemento sub para asegurar que su aprovechamiento posterior no contendrá errores. `<p><var>H</var><sub>2</sub><var>O</var></p>` no es lo mismo que `<p><var>H</var>₂<var>O</var></p>`. Uno producirá "H2O" y el otro "H₂O". Sin más molestias.

aparato que conllevan las fórmulas. Pero es un lenguaje completo que habría que aprender a escribir de forma directa. Así que mejor dejarlo sólo para cuando sea inevitable.

Para el resto de las ocasiones, cuando se trata de fórmulas matemáticas sencillas que se pueden escribir en una sola línea de texto, podemos utilizar los operadores normales del teclado, la gran capacidad de la codificación de caracteres UTF-8 y el elemento var.

var sirve, dentro de una fórmula matemática, para identificar variables no numéricas e incógnitas.

Cuando los símbolos matemáticos básicos se encuentran situados entre números o variables matemáticas dejan de ser elementos lingüísticos y se convierten, sólo a nivel semántico, en operadores.

Es decir, el símbolo + deja de representar la palabra *más* o simbolizar lo positivo y adquiere el valor de sumando matemático. Pero, atención, nunca como un útil de cálculo respecto de los dos factores que conecta. Cambia el tipo de valor semántico que transmite, pero sin actuar como operador matemático.

Los símbolos básicos son el más (+), el menos (-, también sirve el guión mayor –), la barra de división (/), el multiplicador (el aspa ×, no la x que se confundiría con una variable) y el igual (=).

Evidentemente siempre es preferible utilizar los valores propios de UTF-8, para evitar errores. Tampoco cabrían números volados cuando se elevan a potencia cifras o variables, ya que UTF-8 contempla, en el juego completo de caracteres, numeración potencial y subíndice que es más apropiada para la excepcionalidad de las fórmulas matemáticas. Estos números permiten combinaciones, con todo su significado matemático transmitido semánticamente: ^{2}, ^{3}, ^{4}, etcétera.

```
<p>Me encanta volver locos a mis alumnos cuando les
pongo ecuaciones sencillitas como esta:</p>
<p><var>x²³</var> + <var>4x</var> + 4 = 0</p>
```

Las máquinas comprenden que "$x^{23} + 4x + 4 = 0$" es una fórmula matemática. Si previamente se ha presentado con un título o con un elemento dfn, la ofrecerán completa como respuesta a una consulta.

var se emplea también para citar variables matemáticas en explicaciones. Cuando se escribe solo y en medio de un párrafo, las máquinas comprenden que es una variable, incógnita o constante matemática y evitan marcar el texto como un error:

```
<p>En toda ecuación matemática, nuestro objetivo
es desvelar <var>x</var>. Si no lo conseguimos,
fracasamos</p>
```

Las constantes en física se identifican con letras que, a su vez, no dejan de ser abreviaturas. Sin embargo, se etiquetan como un elemento var, para evitar ser consideradas un error por las máquinas:

```
<p>Albert Einstein es quizás el científico más famoso
del siglo XX. Una de sus teorías más conocidas es la
fórmula <var>E</var> = <var>m</var><var>c</var><sup>2</
sup>. A pesar de su familiaridad, mucha gente realmente
no entiende lo que significa.</p>
```

La potencia al cuadrado se puede escribir tanto con UTF-8 como con un elemento HTML, mucho más sencillo. Aunque, si lo tienes a mano, es mejor usar el valor de teclado. El elemento var puede asociarse a los modificadores sup y sub.

En resumen, el objetivo de var es doble. Si se trata de matemáticas y para operaciones sencillas, que no requieran su escritura dentro de un elemento figure o usando otros lenguajes de marcación, traslada la fórmula como un bloque semántico con sentido matemático, aunque no ejerza ningún tipo de cálculo. Cuando se trata de variables matemáticas solitarias o constantes en fórmulas físicas no transmite valor semántico, pero evita la consideración de un error dentro del párrafo. Y, finalmente, nunca se utiliza para expresar moléculas químicas. Como ves, indispensable.

Teclas en instrucciones informáticas

Tarde o temprano nos encontraremos con la necesidad de indicar a nuestros lectores cómo tienen que interactuar con sus teclados para que en pantalla sucedan cosas. Nos pasará cuando redactemos las recomendaciones de accesibilidad y los atajos de teclado correspondientes. O cuando tengamos que escribir un FAQ sobre modos de usar algunas aplicaciones online. O en manuales de instrucciones de otros programas ajenos a la programación del sitio web propio.

En principio, hacerlo es sencillo y responde tanto a una convención visual, resaltando la combinación de letras, números y palabras en medio de un texto, como a la identificación semántica de que forman un conjunto indivisible que no puede ser tomado como un error.

Sería, por lo tanto, posible conversar con una máquina y preguntarle qué aplicación utiliza determinada combinación de teclas, para que, sin errar, nos dijera cuál.

Las teclas se escriben en el elemento *keyboard* kbd:

```
<p>Si desea refrescar la página, pulse <kbd>F5</kbd>. En
cambio, <kbd>ESC</kbd> para salir de la aplicación.</p>
```

Cada elemento identifica una única tecla y, a la vez, a un conjunto de teclas simultáneas:

```
<p>Los estándares de accesibilidad determinan que
el atajo de teclado para la activación del correo
electrónico corporativo de una página web es <kbd>B
</kbd>. Si usa Internet Explorer, la combinación
responde a <kbd><kbd>Alt</kbd> + <kbd>B</kbd> +
<kbd>Enter</kbd></kbd>.</p>
```

Las instrucciones habladas en comandos de interfaz, para determinados navegadores o dispositivos móviles, no dejan de ser atajos en voz alta para instrucciones que habitualmente se realizan con una combinación o secuencia de teclas o botones:

```
<p>Para acceder a un archivo, una vez seleccionado, diga
   <kbd>Abrir</kbd></p>
<p>Siri, <kbd>llama a Estrategia</kbd> ahora</p>
```

No hay que confundir las instrucciones de voz con el hecho de citar, dentro de un texto, los menús y submenús de los programas informáticos. Cuando estamos en este nivel, la cosa se complica porque requiere el uso del elemento samp, que representa la muestra de salida de una aplicación informática.

La muestra de salida es un elemento de menú, una ventana de diálogo, de opciones… La posición de samp respecto a kbd altera por completo el valor semántico que se transmite:

```
<p>Para cerrar Firefox en un iMac por el menú hay que
utilizar <kbd><samp><kbd>Firefox</kbd></samp> | <kbd>
<samp>Salir de Firefox</samp></kbd></kbd>.</p>
```

El ejemplo muestra una ruta de menú embebida por un elemento kbd. La ruta tiene dos etapas, la de entrada y la de salida. La de entrada corresponde al menú del programa Firefox. El menú es, en sí mismo, una salida hacia otro submenú que realmente cerrará la aplicación.

Veámoslo en cámara lenta:

- Primera etapa: tenemos la aplicación abierta y queremos cerrarla.
- Segunda etapa, abrimos el menú Firefox y lo cerramos accediendo al submenú. Es decir, nos olvidamos de la segunda etapa al pasar a la tercera.
- Y finalmente, en la tercera etapa, usamos el submenú "Salir de Firefox" para cerrar la aplicación.

Desde la perspectiva del lenguaje HTML, ambas etapas son salidas. Una, hacia la otra y la segunda, definitiva.

La primera envuelve en un elemento samp y seguidamente un elemento kbd. La segunda, es un kbd que incluye un elemento samp. Vamos, un puñetero lío.

Si dudas, cuando escribas un menú, sacrifica en parte la semanticidad de todo el contenido y emplea, de forma directa, una gran etiqueta kbd. No transmitirá un contenido semántico correcto, pero no lo identificará como error y será posible destacar el texto de forma visual:

```
<p>Para cerrar Firefox en un iMac por el menú hay que
utilizar <kbd>Firefox | Salir de Firefox</kbd>.</p>
```

Lo que sí se escribe en un elemento samp son los mensajes que emite cualquier programa informático:

```
<p>Y va y me sale en medio de la pantalla: <samp>¿Desea
vaciar de verdad de la buena la papelera de reciclaje?
</samp></p>
```

Fragmentos de código informático, etiquetas HTML

Aunque parezca que sólo escribiremos sobre código informático si trabajamos en una sección o publicación especializada, es posible que, de higos a brevas, nos toque explicar un retoque en el código de una página, o de un programa. O instrucciones de una mínima reparación en un navegador de Internet para usar aplicaciones de la Agencia Tributaria. Y eso nos puede suceder en áreas de Sociedad o de Economía, si trabajamos en un medio con estructura tradicional de secciones. O en cualquier blog de empresa o portal especializado.

El problema que plantean los fragmentos de código es que la página intentará, de todas, todas, ejecutar las instrucciones que se hayan escrito. Por lo tanto, es necesario decirle al navegador que aquello no es código fuente, sino que se trata de la expresión visual de cómo debe escribirse el código fuente.

El elemento que indica que las palabras que contiene son un fragmento de programación es code. El editor WYSIWYG escapará las marcas de valor de los elementos (" o ') y los corchetes angulares. Todo el fragmento se mostrará en una fuente de anchura fija, para que sea imposible confundir letras y números con figuras tipográficas.

```
<code>&lt;?php echo &quot;yo soy rebelde, porque la vida
me ha hecho así&quot;; ?&gt;</code>
```

El ejemplo mostrará exactamente lo que se ha escrito: una instrucción de lenguaje PHP que imprime en pantalla la estrofa "yo soy rebelde, porque la vida me ha hecho así".

Cuando se trata de fragmentos de programación suele escribirse en un bloque separado de los párrafos anterior y posterior, y dentro de un elemento de texto preformateado (pre):

```
<pre><code>&lt;?php echo &quot;yo soy rebelde, porque la
vida me ha hecho así&quot;; ?&gt;</code></pre>
```

Este elemento añade automáticamente espacios anteriores al código, para diferenciarlo, y puede tener un comportamiento extraño respecto a las anchuras disponibles en el diseño de la página. Este defecto se puede solucionar utilizando reglas de estilo CSS. Los corchetes angulares propios del código fuente se deben escapar en lenguaje HTML. El corchete de apertura < se convierte en < y el de cierre > en >.

Hay que tener en cuenta que pre resulta tecnológicamente inaccesible. Los usuarios con discapacidades probablemente no sean capaces de reconocer el etiquetado informático que contiene.

code se utiliza también cuando en el interior de una frase o párrafo es necesario referirse a la denominación de un elemento HTML, se escriban o no corchetes angulares. Preferiblemente no se utilizarán, si por el contexto se intuye que hace referencia a una etiqueta. Por ejemplo, un párrafo de este apartado:

```
<p>El elemento que indica que las palabras que contiene
son un fragmento de programación es <code>code
</code>. El editor WYSIWYG escapará las marcas de
valor (<code>"</code> o <code>'</code>) y los corchetes
angulares.</p>
```

Como habrás observado, además del elemento, los símbolos de programación HTML también se etiquetan con code, diferenciándolos de las comillas dobles y de los apóstrofes.

Dentro de un párrafo, las máquinas interpretarán cada elemento como un nombre propio. Fuera del párrafo, como una cita propia.

pre suele escribirse dentro del flujo de contenido, entre párrafos. Sin embargo, si el fragmento de programación que contiene no es sustancial para comprender el sentido del texto o artículo, será preferible trasladarlo al interior de un elemento figure. El código fuente reproducido será entonces un contenido ilustrativo y complementario al principal.

Verso a verso: escribir poemas

Esto de Internet no se concibió para la lírica. Ya lo ves. Así que tenemos que espabilarnos con los elementos que nos facilita el lenguaje HTML para casos singulares, como cuando queremos escribir o transcribir un poema.

Si la estrofa es nuestra y la página sólo tendrá versos, podemos escribir el título y los párrafos, empleando el salto de línea.

```
<h1>Canción del pirata</h1>
<p>Con diez cañones por banda,<br>
viento en popa, a toda vela,<br>
```

```
▶
no corta el mar, si no vuela<br>
un velero bergantín.<br>
Bajel pirata que llaman,<br>
por su bravura, El Temido,<br>
en todo mar conocido<br>
del uno al otro confín.</p>
```

Si se trata de una cita, la incluiremos en un `blockquote`, previa presentación citando la fuente. Y si no es indispensable para la comprensión de nuestro cuerpo de texto, lo mandaremos a un elemento `figure`.

Evidentemente, con una composición poética de corte tradicional, en la que los versos forman estrofas clásicas, también podemos escribir cada estrofa en un párrafo, separándolas por barras inclinadas:

```
<p>Con diez cañones por banda, / viento en popa, a toda
vela, / no corta […]</p>
```

La barra, con una escritura en línea, podría producir confusión a las máquinas, que de poesía entienden poco y menos. De hecho, la barra sirve para la separación de sujetos dicotómicos o para operaciones matemáticas. Por lo tanto, deberemos llamar a nuestro amigo programador y pedirle que nos cree una clase especial para que en pantalla aparezca la estrofa tal y como queremos sin tener que escribir la barra.

O nos espabilamos y escribimos por nuestra cuenta algo de código para generar un estilo único que se aplicará sobre el poema que transcribimos.

Por ejemplo: accedemos al código fuente desde el editor WYSIWYG y, al principio del código, escribimos una regla de estilo para crear un elemento de salto de línea (`br`) con la clase `verso`:

```
<style scoped>
 br.verso {
                                                         ▶
```

```
    content: " ";
  }
  br.verso:after {
    content:" / ";
  }
</style>
```

Si no tenemos escrito el poema, regresamos al modo visual y lo copiamos con un br en cada final de verso. Inmediatamente después, accedemos al código fuente, y convertimos cada br en una clase denominada, en el ejemplo, verso:

```
<p>Con diez cañones por banda,<br class="verso">viento
en popa, a toda vela,<br class="verso">[…]</p>
```

Y guardamos.

Podemos comprobar cómo, sin que estén en el texto, el navegador —no todos lo aceptan— escribe un párrafo sin saltos de línea con todos los versos. En lugar del salto de línea, se muestra una barra inclinada entre dos espacios, separando el texto.

Cualquier máquina leerá un poema con un verso por línea. Tus lectores, verán un párrafo con texto fluido que recoge los versos. Elegante, simple, accesible…

Todo se complica, sin embargo, cuando el poema tiene un componente visual en el que los espacios entre las palabras y versos cumplen una función rítmica. Por supuesto, sólo será posible con estrofas que se escriban de izquierda a derecha (o de derecha a izquierda). Poemas visuales con tipografías dispuestas en círculo, esferas, combinaciones de izquierda a derecha y de arriba abajo, se nos escapan (Figura 11). Si ese es el caso, será mejor que generes una imagen en un documento gráfico.

Pero para aquellas obras más clásicas tenemos una herramienta que respeta los espacios escritos: el elemento de texto preformateado:

```
<pre>somos varias personas
           a veces
en el interior de la botella
y una mesa
          una radio
cuchillo y tenedor

la botella no es la misma
y nosotros tampoco

la luz que llega a través del
vidrio            nos confunde
y creemos         que todos somos de un mismo parecer
</pre>
```

En el poema *El comedor,* de Amanda Berenguer [BERENGUER], los espacios (10 para esta demostración) se respetan escrupulosamente para mantener una disposición visual de los versos. Incluso, cuando los versos están separados en dos partes.

La alteración de los espacios pretendidos por el poeta, cuando se quieren ensanchar o achicar, se realiza directamente en el editor WYSIWYG.

Los problemas que ofrece el elemento pre son el uso de fuentes de ancho fijo, más adecuadas para la cita informática que para la evocación

Figura 11
Il pleut, poema visual de Guillaume Apollinaire *(Calligrammes, poèmes de la paix et de la guerre 1913-1916,* 1918), en la página siguiente. En un caso así, en el que los versos son las cortinas de agua de lluvia, HTML no te puede salvar. Hay que reproducir la imagen y, si es posible, mantener una transcripción del texto como una ayuda al lector.

Il pleut

il pleut des voix de femmes comme si elles étaient mortes même dans le souvenir

c'est vous aussi qu'il pleut merveilleuses rencontres de ma vie ô gouttelettes

et ces nuages cabrés se prennent à hennir tout un univers de villes auriculaires

écoute s'il pleut tandis que le regret et le dédain pleurent une ancienne musique

écoute tomber les liens qui te retiennent en haut et en bas

lírica, y la rigidez en la representación de las líneas de texto. Si un verso tiene 20 palabras y en la anchura del artículo sólo caben 5, te mostrará las que pueda, el resto se ocultarán o se solaparán en los márgenes de la página. Tendrás siempre que advertir a tu programador y diseñador para que ajusten el elemento con alguna clase CSS a fin de mostrar en pantalla lo que deseas.

Como has visto, `pre` puede servir también para escribir estrofas clásicas con saltos de línea entre los versos, pero es posible que te complique algo la vida y requieras la ayuda de un programador. Así que es una buena idea, abonarse al uso de los elementos `p` y `br`, siempre que sea posible. Al final, tú decides.

Advertir de lo obsoleto

El elemento `s`, que acostumbra a expresarse como un texto tachado, suele confundirse con el elemento de corrección `del`, que tiene un comportamiento similar —mira el apartado *Actualización de contenidos y fe de erratas*, en el capítulo anterior—. Sin embargo, son muy distintos.

Representan la diferencia entre tachar y borrar. `del` marca el inicio y el final del fragmento de texto que se ha eliminado, que la máquina no tendrá en cuenta —salvo a efectos de actualización de los datos de la página—. `s`, sin embargo, es un contenido que permanece y que se tiene en cuenta, transmitiéndolo semánticamente como obsoleto, antiguo y sin importancia.

Esta sustancia de antigüedad cobra sentido tanto en el contexto como por comparación con el dato nuevo que se haya añadido a la página. Permite tanto a las máquinas como a los humanos realizar una comparación entre lo de antes y lo de ahora y poner en valor el dato más reciente.

`s` se utiliza para indicar precios antiguos en páginas con contenido estructurado:

```
<dl>
   <dt>Precio anterior</dt>
   <dd><s>100,00€</s></dd>
```
▶

▶
```
<dt>Oferta</dt>
<dd>99,99 €</dd>
</dl>
```

La estructura suele disfrazarse de una manera muy gráfica con estilos CSS. La etiqueta "Precio anterior" desaparecería de pantalla y el importe anulado se mostraría en un tamaño muy reducido y tachado con una cruz roja, por ejemplo. La palabra "Oferta" y el precio de la ganga se mostraría en un tamaño mayor, con mucha mancha en la página.

También se utiliza s para las constantes modificaciones de disposiciones legales o avisos contractuales, marcando el artículo que ha sido anulado. Este proceder sirve cuando se van relajando (o fortaleciendo) las disposiciones de usuario iniciales de una nueva empresa online.

Por ejemplo, un sistema de almacenamiento en la nube que, para empezar, establezca un límite de anchura de banda de 1 GB a cada cliente y, una vez superada la fase *beta*, decide anular esta limitación. Para demostrar que ha cambiado de política sólo tiene que marcar la frase de la limitación con una etiqueta s.

Otro gran uso del elemento de la obsolescencia son las listas de tareas. A medida que van concluyendo, se van marcando:

```
<ul>
    <li><s>Apagar el despertador</s></li>
    <li><s>Abrir los ojitos</s></li>
    <li><s>Ponerse las zapatillas</s></li>
    <li>Poner la cafetera al fuego</li>
    <li>Afeitarse</li>
</ul>
```

La permanencia en pantalla del proceso realizado transmite la idea de ciclo y sirve como patrón para futuros comportamientos. Cada ítem cumplido se tacha, pero no se borra.

Recuerdo haber visto un efecto similar en un sitio web comercial que tenía un apartado para ofertas y liquidaciones. Como se trata de operaciones comerciales temporales, a medida que caducaban o se agotaban los productos, en la página-listado se marcaban con s. Se podrían haber eliminado y evitar que se mostraran oportunidades antiguas, pero la presencia en la página estaba transmitiendo a los posibles clientes que siempre hay alguna ganga y que hay que visitar la página con frecuencia elevada para beneficiarse.

El error ortográfico deliberado, neologismos y la patronímica china

La historia del elemento u es triste. Nació en HTML como una etiqueta que permitía subrayar palabras y fragmentos de texto, al estilo de i o b. Pero con el impulso de los estilos en cascada, perdió toda utilidad y estuvo a punto de desaparecer.

Su mayor problema tiene que ver con su origen, porque todos los navegadores, por defecto, siguen subrayando los textos que etiqueta. Y con este fin, subrayar, es como muchos siguen utilizando u (antes denominado *underline*).

HTML5, sin embargo, lo rescata como elemento y le proporciona un impresionante valor semántico: la indicación del error deliberado en la escritura.

Por lo tanto, su uso no está relacionado con un texto que queramos resaltar. Es un texto que escribimos o reproducimos mal adrede. Porque, quien lo lea, lo entenderá mejor si está mal escrito. O porque lo que reproducimos es la versión fiel al modo en el que se escribió el original.

Un ejemplo, usando pre en un poema [JIMÉNEZ]:

```
<pre>¡<u>Intelijencia</u>, dame
el nombre exacto de las cosas!
...Que mi palabra sea
la cosa misma,
creada por mi alma nuevamente.
</pre>
```

Es sabido que Juan Ramón Jiménez prefería la letra *j* antes de *e* e *i*, cuando normativamente debería escribirse una *g*. Las máquinas podrían interpretar la palabra *intelijencia* como un error —singularmente si se usa fuera de pre—. Sin embargo es una errata intencionada, reproduciendo fielmente aquello que el poeta escribió. Y como tal está marcada. Conseguimos así que los buscadores no penalicen el gazapo.

Podemos usar u para neologismos que, tarde o temprano, entrarán en el diccionario:

```
<p>La policía detuvo a un conocido <u>alunicero</u>
cuando intentaba fugarse.</p>
```

Es evidente que el término *alunicero* no consta en el diccionario. También cabe cuando el sentido del texto es contrario al significado de la palabra. Sería como añadir tras la expresión un (*sic*) latino. Esta opción es válida hasta que el mal uso del término se generaliza. Por ejemplo, en los concursos televisivos:

```
<p>Y Fulanito fue <u>nominado</u> por el público para
abandonar la casa de Gran Hermano</p>
```

Lógicamente, *nominación* es una designación de candidatura positiva, no negativa. La expresión más correcta sería "propuesto para ser eliminado".

Cada uno de los posibles usos de este elemento deberían ser contemplados en el momento del diseño de la página web, para proporcionarte clases que puedas escribir en el código fuente y mostrar una cursiva, un subrayado o un (*sic*) automático en función de las necesidades expresivas.

En todos los casos, los buscadores y las máquinas sólo comprenden que el error detectado no existe, y que el término tiene un uso social en el contexto de tu página.

Un uso más singular de la u es la indicación precisa del nombre propio de una persona escrito en chino tradicional, de manera que los sinogramas se distingan del resto del texto. Se da la circunstancia de que el 40% de la población de China comparte uno de los 10 apellidos más frecuentes en ese idioma. Y tanto los apellidos como los nombres propios siguen manteniendo un significado. Hay personas que se llaman Rico, Esmeralda, Amanecer, De Buen Olor o Vitalidad. El significado del nombre de una persona que se llame Xin Huan es *corazón alegre*, siendo Xin *(corazón)* el nombre y Huan el apellido. Y lo peor es que nombre y apellidos pueden repetirse en varias decenas de millones de personas.

Desde una perspectiva meramente lingüística, significa que hay decenas de millones de sintagmas nominales chinos polisemánticos. Se refieren a un concepto o cosa y a una persona.

El problema de la patronímica china aún es más grave.

Con el fin de distinguir a sus hijos entre los millones de conciudadanos, muchos padres los bautizaron con nombres que exprimían al máximo las 70.000 combinaciones posibles de las grafías en chino tradicional. A las autoridades, sin embargo, esto no les hizo demasiada gracia. Fundamentalmente porque los sistemas informáticos apenas reconocen unas 32.000 combinaciones posibles, menos de la mitad, y resultaba imposible inscribir nacimientos, bodas, defunciones, antecedentes penales... Por eso prohibieron en China los nombres raros y singulares que no pudieran escribirse con un ordenador y buscarse en un registro informático.

Lo que significa que ahora la dificultad es doble: por una parte la gran mayoría de ciudadanos tienen un nombre que es un sintagma nominal con sentido propio y sin posibilidad tipográfica de distinguirse como patronímico en un párrafo escrito en chino tradicional. Y, por otra, hay millones de chinos cuyo nombre no se puede escribir en un sistema informático. No se les puede citar sin alias.

La solución para nombrar a ciudadanos con nombres chinos es el uso de clasificadores lingüísticos. Se trata de unas partículas obligatorias en los sintagmas nominales entre los determinantes y los sustantivos a los que rigen.

La forma oficial de hacerlo en HTML5 es marcando la denominación personal como un error deliberado en el idioma. Para ello tenemos u. Difícilmente nos tropezaremos con un párrafo en chino en el que tengamos que identificar un nombre propio —si somos capaces de hacerlo—. Pero es posible que nos encontremos con alguna frase en la que se emplea el patronímico de un chino en su grafía original:

```
<p>El actor Jackie Chan se llama <u lang="zh-tw">陳港生
</u> y se pronuncia Chan Kong Sang. Su nombre, Kong
Sang, significa literalmente "Nacido en Hong Kong"</p>
```

Cuando todo el párrafo o la oración se escribe en chino, el elemento u sólo afecta al patronímico, de modo que resulte más fácil identificar a la persona:

```
<p lang="zh-tw">[…] <u>陳</u>港生 […]</p>
```

Pero lo más recomendable es usar su nombre escrito en *pinyin* —la traslación oficial de la grafía china al alfabeto latino occidental—: "Chan Kong Sang".

No sólo hay que utilizar el elemento u para el chino tradicional. Es igualmente útil para las otras tipografías de doble byte: el japonés y el coreano.

Comentarios al margen y notas al pie

Otro de los elementos que se usan erróneamente es small. Hasta ahora se empleaba cuando alguien quería escribir algo que se mostrara en pantalla con una tipografía más pequeña. HTML5 lo convierte en un elemento semántico que traslada un contenido que puntualiza un flujo de texto en el que está insertado. Es decir, un elemento que, sin formar parte del cuerpo de texto, sirve como indicación aclaratoria.

small se utiliza entre los párrafos del cuerpo de texto y mediante estilos CSS suele mostrarse en el margen lateral del texto al que aporta una aclaración.

Cuando se escribe como último párrafo del cuerpo de texto, se puede mostrar al pie, separado ligeramente, para notas del autor, del traductor, referencias o bibliografía. Aunque para estos dos últimos tipos de notas al pie podría ser más indicado el uso del elemento section.

Empleado como nota al margen tiene tres usos: la ayuda a la comprensión del texto, como guía de lectura; la referencia bibliográfica o cita de autoridad; y la evidencia de la disposición legal.

```
<p><small>Usos del elemento</small> Ejemplo 1</p>
<p>Ejemplo 2: <small>Miguel de Cervantes (<a
    href="bibliografia.html">3</a>)</small></p>
<p>Ejemplo 3: <small>Derechos del asociado</small></p>
```

En el primer caso se emplea como un elemento de titulación, aunque no pertenezca a la jerarquía de los títulos ni transmita un valor semántico de titular. El párrafo que se muestre a su altura, y hasta el siguiente elemento small, tendrá un contenido que se puede resumir con concisión en la expresión "Usos del elemento". No se requiere que en el cuerpo de texto afectado por small aparezcan explícitamente estas palabras.

El segundo ejemplo simplifica la lectura. El usuario no tiene que recorrer con los ojos toda la página —ni usar el *scroll*— para ir al pie del artículo y leer la referencia bibliográfica. Le basta seguir el enlace. También simplifica la escritura, especialmente cuando una misma cita se repite una y otra vez en una misma pieza informativa.

La referencia de bibliográfica completa se escribe una sola vez en una sección o página distinta, ordenadas por números. Y desde la nota al margen sólo se enlaza la referencia de autoridad y el número enlazado a la sección o página con toda la bibliografía.

Finalmente, el tercer caso tiene un uso habitual en los tratados de derecho y en la forma de publicación de leyes, contratos y disposiciones legales. Para cada capítulo o artículo principal, en el margen lateral se indica la materia o sustancia del texto legislativo o jurídico. El elemento `small` contiene los atajos visuales que facilitan la consulta en mazacotes de jerga legal.

También resulta indicado su uso, más propio de las páginas web, cuando se incluyen los pictogramas y enlaces correspondientes a las licencias de uso Creative Commons. El texto afectado es el que se encuentra en el lateral de `small` y hasta la próxima etiqueta. Dentro del elemento, cuanto más breve sea su contenido, mejor. Si cabe en una sola frase, mejor. Si no, pierde utilidad. Dentro de un `small` se pueden escribir pequeños snippets, elementos `strong`, `b`, `i`...

En alguna ocasión, la nota al margen puede tener un valor propio y autónomo, careciendo de la utilidad que aporta a los titulares. Por ejemplo en una lista de precios puede indicar la inclusión de impuestos o tasas:

```
<dl>
    <dt>Plátanos</dt>
    <dd>100 €<small>IVA incluido</small></dd>
    <dt>Envío a domicilio</dt>
    <dd>2€ por kilómetro de desplazamiento
        <small>Peajes a parte</small></dd>
</dl>
```

Su utilización como nota al pie permite la construcción de textos más largos, propios de las notas de autor o del traductor. También admite las referencias bibliográficas completas. Para establecer una relación semántica entre el texto referido y la nota al pie correspondiente, es necesario fijar un enlace en el punto exacto del cuerpo de texto en el que se hace necesaria la puntualización.

La relación semántica con sus referidos es ligeramente más débil cuando `small` se usa al pie que cuando se usa como nota al margen.

Habitualmente la relación se establece dentro del mismo elemento —como en la lista del ejemplo anterior— o con el texto siguiente, hasta la aparición de un nuevo elemento `small` o el fin del cuerpo de texto. Y cuando está al pie, no afecta a contenido posterior, porque éste no existe. La mejor forma de utilizar `small` al pie es separar temáticamente con una línea `hr` el cuerpo de texto de los párrafos `small` que lo cierran. Su uso como pie de página debe ser muy excepcional, para uno o dos elementos. Si se utilizan profusamente y con frecuencia, es mejor pedirle al programador que prevea un `section` tras el cuerpo de texto, con una lista ordenada de entradas referenciadas por anclajes internos.

Marcar la relevancia

El elemento `mark` es un gran olvidado. Probablemente porque los navegadores, por defecto, muestran los fragmentos etiquetados con un fondo fosforescente, como si se hubieran resaltado con un rotulador. Y sin embargo es una de las etiquetas que aportan un valor semántico al contenido transmitido que resulta especialmente útil para las máquinas. `mark` se utiliza dentro del cuerpo de texto de la página para resaltar lo que es más relevante del mensaje. Y resulta que, recuérdalo, los buscadores ordenan sus resultados según un conjunto de criterios, entre ellos, la importancia del contenido respecto a la URL (`h1`, `strong`), el flujo de visitantes registrado (*buzz*) y la relevancia del contenido (enlaces que apuntan a la página y `mark`).

Y aún así, `mark` no se utiliza. Ni siquiera mal.

```
<article>
  <h1>El dardo en el correo electrónico</h1>
  <p>La comunicación interna es la última pulga del
     último perro del último... Bueno, os hacéis una
     idea. Total, ¿qué más da? Un correo interno no
     tiene que cuidarse. Y para los correos dirigidos a
     otras empresas, más de lo mismo: basta con que «se
     entienda». O ese es el sentir más generalizado. El
     problema radica en que, a veces, ni eso. Y otras
     veces se entiende, pero se entiende mal.</p>
```
▶

```
<p>A pesar del guiño a Lázaro Carreter en el
título de mi artículo, no voy a hablar aquí de
las incorrecciones de ortografía y puntuación
en los correos, porque son las mismas que
encontramos en la prensa o en otros documentos.
Más bien expondré <mark>algunas reflexiones
sobre «malas costumbres en las formas» que
me he ido encontrando en miles de correos
electrónicos</mark> de varias empresas.</p>
<p>[…]</p>
</article>
```

Como se aprecia en el ejemplo [GARZO] y a diferencia de strong, mark debe utilizarse con fragmentos de oraciones —o frases enteras— que tienen sentido completo por sí mismas y que, por supuesto, resumen una idea principal o destacada del artículo.

El uso práctico resultará más fácil cuanto menos periodístico sea el artículo. Si la pieza tiene titulares informativos y una estructura piramidal, los elementos de titulación de distinto nivel (h1, h2...) ya transmiten y resumen la esencia del artículo. Por lo tanto, será mejor destacar con mark una idea secundaria, para reforzar toda la estructura semántica de titulares y strong.

El elemento mark puede utilizarse como destacado. Si recuerdas el apartado *Destacados sobre titulares,* planteábamos el uso de un titular de menor nivel para emplearlo con este fin. El problema de emplear un h3, h4 o h5 es que el titular afecta a todo el contenido posterior hasta el próximo titular o el final del texto. Sin embargo, usando mark, se proporciona relevancia al fragmento destacado sin que afecte al resto del texto.

Usándolo como destacado, se puede reinterpretar algún fragmento del texto, para encajarlo en el espacio que el diseñador haya previsto y hacerlo más comprensible. Como siempre, se mostrará en pantalla transformado por los estilos CSS que el diseñador y programador hayan previsto.

```
<p>[…] Aunque se mueve con soltura al frente de su
silla, desde que ganó las elecciones es difícil que
pueda desplazarse varios metros sin que la rodeen
simpatizantes o curiosos que quieren darle las gracias
por su contribución como asesora del secretario del
Departamento de Veteranos o que le piden que, en
los próximos cuatro años, se esfuerce para evitar el
desencuentro entre demócratas y republicanos.</p>
<p><mark>En noviembre de 2004 el helicóptero que
pilotaba fue abatido por una granada teledirigida cerca
de Bagdag y Duckworth perdió las dos piernas</mark></p>
<p>Así, cercada por sus partidarios, atendió a EL PAÍS
en un acto organizado en Washington por el Club Nacional
de Mujeres Demócratas. Como veterana del Ejército -sigue
siendo teniente coronel de la 28 División de Infantería
de la Guardia Nacional— su tarea al frente del
Departamento de Veteranos de EE UU, durante la primera
legislatura de Obama, y antes en la misma Oficina a
nivel estatal, ha recibido el reconocimiento por parte
del presidente que la escogió para pronunciar uno de los
discursos en la Convención Demócrata del pasado verano.
[…]</p>
```

Este ejemplo, en su original (Figura 12) [SAIZ], utiliza una serie de párrafos con estilos distintos al cuerpo de texto dentro de `div`, de manera que los editores pueden moverlo e insertarlo a la altura deseada.

Figura 12
Fragmento de la noticia en *El País*. El destacado es una frase literal del cuerpo de texto copiada dentro de un elemento `div` y usada como elemento de titulación.

EL PAÍS

INTERNACIONAL

EUROPA   EE UU   MÉXICO   AMÉRICA LATINA   ORIENTE PRÓXIMO   ASIA   ÁFRICA   BLOGS   CORRESPONSALES   TITULARES »

ESTÁ PASANDO   Hungría   El conflicto sirio   Euroescepticismo   Mohamed Morsi   Nicolás Maduro   México   Neonazis   MÁS TEMAS »

ENTREVISTA | TAMMY DUCKWORTH, CONGRESISTA Y VETERANA DE GUERRA

"La presencia de mujeres en primera línea de batalla beneficiará a EE UU"

- La primera veterana herida en combate del Congreso, cree que la decisión del Pentágono servirá para "defender mejor al país"
- Panetta acaba con la prohibición de que las mujeres entren en combate

EVA SAIZ | Washington | 25 ENE 2013 - 19:30 CET   24

Archivado en: Barack Obama   Veteranos guerra   León Panetta   Mujeres militares   Mujeres política
Elecciones EE UU 2012   Irak   Combatientes   Illinois   Partido Demócrata EE UU

La congresista Tammy Duckworth en la sede del Club
Nacional de Mujeres Demócratas. / E S E.

22

32

0

Tammy Duckworth fue de las primeras congresistas de Estados Unidos en aplaudir la decisión del secretario de Defensa, Leon Panetta, de levantar la prohibición que impide a las mujeres entrar en combate en los frentes de batalla. Duckworth es la primera veterana de guerra herida en combate que tiene un escaño en el Capitolio y sabe muy bien lo que significa intervenir en operaciones militares. En noviembre de 2004 el helicóptero que pilotaba fue abatido por una granada teledirigida cerca de Bagdad y Duckworth perdió las dos piernas.

"Esta decisión permitirá que sirvan en primera línea los mejores hombres y las mejores mujeres del Ejército. Como veterana de guerra sé que la inclusión de mujeres en los principales roles de combate no sólo contribuirá a defender mejor América, sino que servirá de acicate a las mujeres de nuestro país", indicaba el comunicado que la representante demócrata por Illinois emitió la víspera de que el jefe del Pentágono comunicara oficialmente el levantamiento del veto.

Sentada en su silla de ruedas de titanio de 4.000 dólares o encaramada sobre sus dos prótesis, Duckworth nunca pierde la sonrisa que sus ojos rasgados -herencia de su madre Lamai Duckworth, tailandesa nacionalizada estadounidense en los 50- contribuyen a resaltar. Aunque se mueve con soltura al frente de su silla, desde que ganó las elecciones es difícil que pueda desplazarse varios metros sin que la rodeen simpatizantes o curiosos que quieren darle las gracias por su contribución como asesora del secretario del Departamento de Veteranos o que le piden que, en los próximos cuatro años, se esfuerce para evitar el desencuentro entre demócratas y republicanos.

Así, cercada por sus partidarios, atendió a EL PAÍS en un acto organizado en Washington por el Club Nacional de Mujeres Demócratas. Como veterana del Ejército -sigue siendo teniente coronel de la 28 División de Infantería de la Guardia Nacional- su tarea al frente del Departamento de Veteranos de EE UU, durante la primera legislatura de Obama, y antes en la misma Oficina a nivel estatal, ha recibido el

En noviembre de 2004 el helicóptero que pilotaba fue abatido por una granada teledirigida cerca de Bagdag y Duckworth perdió las dos piernas

reconocimiento por parte del presidente que la escogió para pronunciar uno de los discursos en la Convención Demócrata del pasado verano. "La preocupación de Obama por las necesidades de los veteranos viene de su época como senador de Illinois", recuerda. "El hecho de que no haya recortado el presupuesto es fantástico, porque cada vez son más los soldados que regresan del frente y que necesitan mucha más ayuda en educación o sanidad, para poder recuperarse de sus heridas", asegura.

En los 13 meses de convalecencia que Duckworth pasó en el Centro Médico de la Armada Walter Reed en Washington para recuperarse de

ÚLTIMA HORA

@miquelnoguer. El Parlamento catalán rechaza la petición de PP y Ciutadans de no votar hoy la creación de la comisión sobre el "derecho a decidir". Ambos partidos fomentaban su petición por la suspensión de la declaración soberanista por parte del Tribunal Constitucional.

EL PAÍS   Hace 1 minuto

Beth Serrano, hermana de Amanda Berry, agradece en una breve comparecencia ante la prensa las muestras de apoyo y pide respeto a su privacidad.

EL PAÍS   Hace 1 minuto

La familia de Amanda Berry habla sobre su secuestro durante 10 años. La joven que ayer consiguió escapar de su cautiverio acaba de regresar a la casa donde pasó su infancia y ha anunciado que hará una declaración http://cort.as/406F

IMPRESCINDIBLES

Choque de democracias

EL PAÍS y otros cinco periódicos líderes analizan la situación de la UE y los peligros que entraña el avance del populismo y el pulso entre intereses nacionales

No es un proceder práctico, ni semántico, ni asegura una extracción limpia y fácil de los textos para ser reutilizados. Pero es un caso frecuente en los gestores de contenidos que han ido creciendo sobre la marcha. La noticia habla de un cambio legislativo que permite que las mujeres soldado participen en las fuerzas especiales americanas y personifica la modificación en una teniente coronel. El destacado es una frase extraída del cuerpo de texto que tiene sentido y relevancia por sí misma. Se utiliza como elemento de titulación. Aporta relevancia a la historia. Complementa los titulares. Y facilita que las máquinas la identifiquen y respondan.

Si en lugar de optar por la solución original, usamos la programación del ejemplo de esta página, convirtiendo la frase en un elemento `mark`, dotamos a la noticia de un elemento de máxima relevancia con el menor esfuerzo para nosotros y nuestros programadores y diseñadores. El uso de `mark` es absolutamente discrecional dentro de un párrafo. Es una opción selecta y dominante en el cuerpo de texto. Por lo tanto, es importante no usar más de un elemento por artículo. Como con `strong`, el abuso reduce su eficacia y resta peso al resto del texto.

Un segundo uso de `mark` es la sustitución de `strong` o `em` para remarcar palabras en citas literales, tal y como he explicado en el apartado *Cuando no cabe énfasis ni fuerza y, sin embargo, se necesitan*. Cuando importamos las frases textuales de otro en un `blockquote` y éstas, en origen, aportan elementos propios `strong` o `em`, no podemos asumir esta marcación como propia. Una palabra enfatizada podría tener sentido en el grueso de la obra original, pero no en un fragmento que reproducimos. Y, sin embargo, debemos respetar escrupulosamente la cita. Así que sustituiremos estas etiquetas por `mark`, dotándolas, mediante estilos, de la apariencia gráfica más parecida a `strong` o `em`.

```
<blockquote cite="[…]">
  <q>Alguien voló <mark>sobre</mark> el nido del cuco
  </q>
</blockquote>
```

Supongamos que el original enfatizaba la palabra "sobre". Para nosotros la frase carece de énfasis, por lo tanto simplemente lo marcamos. Cuando `mark` se emplea dentro de `blockquote` pierde su valor semántico.

Guarismos y cálculos

Muy de vez en cuando —espero— tendremos que escribir alguna fórmula matemática cuya complejidad supera mis instrucciones del capítulo anterior.

Mi recomendación más sincera: llama al programador y que te ayude. Porque esto puede complicarse. El lenguaje HTML es ciertamente limitado para escribir fórmulas complejas. Para hacerlo utilizaremos el lenguaje de marcación web MathML [W3C-2], que se integra correctamente con HTML5. Siempre será preferible a OpenMath [The OpenMath] que proporciona valores semánticos a los elementos marcados, pero que requiere el uso de XML y tiene una deficiente integración. Y, por supuesto, será siempre preferible a MathJax [MathJax], una solución de JavaScript que facilita enormemente la introducción de los valores de la fórmula en formato texto y los muestra en pantalla correctamente, aunque resulte totalmente inaccesible y asemántica.

En todo caso, depende de lo que tu programador haya habilitado en tu página web. O de lo que tenga que habilitar para que lo uses.

MathML, la mejor opción, aporta toda una serie de elementos que deberían ser embebidos por un elemento de HTML5 figure. Es decir, la fórmula es una pieza informativa que ilustra convenientemente aquello que se está explicando en el cuerpo de texto:[42]

```
<article>
  <h1>Experimento con una fórmula matemática</h1>
  <p>Procedemos a mostrar la forma correcta de escribir
    una fórmula matemática empleando la versión 3 del
    lenguaje de marcación MathML, embebida por un
    elemento figure, que sirve para ilustrar este
    parrafito.</p>
  <p>Nos limitaremos a explicar cómo se escribe una
    ecuación. Antes, hay que declarar el elemento
    math.</p>
  <figure>
    <figcaption>Titular de la fórmula de la ecuación
    </figcaption>
    <math xmlns="http://www.w3.org/1998/Math/MathML">
      <mrow>
        <mrow>
          <msup>
            <mi>x</mi>
            <mn>2</mn>
          </msup>
          <mo>+</mo>
          <mrow>
            <mn>4</mn>
            <mo></mo>
            <mi>x</mi>
          </mrow>
          <mo>+</mo>
```

▶

---

42 Para ver en vivo los ejemplos de este capítulo, visita http://d.pr/v958.

▶

```
        <mn>4</mn>
      </mrow>
      <mo>=</mo>
      <mn>0</mn>
    </mrow>
  </math>
</figure>
<p>Y eso es todo.</p>
</article>
```

En el ejemplo anterior, dentro de article se ha escrito un título y un par de párrafos que se ilustran con una fórmula matemática. Dentro de figure se crea un elemento math que declara, con una llamada a la URL, el modelo de código que debe mostrar y un figcaption (elemento de titular del figure). El elemento math crea factores de cálculo (mrow), cifras (mn), operadores (mo), incógnitas (mi) y construye potencias (msup). Todos los elementos se tendrán que escribir directamente en el modo código fuente del editor WYSIWYG.

Para el ejemplo anterior, el navegador muestra "$x^2 + 4x + 4 = 0$".

Se puede complicar más con raíces cuadradas, divisores con distintos niveles, símbolos logarítmicos, estadísticos... de todo.

Cálculos sencillitos

Los navegadores más modernos que interpretan HTML5 adecuadamente son capaces de realizar cálculos no demasiados complejos que el usuario ve en pantalla y cuyos resultados no residen en el servidor ni se guardan en caché. En otras palabras, el resultado sólo lo ve el usuario que emplea el formulario y le sirve en ese momento. No lo puede guardar.

Los cálculos se efectúan mediante la API de JavaScript propia de HTML5.

¿Para qué nos sirve? Para crear pequeños *gadgets* que resulten útiles para los visitantes de la página web: conversores de todo tipo, cálculos de relaciones entre entidades, etcétera.

Por ejemplo escribiremos una calculadora del Índice de Masa Corporal (IMC) y la acompañaremos de una lista con una valoración de los resultados obtenidos. La explicación del cálculo es sencilla: es la división del peso de la persona entre el cuadrado de su estatura. La escritura de la calculadora la haremos dentro de un figure y utilizando el modo código fuente en el editor WYSIWYG. Dentro del figure crearemos un formulario que contiene la programación JavaScript, los campos de entrada de los valores del usuario y un campo de salida:

```html
<figure>
    <form onsubmit="return false"
oninput="imc.value =p.value / (a.value * a.value)">
        <legend>Calculadora del Índice de Masa Corporal
    </legend>
        <input name="p" type="number" placeholder="Peso
(kg)" title="Peso (kg)">
        <input name="a" type="number" placeholder="Altura
(m)" title="Altura (m)">
        <output name="imc"></output>
    </form>
    <dl>
    <dt>Infrapeso</dt>
    <dd>Menos de 16</dd>
    <dt>Delgadez</dt>
    <dd>De 16 a 18,5</dd>
    <dt>Normal</dt>
    <dd>De 18,5 a 25</dd>
    <dt>Sobrepeso</dt>
    <dd>De 25 a 30</dd>
    <dt>Obeso</dt>
    <dd>Mayor de 30</dd>
    </dl>
    <figcaption>Traslade su IMC a la tabla inferior para
ver su estado nutricional. Los valores de la tabla se
aplican a adultos de 20 a 60 años.</figcaption>
</figure>
```

El formulario incluye el atributo onsubmit (al enviarlo) con la orden de cálculo. También incluye la descripción de la operación matemática en el atributo oninput, retomando los valores (value) correspondientes a los nombres (name) de los campos de entrada y salida de los datos. La operación matemática multiplica (*) la altura por sí misma para obtener el valor elevado al cuadrado.

Las casillas de introducción de los datos input son de tipo number. Éste muestra una casilla con dos botones para incrementar o reducir el valor generado, pero es posible introducir desde el teclado directamente los valores. No todos los navegadores soportan la operativa de este campo. Se puede sustituir por uno de tipo text. Ambas casillas incluyen un atributo placeholder para indicar en el interior de la casilla el tipo de contenido que el usuario debe introducir. Este texto deja de mostrarse al hacer clic en el interior. No todos los navegadores ofrecen este atributo, por lo que se ha incluido un atributo title con el mismo valor y la misma función de ayuda.

El resultado se mostrará en un atributo output,[43] cuyo contenido sólo verá el usuario.

Tras el formulario he creado una lista de definición sobre el binomio estado nutricional y escala de valores IMC.

Sería posible generar cálculos más complejos con JavaScript, de modo que la calculadora directamente mostrara el estado nutricional en formato de texto. Pero para la utilidad que le daremos sin contar con la ayuda de un programador, nos basta. Y la operativa matemática a la vista le aporta algo más de credibilidad.

---

43 output es otro de los elementos que permanecen en la cuerda floja. Parece que a las máquinas —o mejor dicho a sus creadores— no les gusta demasiado un campo vacío que se autogenera. El problema podría estribar en el uso de output para la obtención de resultados parciales que a su vez vuelven a calcularse para obtener nuevos output, como por ejemplo la suma de productos para generar una base imponible y luego añadir los costes de transporte y los impuestos finales. En todo caso, el resultado final sería el mismo usando una casilla de tipo input programada con JavaScript. Tenlo en cuenta.

Este tipo de formularios no son accesibles. O por lo menos presentan grandes problemas de accesibilidad a los resultados que se generan instantáneamente.

Podría mejorarse incluyendo todos los campos `input` y `output` en un `fieldset` y añadiendo un campo `label` con indicaciones de uso para cada `input`. Pero también podría resultar excesivo para nuestra capacidad de programación. No olvidemos que somos simples y llanos redactores.

Quizá el sacrificio de un cierto grado de accesibilidad podría ser asumible si en el `figcaption` o el cuerpo de texto principal de la página se explica el modo de realizar los cálculos de forma externa a la página.

Por otra parte, hay que tener en cuenta que los formularios, por regla general, tienen un estilo predefinido en los navegadores como un bloque visual en pantalla, con una deficiente integración con el resto de elementos. Todo tiene arreglo modificando los estilos en cascada CSS, si es que lo necesitamos.

Un formulario como el que hemos dibujado es útil para el usuario de la página web. No supone un gran esfuerzo de programación. No compromete recursos de servidor ni la privacidad de quien lo utiliza. Y aporta confianza en el resto del contenido. Todo ello sin complicarnos demasiado la vida.

Escribir números

Cuando escribes para la web no existe ninguna manera de discriminar lo que es un número de un texto, como sí se puede hacer en otros lenguajes de programación. Cualquier guarismo se considera un fragmento de texto.

"123" no se diferencia en absoluto de "abc". Y tiene su lógica, porque cuando se escriben en un documento HTML no se prevé su uso en ningún tipo de cálculo (con la excepción de formularios como en el apartado anterior).

Esta falta de distinción, por otra parte, nos simplifica la forma de escribir los números. No hay que hacer nada más que teclear la cifra.

Pero, si tienes un poco de experiencia en la escritura para web, habrás notado que los resultados en buscadores son horribles. Si buscas

"456", hay muchas posibilidades de que ofrezca como resultados válidos un número de teléfono ("0034931114561"), un precio con millares ("11.456 €"), una latitud geográfica ("43.8562456"), un ordinal ("456ª"), un año ("1456"), el número de finca en una gran avenida ("456"), o un modelo de aparato ("Z-456").

Es decir, demasiados resultados para un único criterio de búsqueda. Y eso, porque la aplicación del buscador localiza heurísticamente la coincidencia exacta de los tipos "4", "5" y "6" —y en este mismo orden— en cualquier fragmento de texto.

Imagina qué cantidad de resultados puede llegar a proporcionar si se reduce el criterio de búsqueda a "45".

La escritura de guarismos es, por lo tanto, asemántica e inconcreta. Ni discrimina tipos de cifras ni es capaz de mejorar sus resultados.

Es más, muchos usuarios tienden a escribir en las casillas de búsqueda la denominación de los números en lugar del guarismo. Y, evidentemente, no es lo mismo buscar "3" que "tres". Si en el texto de la página web se escribió "3", nunca se encontrará si se busca "tres". Y viceversa.

Las dificultades se agravan cuando usuarios de culturas distintas intentan localizar números con notación decimal. Los millares y los decimales pueden separarse por puntos o por comas. Si el texto no coincide con la búsqueda, nunca habrá resultados.

Planteado este problema de comprensión y capacidad operativa de las máquinas, te sugiero una solución de cosecha propia, aún a riesgo de que quieras quemar este ejemplar y a mí mismo en una hoguera: el etiquetado de cada cifra en el elemento que sea más apropiado, usando el atributo `title`.

Si partimos de esta premisa, se puede escribir

```
<abbr title="uno">1</abbr>
```

y

```
<abbr title="cuatrocientos cincuenta y seis">456</abbr>
```

y un usuario podrá encontrar fácilmente "cuatrocientos cincuenta y seis" o "456", porque el buscador husmea en el atributo `title` de la abreviatura. Evidentemente, si se busca "seis" se encontrará "6" y "456", pero se solventa una búsqueda que se limite a letras o números. La apuesta reside en el uso inteligente del atributo `title` en las abreviaturas. A nuestro modo, podremos ir generando etiquetas semánticas que serán fácilmente detectables y convertibles a los futuros elementos que HTML vaya incorporando o, incluso, a los elementos en otros lenguajes estructurados a los que queramos exportar nuestro contenido.

```
<abbr title="Teléfono 0034935555555">93 555 55 55
</abbr>
```

El número de teléfono se deletrea cero, cero, tres, cuatro… No tiene mucho sentido escribirlo en el `title`. Sin embargo, sí es conveniente que conste con los prefijos internacionales y provinciales. Hay que tener en cuenta que algunos sistemas operativos de dispositivos móviles lo detectan y lo activan como un botón de llamada telefónica. Este efecto se puede desactivar desde el código `meta`, en el `head` de la página. El número de teléfono, cuando es un enlace para una llamada, se puede escribir como un enlace:

```
<a href="tel: 0034935555555" title="Teléfono
0034935555555">93 555 55 55</a>
```

En los precios se puede aclarar que se trata de un importe y escribirlo con o sin notación de millares y decimales. Así será imposible que un cliente deje de encontrar el precio que busca.

Rizando el rizo, se puede escribir el importe en letras. Aunque no parece muy útil para cifras que no sean redondas: diez, cien, cincuenta, quinientos…

```
<abbr title="Precio 11456 (once mil cuatrocientos
cincuenta y seis) euros">11.456 €</abbr>
```

Las referencias geográficas se escriben dentro de snippets que, en Microformats, usan un elemento abreviatura:

```
<abbr class="latitude" title="29.9626961">Lat.: <span
class="value">29° 57' 45.70596" N</span></abbr>
```

Los ordinales son, evidentemente, abreviaturas:

```
<abbr title="cuadringentésimo quincuagésimo sexta">
456ª</abbr>
```

Los años deben usar la etiqueta time. El elemento es semántico. Reconoce automáticamente que se trata de un año y lo transmite como valor. El uso de más atributos en time es opcional:

```
<time>1456</time>
```

Las direcciones, cuando se utilizan en un snippet, se identifican usando Microdata o Microformats. La calle, número, piso, planta, puerta, etcétera, forman parte de un bloque etiquetado con span (fragmentos de texto en línea).

Si no se usan dentro de un snippet, sería conveniente utilizar el elemento abbr para identificar que se trata de un número:

```
<p>Avenida Desigual, <abbr title="número de calle:
456">456</abbr>. Barcelona</p>
```

Opcionalmente podría escribirse la denominación del número.
Cuando se trata del numerónimo de un producto o aparato, o de una referencia, si no existe un snippet en Microdata adecuado, la abreviatura sirve para discriminar guiones, espacios, barras o cualquier otra grafía cuya pronunciación resulte imposible:

```
<abbr title="Z456">Z-456</abbr>
```

Pero también, como se mostró en *El planeta de las abreviaturas y los textos remarcados:*

```
<abbr title="Airbus 380">A-380</abbr>
```

Una vez se ha definido un criterio, debe mantenerse siempre para todo el sitio web. Los buscadores actuales tardarán en utilizar este tipo de contenido. Pero cuando sea posible convertirlo en elementos estandarizados semánticos, siempre será más fácil localizarlos y adaptarlos.

Contenido comisariado:
del fusilar y los refritos

Lo que en Internet se llama contenido comisariado (en sus vertientes *news curation* y *web curation*) es lo que en periodismo, de toda la vida, hemos llamado *refrito*. Y si nos ponemos finos, el *social curation* (contenido comisariado en redes sociales) no es más que el contenido de otros *fusilado*. Y el *content curation* (contenido comisariado, concepto que en cierto modo engloba los demás), desde nuestra perspectiva periodística, se reduce a la labor propia del oficio del documentalista. Pero con nombres que suenan a moderno y hacen políglota.

Es decir, el fenómeno *curation* no es nada nuevo para nuestro oficio. La idea que subyace en el *news curation* (contenido noticiable comisariado) y el *web curation* (contenido para sitios web no informativos comisariado) es que el periodista pone de nuevo en contexto informaciones viejas que ha reunido y que, probablemente, fueron generadas por terceros autores. Pero esta definición no implica más que la creación de un background informativo con material de archivo. A lo sumo, un sumario de lo que se ha publicado en nuestro medio —u otros— redactado a modo de refrito.

Eso lo hemos hecho desde siempre. Es una práctica básica y necesaria de nuestra profesión.

La eclosión en 2012 del fenómeno del contenido comisariado responde, simplemente, a una huída hacia adelante de perfiles profesionales de poca enjundia y cierto exceso de esos *powerpoints* con los 10 trucos esenciales del tema de moda que corren por Internet. Se ha nutrido de *community managers* y especialistas SEO incapaces de soportar más el fracaso en sus actividades. Los primeros, a causa de la dificultad de demostrar una rentabilidad de buena parte de sus acciones profesionales. Los segundos, frustrados por los constantes cambios de criterio en Google, su coco particular.

Para solucionar sus problemas, leyeron por ahí que el contenido de calidad es una fuente de visitas a las páginas web, además de aportar viralidad en redes sociales, compromiso de los usuarios y clientes, apertura de conversaciones bajo un principio de reciprocidad y, sobre todo, una función laboral apta para sus perfiles profesionales.

Y se aplicaron a ello.

Habrás comprendido, no hace falta que insista, que con este nivel de formación y experiencia, eso de buscar los datos informativos, contrastarlos, elaborarlos y presentarlos de una manera eficiente, correcta y completa, sobrepasa ampliamente su capacidad profesional. Así que la mayoría han optado por el pirateo del trabajo de otros, bajo la máscara del contenido comisariado. Gran solución.

El origen de las cosas "curadas"

El nacimiento de la mal llamada *curación* de contenidos —por traslación directa al español— es algo difuso. Como siempre, hay gurús de Internet que quieren apuntarse el tanto de haber sido los primeros en definirlo.

Parece, no obstante, que el padre de la criatura fue el escritor Gideon Lewis-Kraus en un artículo publicado en la revista *Harper* en 2007. En el texto, Lewis-Kraus planteaba la necesidad de recuperar contenido de gran calidad que, por la estructura propia de los blogs, quedaba enterrado en las actualizaciones constantes por contenido, acaso, de menor calidad. Lo bueno moría lleno de polvo en el sótano de los blogs. Para el escritor, sería bueno que alguien, de vez en cuando, lo resucitara y lo actualizara, como haría un comisario de exposiciones en un museo.

Simultáneamente, David Karp fundaba en Nueva York la plataforma de *blogging* Tumblr, que resolvía, en parte, el problema planteado por Lewis-Kraus: cualquier propietario de un sitio en Tumblr podía guardar para sí mismo el contenido de calidad que encontrara por Internet con un sólo clic: fotografías, vídeos o textos.

Lo bueno no sólo perduraría en los blogs particulares de Tumblr, sino que se multiplicaría por adhesión de otros usuarios y cobraría un nuevo sentido dentro de una estructura conceptual distinta y propia de cada bloguero.

Por ejemplo, un usuario de Tumblr puede encontrar una página web en la que alguien colgó una fotografía antigua del Seat 600 que tuvo su padre junto a un texto en el que habla de su familia y de los viajes de veraneo que hacían. Supongamos que la fotografía del automóvil agradó al usuario de Tumblr y la agregó —fusiló— a su blog sobre imágenes de automóviles Seat de antes de los años 70.

La imagen cobra una vida nueva en un nuevo contexto. Abandona el ámbito del veraneo familiar para convertirse en reliquia automovilística. Su aportación: un clic. Trabajo: cero. Y los amantes de los coches de este tipo pueden replicarse la fotografía robada unos a otros, manteniéndola viva.

Un par de años después de la fundación de Tumblr, el gurú del marketing Rohit Bhargava, según afirma, definió el fenómeno del *curation* como una herramienta para vender desde la manipulación del contenido. Y ahí empezó la avalancha.

Lo que define a la *curación*, más allá de su uso en marketing y su mal uso por parte de exprofesionales de cualquier otra cosa, es la característica de recontextualización de la información. La actuación del periodista-*curator* es similar a la de un conservador de museo, que de vez en cuando baja al sótano a echar un vistazo a los depósitos, desempolva obras y las vuelve a exhibir con una excusa distinta.

Por ejemplo, si revisamos el historial del Museo del Prado [Museo] en relación a Velázquez, podemos ver cómo, cíclicamente, se organiza

una exposición sobre el pintor con las obras de los fondos de la pinaco-
teca —y de otras—, pero sobre ejes de divulgación distintos: *Fábulas de Velázquez: mitología e Historia Sagrada en el Siglo de Oro, El retrato español, del Greco a Picasso, El arte del poder. La Real Armería y el retrato de corte,* y las que vendrán.

Una misma obra, distintos contextos. Una misma obra, vigencia infinita.

Los problemillas

El contenido de calidad es una apuesta segura. Atrae a los usuarios de la página web. Satisface su curiosidad o necesidad de información, y ocasiona que regresen en el futuro.

Qué te voy a contar que no sepas.

Si el contenido de la página es suficiente por sí mismo, otorga un marchamo de autoridad en la materia al sitio web que lo alberga. Los buscadores lo reconocen como tal y premian al sitio con mejores posiciones en las páginas de resultados. El visitante se compromete con el sitio web. Si es una marca comercial, mejoran las ventas o las suscripciones y todo el mundo sonríe y es feliz.

La dificultad estriba en que estos neoexpertos en contenido que practican la *curación* no son periodistas. Ergo, no saben buscar, discriminar, filtrar, contrastar, redactar y publicar algo mínimamente decente y en un plazo de tiempo productivo. O por lo menos, la inmensa mayoría de ellos.

Ante un nivel medio de exigencia de calidad a un escrito suyo, les sudan las yemas de los dedos, les tiembla el mentón, encanecen sus sienes y sufren fuertes jaquecas. Así que lo más práctico es salir a navegar por Internet y cazar fuera aquello que puedan aprovechar.

Además, cuando la *curación* se emplea con finalidades de marketing, el sitio web se convierte en una caldera que hay que ir alimentando constantemente con más y más contenido. Sin parar. Sólo así la curva estadística de los resultados se mantendrá en alto.

Evidentemente, no hay realidad para tanta noticia. La organización propietaria del sitio web no da para más. Y eso justifica pescar en mares ajenos.

Podrías pensar que creo que son culpables del latrocinio de la propiedad intelectual, pero, a fuer de sincero, admitiré que no siempre. A veces rescatan contenidos que, de otra forma, habrían quedado sepultados por el olvido.

Pero no siempre sus criterios son informativos. Generalmente lo único que buscan es alimentar una maquinaria de marketing que necesita más y más material para funcionar en una inercia que, después de todo, aporta poco al negocio. La culpabilidad reside en las empresas que los contratan. Para ellas, el contenido comisariado es, generalmente, muy barato. Un *experto* puede fusilar un par de piezas en dos horas. Un periodista que trabaje fuentes de primera mano, en ese plazo de tiempo sólo habrá empezado a recopilar información: documentación, entrevistas, visitas, encuentros informativos, investigación…

Uso de 'via' para identificar la fuente

Las opciones de muchos *curators* se reducen, por lo tanto, a copiar y pegar el contenido de calidad que otro haya publicado.

Eso va en contra de la filosofía propia del comisariado de contenidos. Es una agregación sin más. A veces, para disimular, cambian la redacción de uno o dos párrafos. O cortan el discurso publicado por la mitad. Pero aún así, eso es fusilar. Y hacerlo mal.

El contenido copiado, cuando supone un porcentaje elevado de la página respecto del original, lleva a una penalización por parte de los buscadores.

Cuando vayas a agregar contenido ajeno, intenta fijar siempre —insisto— la fecha de tu actuación para que se diferencie de la del original. Si es posible, entre el titular y el primer párrafo. Si queda extraño y no eres capaz de corregir los estilos CSS, al pie. Y, por supuesto, cita siempre la fuente.

No existe ningún elemento del lenguaje HTML que sirva para identificar la fuente informativa, pero existe la convención en el ámbito de los blogs de añadir un último párrafo de texto en el que se indica la palabra "Via" seguida del enlace al original.

Su uso está circunscrito al refrito sin nuevas fuentes o puntos de vista, la reproducción idéntica o prácticamente idéntica al original.

Cuando se utiliza como fuente de contenido comisariado, los expertos reunidos en marzo de 2012 en uno de los paneles del festival South by Southwest Interactive (SXSW) [SXSW] de Austin, en Estados Unidos, acordaron utilizar el símbolo ᵟ, tomado de los alfabetos inuit y que está presente en los juegos de caracteres UTF-8. La propuesta aceptada, formulada por la experta en *content curation* Maria Popova, bloguera de *Brainpickings,* sirve para identificar la fuente original sustituyendo la palabra "via".

Como no existe forma de pronunciarla y sólo es una convención visual, lo mejor es usarla dentro de una abreviatura:[44]

```
<p>Último párrafo del contenido comisariado</p>
<hr>
<small><abbr title="via">ᵟ</abbr> <cite><a
href="http://www.urloriginal.com" title="Título de la
información original">Título de la información original
</a></cite>, el <time>1 de enero de 2013
</time></small>
```

Más allá de la convención visual, el uso de ᵟ parece más lógico cuando se emplea en Twitter, donde supone un ahorro de dos caracteres que puede resultar muy rentable.

El visto bueno del autor

En el SXSW se aprobó otro símbolo que debe utilizarse cuando el contenido comisariado sólo se utiliza como fuente básica para reinterpretaciones sobre el mismo mensaje, discrepancias, extensiones del ra-

---

44 Puedes ver los ejemplos en vivo de este capítulo en http://d.pr/VSxo.

zonamiento, críticas, aportaciones desde nuevos puntos de vista, o para enriquecerlo con opiniones propias y se ha obtenido la autorización del autor original.

Es decir, cuando se aporta un nuevo valor añadido al contenido de terceros, siendo aquél la base del nuevo producto informativo y sin que se haya utilizado ninguna otra fuente, y con el visto bueno del autor.

Mediante la flecha derecha con lazo ↰ se informa de la URL de origen (via) al tiempo que se advierte de que hay una nueva visión del mismo que ha sido autorizada por el autor original.

El empleo también responde a una convención visual y no existe ningún elemento del lenguaje HTML para reflejarlo. Mi propuesta es parecida al caso anterior:

```
<p>Último párrafo del contenido comisariado</p>
<hr>
<small>
  <abbr title="Con el visto bueno del autor">↰</abbr>
<cite><a href="http://www.urloriginal.com" title="Título
de la información original">Título de la información
original</a></cite>, el <time>1 de enero de 2013</time>
</small>
```

La flecha forma parte del conjunto de caracteres de UTF-8. No tendrás dificultades para escribirla.[45]

Más allá de estas dos convenciones visuales exclusivas del contenido comisariado, mantengo mis dudas de que los usuarios no avezados sabrán entender qué demonios significa.

Pero supongo que es una cuestión de fomentar su uso y de paciencia.

---

45 En el anexo *Caracteres y símbolos* encontrarás fórmulas para escribir símbolos de forma más sencilla.

Tablas y cómo evitarlas

Siempre que sea posible, evita escribir una tabla con lenguaje HTML. Asume este principio e intenta serle fiel. Porque así como una tabla es un instrumento que facilita la lectura cruzada de relaciones complejas y la sinopsis de desarrollos conceptuales extensos, cuando se escribe con lenguaje HTML es un artefacto maldito cuya apariencia se rompe, frecuentemente es inaccesible y asemántica y, siempre, es un problema para los buscadores internos.

Empecemos por lo básico: una tabla es un formato de presentación de información dentro de pequeñas celdas que se distribuyen por un espacio cuadrangular distribuidas en hileras y columnas. Su lectura es cartesiana, empleando variables propias de un eje de abcisas (hileras) y de un eje de ordenadas (columnas). La celda de intersección de la fila con la columna es la que determina el valor de ambas variables.

Las tablas requieren orden y una estructura férrea, para que las celdas no se muevan libremente en su interior y se descoloquen respecto de las cabeceras de las filas y de las variables. Un desplazamiento mínimo convierte los datos en ilegibles.

Para evitar esta circunstancia, los navegadores de Internet crean por defecto celdas que se ajustan de modo automático a la anchura disponible de la tabla. No sólo eso. Además, si el contenido requiere más espacio de anchura o de altura, la tabla crece hasta ocupar toda la anchura o altura disponible en el elemento en el que se la dibuje. Lo que parece una ventaja, se convierte en un inconveniente.

La amplitud automática de las tablas es una gran idea mientras se escriben páginas web que se verán en terminales de sobremesa, aprovechando los 955 píxeles de anchura óptima para cualquier dispositivo —los diseñadores suelen usar 960 o 980 para evitar restos matemáticos de píxeles con los que algunos no saben qué hacer cuando dividen el espacio en columnas—. Pero cuando se ha optado por un diseño adaptable a la pantalla del dispositivo, las tablas se convierten en algo ilegible o su apariencia se destroza.

La programación de una tableta o teléfono se convierte en una manga pastelera. Una tabla ancha es presionada hasta que pase por un espacio muy estrecho. Y pasa, pero crece en vertical. Si lo que se presiona es una tabla, se convierte en ilegible.

Cuanto más ancha y compleja, con distintos niveles de cabeceras y con celdas combinadas, peor.

El contenido de las tablas, además, se escribe en el código HTML de izquierda a derecha y de arriba abajo, como cualquier otra programación web. Primero se escribe la hilera de la cabecera de las columnas. Luego, la primera fila; después, la segunda; y así consecutivamente.

Como es lógico, a medida que se añaden filas, en una lectura normal del código se pierde la referencia de la columna a la que cada celda aporta valor. En la misma hilera, a medida que se aleja de la primera celda que actúa de cabecera, se va perdiendo la referencia.

Poniéndonos en el pellejo de un usuario con dificultades de accesibilidad, cuyos navegadores leen el código fuente como si fuera un documento de texto —eliminando imágenes, vídeos, estilos visuales, aplicaciones de JavaScript y cualquier otro formato inadecuado—, nos daremos cuenta de que le resulta imposible entender los datos. Para este usuario hay unas cabeceras sueltas y una retahíla de datos cuya asignación le resulta imposible.

Una máquina, ya sea un simple buscador interno o cualquier otro dispositivo semántico, tienen el mismo problema. El buscador interno interpreta las celdas como simple contenido desligado de todo su entorno y trata de localizar heurísticamente la coincidencia plena entre el criterio de búsqueda y la secuencia tipográfica de su interior. La máquina semántica, además, es incapaz de valorar qué dato corresponde a qué fila o columna.

Programar bien una tabla con HTML5

Vistos sus problemas, la solución de las tablas es programarlas de forma accesible y pensando en el dispositivo en el que se verán.

La primera parte de la afirmación es complicada pero factible. Basta con utilizar los elementos propios de la tabla para que cumplan su justa función y emplear los atributos que establecen las relaciones entre columnas, hileras y celdas.

La segunda, en cambio, es una cuestión de criterios de programación del sitio web que, posiblemente, escapan a nuestras competencias como periodistas.

Yo particularmente creo que el *responsive design* [MARCOTTE] no aporta nada a la experiencia de usuario, más bien al contrario. El visitante pierde la capacidad de operar con la interfaz de su navegador en la tableta o el teléfono. Además encarece (casi dobla) los presupuestos de desarrollo y existen en el mercado alternativas para acceder de forma más cómoda a los contenidos (como Flipboard,[46] por ejemplo). Soy partidario del *adaptive content* (contenido que se adapta al tipo de

---

46 Flipboard es un agregador personal de contenidos para dispositivos móviles. Su característica principal es que consigue que el contenido fundamental de una página web —programado así, por supuesto— se convierte en una página de revista o libro de fácil lectura en el dispositivo móvil. Existen otras *apps* que imitan Flipboard: Pulse, Zite, etcétera.

dispositivo).[47] Creo que el usuario de una tableta o teléfono móvil, necesita un tipo de información distinta de la que buscará cuando utiliza un dispositivo de sobremesa, y es labor de los creadores de contenidos discriminar su uso.

Por lo tanto, para decidir la escritura de una tabla, uno de los criterios que te debe guiar es el dispositivo en el que de forma principal se realizará su lectura. Tú decides.

Los elementos que caben en el elemento 'table'

Para crear una tabla la mayoría de los editores WYWISYG dispone —al menos como opción o complemento— de botones en el modo de edición visual que crean la tabla, añaden filas, columnas, combinan celdas, dibujan bordes… Es el modo rápido para crear una tabla dentro del cuerpo de texto. Sin embargo, no es suficiente.

Si la creas así, después pasa al modo de código fuente y modifica los elementos añadiendo los atributos necesarios para que la tabla sea semántica. Si te atreves, la alternativa es programarla a pelo desde el modo de código fuente del editor.

La programación de una tabla en lenguaje HTML es la escritura del elemento `table` y de cuantos elementos posibles caben dentro: leyenda de la tabla, cabeceras de columna y de hilera, cuerpo de la tabla, pie de la tabla y celdas. Estos elementos sólo tienen cabida dentro del elemento `table`:[48]

---

47 *Adaptive Content* es una técnica de estrategia de contenidos que consiste en la estructuración de las piezas informativas de modo que sea posible discriminar qué tipo de mensajes se construyen con ellas en función del dispositivo de acceso. Por ejemplo, para un teléfono móvil será conveniente retirar la descarga de archivos como hojas de cálculo o presentaciones, que el usuario no podrá ver. Pero también las tablas extensas o buena parte de las tiendas online (la compra en *smartphones* se realiza hoy de forma mayoritaria desde *apps*, no desde sitios web).
Se atribuye su primera conceptualización a la estratega Karen McGrane.
48 Los ejemplos en vivo de este apartado los encontrarás en http://d.pr/UrU1.

```
<table>
  <caption>Media de 'Oscars' ganados (1990-1992)
</caption>
  <colgroup>
    <col class="ancho_peque">
    <col class="ancho_mayor">
    <col class="ancho_mayor">
    <col class="ancho_peque">
    <col class="ancho_peque">
  </colgroup>
  <thead>
    <tr>
      <th id="edicion">Año</th>
      <th id="mejor_peli">Mejor pelicula</th>
      <th id="mejor_dire">Mejor director</th>
      <th id="duracion">Duración</th>
      <th id="premios">Estatuillas</th>
    </tr>
  </thead>
  <tbody>
    <tr>
      <th scope="row" id="fila_1"
headers="edicion"><time>1990</time></th>
      <td headers="fila_1 mejor_peli"><cite>Bailando
con lobos</cite></td>
      <td headers="fila_1 mejor_dire">Kevin Costner por
<cite>Bailando con lobos</cite></td>
      <td headers="fila_1 duracion">180 minutos</td>
      <td headers="fila_1 premios" id="estatuas_1">7
      </td>
    </tr>
    <tr>
      <th scope="row" id="fila_2"
headers="edicion"><time>1991</time></th>
      <td headers="fila_2 mejor_peli"><cite>El silencio
de los corderos</cite></td>
```

```
        <td headers="fila_2 mejor_dire">Jonathan Demme
por <cite>El silencio de los corderos</cite></td>
        <td headers="fila_2 duracion">118 minutos</td>
        <td headers="fila_2 premios"  id="estatuas_2">5
        </td>
    </tr>
    <tr>
        <th scope="row" id="fila_3"
headers="edicion"><time>1992</time></th>
        <td headers="fila_3 mejor_peli"><cite>Sin perdón
        </cite></td>
        <td headers="fila_3 mejor_dire">Clint Eastwood
por <cite>Sin perdón</cite></td>
        <td headers="fila_3 duracion">130 minutos</td>
        <td headers="fila_3 premios" id="estatuas_3">4
        </td>
    </tr>
    </tbody>
    <tfoot>
    <tr>
        <th colspan="4" id="media">Media de estatuillas
        </td>
        <td headers="media premios"><output
for="estatuas_1 estatuas_2 estatuas_3">5,3</output></td>
    </tr>
    </tfoot>
</table>
```

Revisemos los elementos en el ejemplo a medida que van apareciendo en la lectura del código.

La leyenda de la tabla se escribe en el elemento `caption`. Tiene categoría de elemento de titulación, como un *header* (`h1`, `h2`...), por lo tanto es indispensable. Debe, lógicamente, ser breve y explicativo.

Este elemento tiene un par de particularidades. Por una parte, puede escribirse antes o después de la estructura interna de la tabla, para mostrar el titular por encima o por debajo. Por otra, su jerarquía en el lenguaje HTML5 es similar a un elemento de titular (`h1`, `h2`...). Eso significa que es indispensable y que puede entrar en colisión con otros elementos de rango similar. Por lo tanto, cuando se escribe la tabla dentro de `figure`, hay que escoger entre este elemento de titulación (`caption`) o el titular propio de `figure` (`figcaption`), puesto que ambos cumplen la misma función semántica y con el mismo nivel jerárquico para el contenido.

Es decir, aquello que se transmite es la leyenda que resume el contenido de la tabla.

Tras la leyenda vemos un elemento `colgroup` del que cuelgan elementos `col`. Traduciéndolo: un grupo de columnas y la cantidad de columnas que forman la retícula de la tabla. Cada elemento `col` define e identifica una columna de la estructura. Eso no quiere decir que las celdas ocupen necesariamente una columna —aunque es recomendable que al menos una sí se ajuste a la anchura del ascendente que le corresponda—.

La utilidad principal de `colgrup` y `col` es la fijación del número de columnas de la retícula y de la anchura de cada columna mediante estilos CSS. En este caso, observa que he creado un par de estilos distintos. Unas columnas tendrán una anchura considerable (`ancho_mayor`) para albergar los textos y otras (`ancho_peque`), el espacio justo para escribir los números. Mediante estilos se podrá colorear las columnas llamándolas por la clase de cada `col`. El diseñador podrá alinear textos, cambiar tipografías..., lo que quiera.

El elemento `colgroup` no se ve en pantalla, pero ayuda a que no se descoloquen los contenidos de nuestra tabla.

Llegamos a la parte dispositiva de la programación de la columna. Observa que el código fuente que he escrito se divide en tres partes: la hilera de cabecera (`thead`), las hileras con el cuerpo de la tabla (`tbody`) y la hilera con el pie de la tabla (`tfoot`).

Todas las tablas tienen `tbody`, porque alberga los valores para las variables de las ordenadas y las abcisas. La mayoría de las veces las tablas también tienen `thead`, que es donde se plantean las variables de las

columnas. Y muy de vez en cuando las tablas tienen `tfoot`, que sirve
como resumen o cálculo de los datos presentados.

Cada uno de estos tres elementos se divide en una o más hileras de
celdas. Cada fila es un elemento hilera (`tr`) y contiene celdas. Un elemento `thead` complejo puede tener un par de líneas (o más):

```
<table>
  <caption>Cabecera de tabla a dos líneas</caption>
  <colgroup>
    <col class="ancha">
    <col class="ancha">
    <col class="ancha">
    <col class="ancha">
  </colgroup>
  <thead>
    <tr>
      <th rowspan="2" id="edicion">Año</th>
      <th rowspan="2" id="peli">Película</th>
      <th colspan="2">Mejor director</th>
    </tr>
    <tr>
      <th id="mejor_director_hombre">Hombre</th>
      <th id="mejor_director_mujer">Mujer</th>
    </tr>
  </thead>
  <tbody>
    [...]
  </tbody>
</table>
```

Este ejemplo muestra una cabecera de dos líneas en una retícula de
cuatro columnas. La primera línea escribe "Año", "Película" y en una
columna doble "Mejor director". Las celdas "Año" y "Película" se extienden a la columna inferior mediante el atributo `rowspan` y la cantidad de
filas por las que se extienden (2).

La celda "Mejor director" ocupa doble anchura mediante el atributo `colspan` y la cantidad de columnas por las que se extiende (2). Por debajo de esta celda doble se mostrarán dos celdas individuales: "Hombre" y "Mujer", que serán las que determinarán la organización de los valores de la tabla.

En la segunda hilera no es necesario escribir las celdas cuyo espacio ha sido invadido por las superiores, de la misma forma que en la hilera superior no es necesario escribir la celda aledaña que ocupa "Mejor director".

Los atributos `rowspan` y `colspan` se pueden usar en cualquier celda. Recuerda contar las celdas de cada hilera añadiendo el valor de estos atributos para que no se desmadre la tabla. Si sumas, en la primera hilera, las columnas "Año" (1) y "Película" (1) más el `colspan` de "Mejor director" (2), son 4 columnas. Igual que en la retícula.

Puedes hacer lo mismo en la segunda hilera: "Hombre" (1), "Mujer" (1), la parte correspondiente del `rowspan` de "Año" (1) y la parte correspondiente del `rowspan` de "Película" (1). Total: 4.

La estructura del `thead` define las cabeceras de las columnas, que es lo mismo que decir que define las variables del eje de abcisas correspondiente a los valores de cada celda del cuerpo de la tabla. La definición se produce en dos planos simultáneos: como estructura semántica del lenguaje HTML5 y como individualización de cada celda que define el contenido de la columna.

Las celdas de cabecera son elementos `th` que transmiten semánticamente el contenido como una variable, no como un valor asignado a la variable. Una variable es "año" y sus valores pueden ser "1990", "1991", etcétera. En el cuerpo (`tbody`) también se pueden utilizar celdas `th`, que sirven para identificar el eje de las ordenadas, generalmente al inicio de cada hilera. Éstas se identifican con un atributo `scope` con valor `row`, indicando que afectan únicamente a esa fila.

La individualización de cada celda `th` se realiza mediante un atributo de identificación que debe ser único en toda la página. Este atributo es el que se empleará en cada celda para ubicar el valor en relación con la cabecera, como veremos más adelante.

El `tbody` es el cuerpo de la tabla donde, opcionalmente, puede haber una columna (o más) que sean celdas de cabecera (`th`) en el eje de las ordenadas.

El resto de celdas son elementos `td`, donde se escriben los valores. La dificultad de escritura de una celda es su vinculación con las columnas o filas.

Recuerda que la escritura es de izquierda a derecha y de arriba abajo, de manera que el contenido de la última celda de una retícula de 10 filas y 10 columnas estará a centenares de caracteres del título de la columna y del título de la fila para establecer una relación.

La solución semántica es el uso del atributo `headers` donde se llaman por su `id` las filas y las columnas a las que hace relación la celda.

Vuelve al primer ejemplo. En la celda con el contenido "Jonathan Demme por <cite>El silencio de los corderos</cite>" el atributo `headers` tiene como valores `fila_2` y `mejor_dire`. Las máquinas y los navegadores especiales para accesibilidad interpretan que el contenido de la celda es el único valor posible para la intersección de las variables `fila_2` y `mejor_dire`.

O lo que es lo mismo: "Johathan Demme por <cite>El silencio de los corderos</cite> es la única respuesta a la cuestión "Mejor director" para "1991".

Ya podemos gritar ¡Eureka!

La forma de escribir un `tfoot` es idéntica al `tbody`. El uso del elemento `tfoot`, además de indicar que es un resumen o total de la tabla, permite llamar a los elementos interiores de forma individualizada para modificar su apariencia con estilos CSS: separar la fila con filetes, colores de fondo, tipografías, textos centrados...

En el primer ejemplo, el `tfoot` está formado por una celda de cabecera (`th`) de la hilera que se extiende por cuatro columnas en la que ubicamos la variable que se define en la celda de resultado (`td`). La forma de establecer las referencias entre ordenadas y abcisas es idéntica al resto de la tabla, usando el atributo `headers`. Como se trata de un cálculo —aunque no realizado por la página— he optado por usar un elemento `output` [49] en el que, dentro del atributo `for` hago referencia a los `id` que he creado para los datos que tomaré en la media aritmética.

`output` dice que para las celdas identificadas como `estatuas_1` (valor numérico: 7), `estatuas_2` (valor: 5) y `estatuas_4` (valor: 4), el dato que corresponde es "5,3". Todo, sin necesidad de expresar el tipo de operación matemática o estadística realizada.

Dentro de las celdas de valores

Las celdas `td`, que constituyen el valor atribuible a las variables en columnas y filas, son un cajón de sastre en el que caben casi todos los elementos de escritura HTML5. Dentro podemos escribir fragmentos de textos resaltados (`b`, `i`, `strong`, `em`, `mark`), abreviaturas, superíndices, subíndices, listas, imágenes, elementos de formulario, snippets, etcétera.

Pero algunos de los elementos que caben podrían ser considerados errores de programación por parte de las máquinas y, por lo tanto, deberían obviarse. Es el caso de `table`, `ul`, `ol`, `dl` o `dfn`. Incluso `p`, dentro de un `td`, se considera cibernéticamente poco apropiado.

Una tabla dentro de una celda es un antiguo truco de diseñador que resulta totalmente obsoleto —aún hay quien lo usa y no recibe las collejas oportunas—. Si se requiere para mostrar contenido, la celda debería multiplicarse en más celdas, complicando la estructura de la cabecera de las tablas.

Las listas en el interior de la celda, por su parte, indican que la tabla no ha sido bien programada. Lógicamente cada ítem de la lista debería responder a una celda de la tabla, lo que llevaría a ampliar el número de hileras.

Las definiciones `dfn`, como concepto único a albergar en una tabla, tampoco son adecuadas. El elemento definición engloba una variable

---

49 `output` es uno de los elementos en la cuerda floja del estándar definitivo de HTML5. Creo que al final se quedará entre nosotros. Pero ten en cuenta que las grandes industrias de Internet no lo ven con buenos ojos y lo podrían sacrificar.

que se explicará en el texto siguiente, anterior dentro del mismo párrafo u oración, y en el párrafo o párrafos siguientes si se ubica en un titular. Pero también se explicará en una celda `td` si se escribe `dfn` en una celda de cabecera `th`. Por lo tanto, nunca se escribirá `dfn` como contenido completo en el interior de una celda `td`, puesto que en ella no se establece la variable.

No obstante, si dentro de la celda consta la variable `dfn` y su valor, sí cabe:

```
<td>Un <dfn>Oscar honorífico</dfn> es un premio que
otorga la industria del cine a toda su carrera</td>
```

Me detengo en este ejemplo: la celda actúa como un párrafo dentro de la programación de la página. Por lo tanto, no hay que usar el elemento `p` dentro de las celdas porque resultaría redundante y confuso. Si se necesita un salto de línea, lo más adecuado es usar el elemento `br`.

Un espacio para las tablas

La ubicación de una tabla dentro de una página web depende de la importancia y relación de aquellos datos que incluya con respecto a la temática y discurso del cuerpo principal del artículo. Este factor de necesidad imperiosa para explicar un argumento es el que te permitirá decidir si la escribes dentro del cuerpo de texto o en una pieza aparte.

Por ejemplo, imagina que repasamos los datos electorales en una circunscripción y no realizamos ninguna valoración política de los mismos. Simplemente, porque es la noche electoral, hacemos un recuento de quién sube, quién baja, qué asignación de escaños corresponden a cada formación, detectamos variaciones en la abstención, etcétera. Pero no hacemos una valoración política de los datos. Prescindimos, porque el momento informativo no nos permite hacerlo con la profundidad debida. Nada de elucubraciones sobre candidatos que caen, posibles coaliciones, distribución de los cargos públicos o políticas que pasarán al primer plano de la agenda ciudadana. Simplemente valoramos matemáticamente los comicios. En ese caso, podemos incluir la tabla dentro del cuerpo de texto, entre párrafos.

```
<p>[...]</p>
<p>¡Mira, tú, cómo están las cosas!</p>
<table>[...]</table>
<p>Seguimos comentando la aritmética electoral...</p>
```

Usemos la misma tabla en una información más reposada sobre lo que ha sido la jornada electoral. Ahora ya tenemos valoraciones de los datos por parte de los líderes políticos. El que ha perdido, ha felicitado al ganador, legitimando el proceso democrático. Empieza el juego de coaliciones y la negociación política, en la que el dato sólo es una ilustración detallada, como una fotografía, del escenario que se abre.

La tabla no es imprescindible, porque su esencia es conocida. Su relación con el texto es estrecha, pero no vital. Una frase del tipo "Entre el partido A y el partido B suman mayoría absoluta y conseguirán la presidencia en la primera vuelta" tiene suficiente entidad como para no depender de una tabla, salvo como curiosidad. Por lo tanto, esta tabla se escribirá en un elemento `figure`, dentro del elemento `article`. Al igual que se hace con las fotografías o los vídeos.

Recuerda que cuando la tabla se escribe en un `figure`, hay que escoger entre un elemento `caption` o `figcaption` para titular la pieza. Tienen un valor semántico idéntico y son incompatibles.

```
<p>[...]</p>
<p>¡Mira, tú, cómo están las cosas!</p>
<figure>
  <figcaption>Título de la tabla</figcaption>
  <table>
    <thead>[...]</thead>
    <tbody>[...]</tbody>
  </table>
```

▶

```
►
</figure>
<p>Seguimos comentando la aritmética electoral…</p>
```

Alternativas a las tablas

Lo malo de las tablas es su escasa flexibilidad como pieza de programación HTML y la escasa entidad de la relación entre los datos que se cruzan, como hemos visto.

Las tablas son un mazacote dentro de cualquier página web. Por pequeñas que sean.

Si la tabla es grande y compleja, convendría reproducirla como imagen y enlazarla como PDF o, aún mejor, hoja de cálculo. Si lo haces así, ganarás en accesibilidad. El riesgo es que tu hoja de cálculo circule por Internet modificada y que esa falsedad se te atribuya a ti o al sitio web en el que trabajas. Que hay gente con muy mala idea.

Si no tiene demasiada complejidad, con distintos niveles de cabeceras tanto en ordenadas como abcisas, ten presente que una tabla siempre se puede reducir a muchas pequeñas piezas binómicas: variable y valor. Una vez las has reducido a dos elementos, siempre se pueden escribir en una lista de definiciones, que aportará toda la flexibilidad que se le requiere a los datos.

Por ejemplo, la tabla del primer ejemplo sobre los Oscar, se puede dividir en distintas listas, una por año:

```
<h1>Título de la pieza informativa</h1>
<p>Texto de presentación de las listas, en el que se
explica el método de captación de los datos y su
finalidad: ergo, obtener una media de estatuillas cuando
coincide el mejor director y la mejor peli.</p>
<h2>Año <time>1990</time></h2>
<dl>
   <dt>Mejor película</dt>
                                                        ►
```

```
    <dd><cite>Bailando con lobos</cite></dd>
    <dt>Mejor director</dt>
    <dd>Kevin Costner</dd>
    <dt>Duración</dt>
    <dd>180 minutos</dd>
    <dt>Estatuillas</dt>
    <dd>7</dd>
</dl>
<h2>Año <time>1991</time></h2>
<dl>
    <dt>Mejor película</dt>
    <dd><cite>El silencio de los corderos</cite></dd>
    <dt>Mejor director</dt>
    <dd>Jonathan Demme</dd>
    <dt>Duración</dt>
    <dd>118 minutos</dd>
    <dt>Estatuillas</dt>
    <dd>5</dd>
</dl>
<h2>Año <time>1992</time></h2>
<dl>
    <dt>Mejor película</dt>
    <dd><cite>Sin perdón</cite></dd>
    <dt>Mejor director</dt>
    <dd>Clint Eastwood</dd>
    <dt>Duración</dt>
    <dd>130 minutos</dd>
    <dt>Estatuillas</dt>
    <dd>4</dd>
</dl>
<p>La media de estatuillas obtenida en los tres años
en los que el mejor director coincidió con la mejor
película fue de 5,3</p>
```

Cuanto más larga sea la serie de datos, más listas habrá que escribir.

Si mantienes una estructura visual idéntica, con las variables de cada lista en la misma posición, facilitarás mucho la lectura y la localización rápida de los valores. Tanto como una tabla.

También podrás prescindir de datos o agruparlos, si te resulta más cómodo. La duración del filme puede escribirse entre paréntesis junto al título de la película o, directamente, prescindir de él. Su presencia se debe a que la tabla real que he utilizado para el ejemplo incluía este dato. También el número de estatuillas se puede pasar al elemento de titular, reduciendo el tamaño de la lista:

```
<h2>Año <time>1990</time>: 7 estatuillas</h2>
```

Y, rizando el rizo, podemos embeber las listas de definición en listas no ordenadas:

```
<ul>
  <li>Año <time>1990</time>: 7 estatuillas
    <dl>
      <dt>Mejor película</dt>
      <dd><cite>Bailando con lobos</cite> (180
minutos)</dd>
      <dt>Mejor director</dt>
      <dd>Kevin Costner</dd>
    </dl>
  </li>
  <li>Año <time>1991</time>: 5 estatuillas
    <dl>
      <dt>Mejor película</dt>
      <dd><cite>El silencio de los corderos</cite> (118
minutos)</dd>
      <dt>Mejor director</dt>
      <dd>Jonathan Demme</dd>
    </dl>
```

▶

```
  </li>
  <li>Año <time>1992</time>: 4 estatuillas
    <dl>
      <dt>Mejor película</dt>
      <dd><cite>Sin perdón</cite> (130 minutos)</dd>
      <dt>Mejor director</dt>
      <dd>Clint Eastwood</dd>
    </dl>
  </li>
</ul>
```

La segunda versión es más compacta. La primera aporta el plus de contenido semántico en los titulares de segundo nivel.

La forma de escribir los datos así es más sencilla. Funcionará bien con cualquier dispositivo. Siempre se entregarán los datos en el cuerpo de texto, porque forman parte del flujo del discurso comunicativo. Siempre serán accesibles. Y acabarás antes. Que tu tiempo es oro.

Vídeo, audio
y otros artefactos extraños

Habrás leído por ahí que una de las características más atractivas de HTML5 es la reproducción directa de archivos de vídeo y audio, que el usuario abre espectacularmente a toda pantalla y sin necesidad de plugins o aplicaciones externas para verlos. Y es verdad.

Pero también es cierto que cada fabricante de navegador usa un formato distinto de vídeo, por lo que —de momento— tendrás que preparar al menos un par de versiones de cada archivo. Eso o tener un buen proveedor externo de soporte de vídeo que facilite el mejor formato para cada sistema operativo y versión del navegador que utilice tu visitante, como Vimeo y Youtube. Y, en ese caso, pedirle al programador que inserte de la mejor forma posible —que nunca es semánticamente decente— el vídeo en tu página web.

A los titanes les dio por luchar, para duplicar tu trabajo

Al principio, cada fabricante de navegador web apostó por un formato distinto de vídeo y audio. La pelea se entabló entre Apple, Google, Mozilla y Microsoft. Y, como siempre, adujeron razones de beneficio para el usuario, cuando su objetivo era dominar el mercado, especialmente el de dispositivos móviles.

Apple, a la vanguardia de los chismes móviles, quiso imponer los formatos de vídeo MP4 y de sonido AAC, cuya tecnología dominaba mediante su software QuickTime, y que ofrecen la máxima compresión y calidad. Es decir, la descarga de un vídeo en un teléfono móvil es más rápida y barata y con la máxima calidad. Pero se tropezó con la oposición de Google, para quien esos formatos no eran de uso libre y obligaban al pago de *royalties*. A cambio, proponía el formato de dominio público OGG para vídeo y audio, cuya compresión y calidad son más que aceptables, y que se han desarrollado en el entorno Linux con éxito.

A la juerga de los formatos se sumó WebM, un formato libre que encapsula archivos Vorbis dentro paquetes Matroska y que, cómo no, es incompatible con los demás.

Hoy, en el momento de escribir estas líneas, han resistido y se mantienen como estándares dos formatos de vídeo (MP4 y WebM) y tres formatos de audio (AAC, MP3 y OGG). Pero cada uno sólo es interpretado por un navegador distinto.

Es decir, puedes utilizar un MP4 para todos los navegadores, a excepción de Firefox y Opera, que usan WebM. Y puedes utilizar un AAC o un MP3 como audio para todos los navegadores, a excepción de Firefox y Opera, que prefieren un OGG.

O lo que es lo mismo. Si quieres que tu vídeo se vea en todos los dispositivos y navegadores deberás tener dos versiones: un MP4 para la mayoría y un WebM para Firefox y Opera. Y otro tanto con el audio.

No existe la posibilidad de vislumbrar quién, a la larga, ganará esta guerra. Deberías estar atento a sitios web especializados para conocer qué formato tienes que utilizar en cada momento. Mi sugerencia es la visita regular de LongTailVideo [LongTail], que suele estar muy al día sobre la compatibilidad de las distintas versiones de los navegadores y la capacidad de interpretación de sus atributos en HTML5.

De momento, esto es lo que hay.

Cada vez que quieras mostrar un vídeo en tus páginas, deberás usar un software que permita crear dos archivos en ambos formatos, sacrificando la agilidad en la creación de tu contenido, en la programación de tu página web, ocupando el doble de espacio en el servidor, etcétera. Un problema, vamos.

Cómo insertar un vídeo propio en la página

La escritura del código fuente para insertar un vídeo o un reproductor de audio en la página es muy sencilla y, prácticamente, utiliza el mismo sistema para ambos formatos. Pero ten en cuenta que no existe ningún botón en los editores de contenido WYSIWYG para automatizar la tarea, y tendrás que entrar en la vista de código fuente y escribirlo a mano.

Este capítulo se centra en vídeos propios que se albergan en el servidor propio. Para aprender a insertar archivos multimedia desde servidores de vídeo y audio y otros elementos externos, tienes el capítulo *Chupar cosas externas: vídeos, mapas...*

Un vídeo se define por el elemento video, que puede englobar elementos fuente (source), llamando a cada archivo de vídeo, y elementos track, que sirven para cargar subtítulos, rótulos de los capítulos, etcétera.

Pero, atención, si sólo tienes un archivo, es posible cargar la fuente directamente en el elemento principal video. Eso sí, sólo se verá en los navegadores compatibles con ese formato:[50]

```
<video src="documento.mp4"
  type="video/mp4" width="640" height="427" controls>
</video>
```

En el ejemplo el vídeo se carga dentro del atributo fuente (src). En cambio, cuando tienes ambos formatos del mismo vídeo —por ahora lo

---

50 Algunos ejemplos de este capítulo se pueden contemplar en vivo en http://d.pr/jx6J.

más frecuente y conveniente—, las direcciones de los vídeos se escriben
en elementos fuente (source) que ha embebido el elemento video:

```
<video width="586" height="480" controls autoplay>
  <source src="documento.mp4" type="video/mp4">
  <source src="documento.webm" type="video/webm">
</video>
```

El navegador detectará el formato que puede reproducir y lo cargará
y reproducirá, ignorando el otro.

Como ves, cada dirección de un formato de vídeo se acompaña de
un atributo type [51] en el que se indica el código MIME apropiado para
que el navegador reconozca con facilidad el tipo de archivo que tiene
que reproducir. El atributo type se puede completar con el códec —la
biblioteca de descompresión de audio y vídeo— más apropiado:

```
<video>
  <source src="documento.mp4"
  type="video/mp4, codecs="avc1.42E01E, mp4a.40.2"">
</video>
```

Si haces una prueba sin escribir los códecs en el atributo type y
funciona correctamente, no te preocupes más. Un error en el MIME

---

51 Además de pelearse por los formatos, la industria de Internet ha decidido trasladar
   al lenguaje HTML5, y concretamente al atributo type, los sistemas de protección
   de derechos DRM. Probablemente se complete con una llamada a una clave que permita
   descifrar los archivos de vídeo. Atención a este atributo, que cobrará mucha importancia
   en el futuro.

o el códec puede arruinar la reproducción para tus usuarios. Es mejor obviar el dato si no se tiene muy claro.

Las dimensiones de la mancha del vídeo

El elemento `video` es un recuadro en la página web. A efectos visuales, produce una mancha en la impoluta página con uno de los fotogramas inmovilizados.

Es como insertar una fotografía, pero no lo podremos manipular del mismo modo. Recortando, ocultando, estirando... El vídeo es un bloque y si no se acierta con sus dimensiones puede extenderse sobre los elementos aledaños, destrozando la elegante apariencia de tu página.

Si conoces las dimensiones del espacio que ocupará el vídeo en la página, cuando obtengas la versión en cada formato HTML5 (MP4 o WebM) conviértelo ajustándolo a la anchura disponible. La altura es una simple regla de tres. Sin embargo, si no tienes la oportunidad de adaptar la anchura del vídeo a tu espacio, tendrás que indicar la anchura y altura de su mancha en pantalla para que no quede ridículo si es muy pequeño o se extienda sobre el resto de los elementos de la página si es muy grande.

Hay dos procedimientos para hacerlo: fijar las dimensiones en los atributos del elemento o, la mejor, incluir un atributo `poster`.

Los ejemplos precedentes utilizan el primer método. En el elemento `video` se escriben los atributos `width` y `height` (anchura y altura, respectivamente) en píxeles. El vídeo se ajustará en pantalla a estas medidas.

Los atributos prevalecen sobre las dimensiones que se hayan fijado mediante hojas de estilos.[52]

Las dimensiones deben ajustarse exactamente a la proporción del vídeo: 3:4, 16:9, etcétera. Para ello, haz un cálculo matemático con una simple regla de tres. Compruébalo, si es posible, con todas las versiones

---

52 La jerarquía de estilos, por orden de prioridad en su aplicación: atributo `style` en los elementos, ID de los elementos y clases CSS de los elementos. No lo olvides.

de navegadores que tengas a mano. No sería extraño que alguno sólo tomara en consideración la anchura, con efectos estrafalarios de estiramiento de la imagen si no reconoce el valor altura.

El segundo método consiste en convertir la mancha del vídeo en una imagen real. Para ello se crea un atributo poster en el elemento video y se enlaza con una imagen recortada a las dimensiones exactas que necesita la página. La URL de la imagen debe ser, preferiblemente, absoluta:

```
<video
    poster="http://www.dominio.com/pantallazo.jpg"
    controls>
        <source src="video.mp4" type="video/mp4">
        <source src="video.webm" type="video/webm">
</video>
```

En posición de espera, mientras no se reproduce el vídeo, se muestra en pantalla la imagen que has elegido como poster. Evidentemente, debe ser lo suficientemente representativa del contenido. O suficientemente atractiva para que el usuario quiera hacer clic para reproducirlo.

Podrás obtener un fotograma del vídeo con relativa facilidad desde cualquier reproductor de sistema operativo. Después recórtalo a las dimensiones del espacio en pantalla, respetando las proporciones del vídeo.

Cuando enlazas esa imagen desde el atributo poster, el elemento video toma sus dimensiones, expandiéndose o reduciéndose al espacio disponible. Controlas el acabado y te ahorras indicar la anchura o altura.

Otra ventaja es que, en posición de descanso y antes de reproducir, siempre se mostrará la imagen que hayas escogido y no el primer fotograma del vídeo, que podría ser una simple pantalla en negro si es que comienza con un fundido.

No debe preocuparte que el vídeo resulte pequeño en pantalla. No obstante, el tamaño mínimo debería ser el que permita activar los controles con los dedos desde la pantalla de un dispositivo móvil. Recuerda que los navegadores HTML5 pueden ampliar el vídeo a toda pantalla con altísima calidad y sin perder de fondo tu página. Es la mejor experiencia posible de acceso al contenido audiovisual.

El reproductor de audio

Como video, el elemento audio también permite la carga directa de la fuente con el atributo src o la carga de fuentes alternativas, para que el navegador detecte cuál es el que puede reproducir. En el primer caso:

```
<audio src="sonido.mp3" type="audio/mp3" controls>
</audio>
```

En el segundo caso:

```
<audio controls>
    <source src="sonido.mp3" type="audio/mp3">
    <source src="sonido.ogg" type="audio/ogg">
</audio>
```

Cada navegador y sistema operativo colocarán un documento sonoro en la página. Pero será imposible interactuar con él si no escribes el atributo controls, dando el mando a tus usuarios. Evidentemente puedes ser cruel y dejar que se reproduzca sin posibilidad de detenerlo al cargar la página. Incluso despiadado, haciendo que suene una y otra vez hasta el infinito y sin posibilidad de bajar el volumen. Pero, sinceramente, no te lo recomiendo.

La mancha que genera el controlador de audio depende del sistema operativo. Suele ser suficientemente discreta y obvia para que no sea necesario retocarlo con estilos que alteren el núcleo del navegador.

El control de reproducción

Tanto el elemento video como el elemento audio disponen de un atributo común (controls) que sirve para que el lector decida y ejecute la reproducción del contenido multimedia, rebobinando, avanzando, deteniendo… La singularidad de este atributo es su carácter *booleano*. Es decir, que si existe es que sí y si no existe es que no se aplica.

```
<video src="video.mp4" controls></video>
```

Evidentemente, el uso de `controls` en el ejemplo es la forma más sencilla, breve y fácil de recordar. La necesidad de explicitar que se mostrarán los controles en el código fuente se debe a que, por defecto, los navegadores no lo muestran.

Te preguntarás con toda lógica: ¿por qué existe entonces la posibilidad de escribir `controls="false"`? Pues porque es posible que en una misma página se hayan incluido varios vídeos y que el programador y el diseñador hubieran decidido que en todos los casos se mostrarán los controladores. La página tendría una instrucción de JavaScript llamando a la API de HTML5 para que obligase a todos los vídeos a mostrar su botonera y para ahorrarse tener que escribir repetidamente la misma instrucción.

Pero si tú, llevando la contraria, deseas que uno de los vídeos no muestre el controlador, basta con que escribas en el elemento `video` el atributo `controls="0"` para establecer la excepción. Simple.

El atributo `controls` pone la ejecución en manos del usuario y agranda la altura del vídeo al añadir una barra con botones. Pero tú también puedes decidir cómo se reproduce el audio o el vídeo usando estos otros atributos *booleanos* en el elemento:

- `autoplay`: El vídeo o el sonido empiezan a reproducirse al cargarse la página. Mi recomendación es que no lo uses nunca. Piensa en el pobre novato en sus días de prueba en su nueva empresa, que está cohibidito en medio de un despacho diáfano y que, por casualidad, tropieza con tu página y los altavoces de su ordenador empiezan a difundir a todo volumen contenido que no resulta apropiado para el lugar y momento… Deja esas cosas para los diseñadores y publicistas. No le compliques la vida a la gente.

- `loop`: El vídeo o el sonido vuelven a reproducirse, continuamente, cuando han llegado al final. Si el vídeo tiene contenido "serio", no lo hagas. Piensa en los demás.
- `muted`: El vídeo se reproduce sin sonido. Si lo vas a usar —hay decenas de situaciones que lo recomiendan—, no olvides activar `controls` para que el usuario pueda escucharlo cuando desee.

```
<video autoplay loop muted controls>
    <source src="video.mp4" type="video/mp4">
    <source src="video.webm" type="video/webm">
</video>
```

En este ejemplo el vídeo con el formato adecuado empezaría a reproducirse al cargar la página, sin sonido y con la barra de botones de control por debajo. Y cuando acabara, volvería a empezar automáticamente.

Hay un último atributo de control que debes conocer para obtener el mejor rendimiento de la página: `preload`. Éste no es *booleano,* pero por defecto está activado por todos los navegadores en modo automático (`auto`).

`preload` se utiliza para que el vídeo o el sonido, que suelen ser archivos de gran tamaño y necesitan mucho tiempo de descarga, empiecen a almacenarse en la caché del navegador al crear la página. De forma transparente para el usuario, mientras puede ir leyendo los textos o ver las imágenes, el vídeo se está descargando en su dispositivo, pero no se reproduce.

Las tres opciones de `preload` son:
- `none`: Se desactiva. Úsalo sólo si el vídeo tiene un tamaño muy reducido (no más de 1MB), si el vídeo no es esencial para comprender el contenido y das por supuesto que pocos usuarios lo activarán o si hay vídeos más interesantes en la página.
  Si hay más vídeos en la página, desactiva la carga de todos excepto la del más importante y la del que esté más a mano del lector.

- `metadata`: Cuando se crea la página el navegador busca el vídeo y accede a su cabecera de programación, obteniendo los datos necesarios: dimensiones, duración, formato, códec, título, imagen del primer fotograma... Se obliga al navegador a establecer un vínculo con la URL del vídeo, manteniéndolo alerta para cuando el usuario quiera reproducirlo.

  En el caso de que la página contenga muchos vídeos, este valor para el atributo `preload` agiliza mucho la llamada del archivo, su carga e inicio de la reproducción.

- `auto`: Modo automático y por defecto de los navegadores. Mientras se construye la página y se visita, el navegador va descargando el vídeo para que esté listo para su reproducción sin demoras.

Cuando escojas el modo de carga en la página piensa en los dispositivos que utilicen tus visitantes y el tipo de conexión a Internet. Si navegan en WiFi, aunque utilicen dispositivos móviles, no les afecta demasiado una precarga de vídeos. Si navegan mediante un operador telefónico, sí. Aunque no deseen ver el vídeo, éste se estará cargando por defecto en sus dispositivos, consumiendo sus bonos de conexión. Y eso cuesta dinero.

El origen de la fuente de audio o vídeo

Todos los ejemplos de este capítulo, hasta este momento, utilizan URL relativas para enlazar con el vídeo o el fragmento de sonido. Eso significa que los archivos que se llaman están en el mismo dominio. Y esa es la situación ideal.

Pero no siempre se dará.

A veces, los vídeos o los fragmentos de audio se almacenan en subdominios o en otros dominios. Cuando así sucede el enlace debe ser absoluto y con el atributo `crossorigin` que facilita la conexión entre la URL de la página en un dominio, el navegador y la URL del archivo multimedia, en otro dominio:

```
<audio crossorigin controls>
  <source src="sonido.mp3" type="audio/mp3">
  <source src="sonido.ogg" type="audio/ogg">
</audio>
```

La experiencia de navegación y descarga será muy agradecida por los usuarios y por los buscadores y otras máquinas semánticas, que no perderán el tiempo en la discusión técnica entre servidores. Será un proceso de descarga ágil y de disposición fácil para la reproducción.

La mala noticia es que no todos los navegadores reconocen, por el momento, el atributo crossorigin. Aún así, tú no olvides escribirlo.

Sobreimpresión de subtítulos, capítulos y otros datos en el vídeo

HTML5 introduce el elemento track, que es embebido por el elemento video para mostrar distintos tipos de archivos de texto sobre la película y sincronizados con ésta. Sirve para capítulos del vídeo, subtítulos en otros idiomas, explicaciones detalladas de lo que se muestra, etcétera.

El objetivo de track es ofrecer unos textos sincronizados, y vinculados únicamente con el vídeo, que aporten contenido semántico sobre éste. De otra manera, un vídeo no deja de ser un mazacote que las máquinas no pueden interpretar y que sólo sirve como obstáculo a personas con alguna discapacidad.

Sin embargo, no hay constancia a día de hoy de que las máquinas sigan la ruta de este tipo de archivos de texto y accedan a su contenido. Todo se andará.

Es más. Hoy no existe una compatibilidad plena de los navegadores para el uso de track. Algunos necesitan ayuda de programación con JavaScript para mostrar los textos encima de los elementos video y audio. Y no parece que la cosa se solucione con rapidez.

La potencia de `track` utilizando su API con JavaScript posibilita que cada subtítulo, capítulo o lema obedezca a instrucciones JSON [53] obtenidas al vuelo. Podrás conectar los subtítulos de un reportaje a la temperatura que haga en cada momento en los lugares que se muestren. El rótulo de un videoclip con el título de la canción y la cantidad de votos que reciba online, etcétera. Pero —siempre hay un pero— no todos los navegadores asumen el estándar tecnológico y se comportan de la misma forma. Necesitarás ayuda y consejo de tu programador.

En resumen, `track` es una fuente de texto que se sincroniza con el vídeo y que se escribe tras las fuentes multimedia.

Puede haber tantos `track` como se necesiten. El visitante de la página podrá cargar el que se avenga a sus necesidades: el subtítulo en su idioma, la descripción del contenido, una sinopsis, la transcripción de una entrevista, etcétera.

```
<video width="586" height="480" controls>
  <source src="video.mp4" type="video/mp4">
  <source src="video.webm" type="video/webm">
  <track src="archivo_con_subtitulos.srt"
label="Subtitulos" kind="subtitles" srclang="es">
</video>
```

El ejemplo muestra un vídeo con dos formatos alternativos de archivo multimedia y una fuente de subtítulos en español. El elemento `track` llama a la fuente (`src`) donde se encuentra el archivo que deberá cargarse y sincronizarse con el vídeo. Hasta que no esté cargado de forma suficiente para responder sincrónicamente a la reproducción, no comenzará la sesión de vídeo.

---

53 JSON (JavaScript Object Notation) es un formato de presentación de contenidos estructurados que no obedece a una estructura XML. El formato es más sencillo y facilita su uso en programación Ajax.

Como fuente, `track` admite dos tipos de archivos.

SubRip Text (*.srt*) [SubRip] es el más frecuente para subtítulos. Consiste en una lista de intervalos de tiempo —hora, minuto, segundo y milisegundo— en los que empieza y termina de mostrarse una o más frases de texto. Cuando llega el momento de entrada, el reproductor muestra el texto en pantalla. Cuando se alcanza la hora de salida, retira el texto y se pone en espera para mostrar el siguiente.

WebVTT (*.vtt*) [W3C-5], el otro tipo de archivo, funciona de forma similar. La ventaja de éste es que admite algunas diferencias estilísticas. Por ejemplo, si transcribes una entrevista puedes asignar un color a las preguntas y otro a las respuestas. Jugar maliciosamente con los tamaños de la tipografía, manipular aquello que se dice con colorines, etcétera.

Tanto *.srt* como *.vtt* se escriben con herramientas especiales que facilitan la sincronización de los textos. Pero si lo que vas a mostrar es tan sencillo como una sinopsis breve del vídeo o los títulos de sus capítulos o apartados, lo puedes escribir a mano con un simple editor de texto plano. Encontrarás información sobre cómo hacerlo en los sitios web de ambos formatos.

Otros atributos de `track` son importantes. `kind` le indica al reproductor del sistema operativo qué tipo de información se va a transmitir desde el `track`, para que ajuste la forma y el espacio en pantalla en el que mostrará los textos. Los valores posibles de `kind` son:

- `subtitles`: Subtítulos que se superponen al vídeo.
- `captions`: Leyendas que identifican sonidos difícilmente perceptibles o bandas sonoras.
- `descriptions`: Explicación de los vídeos de poca calidad o cuyos detalles pueden escapar al visitante y que el reproductor de vídeo del sistema operativo muestra como audio sintético. El ordenador habla sobre el vídeo leyendo el texto.

  Si vas a usar este tipo de `track`, advierte al principio o al final del texto de que se trata de una voz sintética, para evitar confusiones.
- `chapters`: Capítulos del vídeo que facilitan su navegación. Se muestran superpuestos al vídeo. Sólo deberían utilizarse en caso de que el vídeo esté programado para navegar por capítulos, como un DVD.

- `metadata`: La fuente multimedia recibe instrucciones `metadata` desde el archivo `track`. Ésta no se muestra en pantalla ni se lee de forma artificial. Se utiliza sólo para programación avanzada del vídeo.

El atributo que resulta indispensable es `srclang`, usando como valor la identificación estándar del lenguaje en el que se ha escrito el `track`. En el ejemplo anterior, los subtítulos están escritos en español y el navegador se adaptaría automáticamente a este idioma.

El atributo `label` se emplea para identificar el `track`. Su texto se muestra superpuesto —si se mostrará el `track`— al vídeo. El valor de `label` es el que desees.

De un grupo de `track` se puede seleccionar el que al usuario le interese por el valor del `label` y el idioma de creación declarado.

Si hay varios elementos `track`, el que se cargará por defecto será el que incluya el atributo *booleano* `default`. No es necesario escribir ningún valor para éste.

También puedes obligar a la selección automática de un `track` mediante la alteración de la fuente de vídeo, añadiendo un anclaje interno:

```
<video width="586" height="480" controls autoplay>
  <source src="video.mp4#track=Español"
  type="video/mp4">
  <source src="video.webm#track=Español"
  type="video/webm">
  <track src="archivo_con_subtítulos1.srt"
  label="Español" kind="subtitles" srclang="es">
  <track src="archivo_con_subtítulos2.srt"
  label="Francés" kind="subtitles" srclang="fr">
</video>
```

El navegador dibujará un recuadro de 586 píxeles de ancho y algo más de 480 de alto en tu página web. 480 se corresponden a la altura del vídeo. Los píxeles de más, a la botonera de control de reproducción. Además de dibujarlo, seleccionará el formato de vídeo que sea capaz de reconocer y lo cargará. Y también buscará el archivo con los subtítulos en español, declarado en la fuente multimedia, y lo cargará. Cuando tenga suficiente información para sincronizar vídeo y subtítulos, comenzará la reproducción automáticamente.

Si tu programador ha previsto la posibilidad de distintos subtítulos, el usuario tendrá en algún lugar de la página un selector para pasar al francés. Así de simple.

Otras sincronías

Audio y vídeo utilizan el mismo reproductor y, prácticamente, los mismos atributos. De hecho, usan los mismos recursos del navegador y del sistema operativo. La única diferencia es que uno tiene imagen animada y el otro no.

Has visto cómo se puede sincronizar con relativa facilidad —es una cuestión de paciencia, sólo de eso—, un vídeo y uno o múltiples archivos que expliquen qué se está viendo en pantalla. Todo en un mismo elemento.

Pero, ¿qué hacer si los archivos están en elementos distintos? Por ejemplo, un vídeo del que no quieres que se escuchen las voces del cámara y un fondo musical que lo ilustre. Se trata de archivos distintos que se escriben de forma diferenciada en el código fuente de la página, pero que se pueden reproducir al unísono si tu programador te proporciona los medios.

```
<video width="586" height="480" controls muted
mediagroup="nombre_del_grupo_audiovisual">
    <source src="secuencia.mp4" type="video/mp4">
    <source src="secuencia.webm" type="video/webm">
</video>
<audio mediagroup="nombre_del_grupo_audiovisual">
    <source src="audio.mp3" type="audio/mp3">
    <source src="audio.ogg" type="audio/ogg">
</audio>
```

Tu programador debe haber fijado con JavaScript el nombre del atributo `mediagroup`, para que lo puedas utilizar. En el ejemplo anterior `nombre_del_grupo_audiovisual` será establecido mediante JavaScript con un par de líneas de programación en el encabezamiento de la página.

Una vez fijado el valor, se puede usar identificándolo en el atributo `mediagroup`, que convierte en un todo cualquier elemento de vídeo o audio que lo tengan en común. De manera que cuando el usuario active el botón de reproducción del vídeo, automáticamente se reproducirá el del audio, sustituyendo al sonido original que ocultaremos con `muted`.

Nuestro trabajo quedará más elegante y no se oirá al cámara dar instrucciones: "Más a la derecha, ¡sonreíd!".

El estado de los atributos

En el momento de redactar este capítulo, todos los atributos que he citado forman parte del estándar tecnológico y está prevista su implementación en todos los dispositivos y navegadores HTML5. Aún así, el atributo `preload` no existe en Internet Explorer.

`poster`, que puede ayudar a diseñar el espacio en página para el vídeo, muestra la imagen escogida, pero no siempre traslada sus dimensiones al objeto vídeo.

Las particularidades de uso de los dispositivos móviles, por pura lógica, eliminan la interpretación de los atributos `autoplay` (que arruinaría a los usuarios de bonos de conexión rápida) y `controls`, que se muestran siempre, aunque algunas versiones de Android pueden ser una excepción.

Los vídeos se muestran a toda pantalla activando el botón de ampliación obtenido mediante el atributo `controls`. Pero también con dos excepciones: Internet Explorer y Opera no enseñan el botón.

Estos dos navegadores tampoco implementan completamente el elemento `track`, que funciona a medias en el resto, cuando existe. Generalmente requiere el refuerzo de JavaScript para comportarse correctamente, lo que limita notablemente su accesibilidad.

La semántica de los elementos video y audio

Todo aquello que se muestra dentro de las etiquetas de los elementos video o audio forma un todo. El conjunto es una pieza audiovisual que transmite una única variable semántica. Pero no se acompaña de un valor informativo para la variable, de modo que no facilita demasiado las cosas.

Ninguna máquina será capaz de localizar el vídeo o el fragmento de sonido con los únicos datos del paquete de elementos y atributos audiovisuales.

Un primer paso para facilitar su identificación es incorporar el atributo title en el elemento, describiendo a modo de titular su contenido.

Pero eso no es suficiente. Piensa que un minuto de discurso en audio o vídeo es poco más de medio folio a doble espacio. Y multiplica por los minutos de tu pieza.

Es mucho mejor y más necesaria una extensa descripción de qué incluye el vídeo. Y si se trata de una entrevista, la transcripción literal del diálogo. Deberían ser piezas informativas en código HTML estándar en la misma página.

La pieza informativa principal es el vídeo o el fragmento de audio. Y la transcripción o explicación de detalles, circunstancias y principales conclusiones es la pieza secundaria. No al revés.

De este modo el contenido adquirirá valor semántico para las máquinas.

Además, aunque es lo más infrecuente, todos los vídeos deberían incluir un track de tipo descriptions o subtítulos que faciliten la accesibilidad de la pieza informativa. Es de esperar que en un futuro no muy lejano estos archivos de track sean legibles por las máquinas y se evite tener que escribir un texto complementario. Pero de momento no es así.

La ubicación de los vídeos y los fragmentos de audio en la página web

Los elementos video o audio, por definición, forman parte de la ilustración del contenido principal: un título y un cuerpo de texto. Y

como son complementarios deben escribirse dentro de un elemento
`figure`.

Esa es, sin embargo, la idea básica, porque cuando se trata de contenido puramente informativo —que es lo que generalmente nos atañe—
se trata de fuentes de primera mano y con valor por sí mismas. Por lo
tanto, deberían escribirse en el cuerpo de texto.

Si hacemos una entrevista y nos molestamos en grabarla en vídeo y
editarla, es evidente que ese contenido es el principal y forma parte del
cuerpo de la página. Es el tema principal.

En cambio, si se trata de la grabación de una ponencia de la que estamos escribiendo la crónica, es sólo un accesorio que la ilustra y debería
programarse dentro de un `figure`.

El mismo criterio debe ser aplicado a los fragmentos de audio: el
lanzamiento de un nuevo CD irá dentro del cuerpo de texto. Y la rueda
de prensa correspondiente, en `figure`.

Las transcripciones o explicaciones informativas extensas, sea como
sea, deben escribirse en un elemento `figure`. Si el vídeo o audio se
incluyen en el cuerpo de texto, la explicación o transcripción es un
accesorio. Y si son un accesorio que se escribe en un `figure`, la transcripción es como un gran pie de fotografía que les debe acompañar.

Estas explicaciones ayudan a comprender la información y la sitúan
semánticamente en las áreas de la página más adecuadas.

El dato casi esencial e ilustrativo

Llegando a este punto ya has visto que el lenguaje HTML es más apropiado para largos trabajos científicos o académicos que para los códigos de escritura periodística. Cada uno de sus elementos se destina, en la versión 5 del lenguaje, a la transmisión de un valor semántico. Éste es inequívoco, se corresponde al contenido que alberga el elemento, y se asigna a un significado concreto y estandarizado que se evalúa o cobra sentido en relación con el total de los valores transmitidos por la página web. Y con eso nos las tenemos que apañar.

La tarea no resulta complicada si tenemos clara la filosofía subyacente y amoldamos nuestros formatos informativos a las capacidades del lenguaje. Es lo que tenemos que hacer, por ejemplo, cuando el cuerpo central de nuestro artículo va acompañado de fotografías, vídeos, tablas, fragmentos de código fuente o poemas. Nos debemos preguntar: ¿son imprescindibles para comprender el texto o sólo lo ilustran? Una respuesta en un sentido u otro determinarán la forma de programarlos en pantalla, su peso jerárquico respecto al contenido esencial de la página, la valoración del cuerpo de texto central por parte de los buscadores, la rapidez de su indización, las posibilidades que ofrezca para su reutilización en otros dispositivos y formatos visuales, y su recuperación óptima para la generación de un e-book a partir de nuestro trabajo en la página web. Eso, por poner sólo unos ejemplos.

Por lo tanto, cuando nos encontremos con un tipo de contenido como los descritos tenemos que decidir cómo lo vamos a escribir. Si lo englobamos en un elemento `figure` o lo introducimos dentro del cuerpo de texto.

Imagina, para tomar la mejor decisión, dos columnas. Cada una es una lista. En la primera apunta todo lo que forma parte esencial de artículo. Todo aquello sin lo cuál no se comprende lo que quieres expresar. Y en la siguiente columna haz una lista de todo lo que sólo le resulta accesorio. Cuanto apuntes en esta segunda columna se presentará en un elemento `figure`.

Cuestión de criterios

La frontera entre la pieza informativa con sustancia y la de acompañamiento es muy difusa. Tú tienes siempre la última palabra. La casuística es tan diversa, que me limitaré a explicarte mis propios criterios de empleo:

- Sujeto o acción informativa, al cuerpo de texto.

  La pieza se escribe entre los párrafos, de forma directa. Por ejemplo, noticia de que el Comité Olímpico de Barcelona-92 escoge como mascota a Cobi, lo que supone una ruptura de los cánones de logotipos y mascotas, y se describe con detalle el nuevo diseño. Por supuesto, la reproducción gráfica de Cobi se muestra entre los párrafos.

- Aclaración o documento original mucho más extenso que la pieza informativa, a `figure`.

  Todo aquello que excede el cuerpo principal del artículo pero que sigue aportando por sí mismo conocimiento, se pasa a un elemento `figure`. Por ejemplo, en el artículo se citan pagos puntuales de los denominados *papeles de Bárcenas*. En el `figure` se reproducen todos los documentos en los que se leen más pagos y cobros que los referidos en el cuerpo principal de texto.

Otro ejemplo: la noticia narra una avería en el alerón de un coche de Fórmula 1. El infograma recoge la parte posterior del vehículo identificando las piezas afectadas, pero también otras: tubos de escape, suspensiones, fondo plano... La información excede el detalle y la infografía se pasa a `figure`. El lector con curiosidad podrá ver en la pieza separada (el elemento `figure`) más detalles del automóvil.

- Documento adicional informativo que no tiene entidad por sí mismo, a `figure`.

La pieza informativa no es suficientemente singular respecto al hecho principal que se narra. Podría cambiarse por otra más antigua y para ojos profanos tendría el mismo valor. Por ejemplo, la noticia habla de un atraco en un banco. La pieza documental adicional es una fotografía de la sucursal asaltada con un coche de policía en la puerta y muchos uniformados. No hay más elementos que identifiquen qué ha sucedido. La imagen podría sustituirse por otra de otra sucursal del mismo banco y tendría el mismo valor. O de otro atraco más antiguo. Su aporte es mínimo e ilustrativo, de modo que pasa a `figure`.

- Explicación o análisis secuencial, al cuerpo de texto.

Es necesario referirse al todo, pero por partes. Por orden. Sólo así es posible explicar en el artículo aquello que se desea. Por ejemplo, un profundo comentario de texto de un poema. En el cuerpo de texto se van alternando las opiniones propias con las estrofas seleccionadas del poema que se comenta. Y éste se escribe en `blockquote`.

Otro ejemplo: se indica paso a paso una pequeña reparación y es conveniente que cada etapa se ilustre con una fotografía o con un diagrama que identifique correctamente las piezas que hay que manipular. En este caso se escribe en el cuerpo de texto, alternando con los párrafos.

Pero puedes considerar también la posibilidad de que cada instrucción sea un elemento en una lista ordenada (`ol`) y, por lo tanto, cada imagen del ítem (`li`) se podría escribir en un `figure` independiente. Y no sólo sería correcto, sino que sería más correcto.

- Transcripciones de vídeos, a `figure`.

Siempre, en todos los casos, las transcripciones de vídeos o de podcast u otros fragmentos de audio deben escribirse en un `figure`. La transcripción es un complemento no necesario del formato audiovisual y trasladarlo a un `figure` implica que el usuario de la página puede obviarlo o consultarlo, si lo desea, saltándose la reproducción con un rastreo visual del texto que le lleve al punto que le resulte más interesante. El vídeo o el audio pueden o no escribirse en el `figure`. Pero su transcripción, siempre.

Semántica de 'figure'

El elemento `figure` actúa como un despiece para unidades informativas que ilustran o completan el cuerpo central del artículo. Como tal, todo su contenido se supedita a la información principal, sin perder valor semántico.

Es decir, el contenido que alberga tiene valor por sí mismo, pero se enriquece cuando está vinculado a otro contenido principal. Y éste, por añadidura, también se ve beneficiado, por la matización o complemento que aporta `figure`.

Una pieza informativa que habla del déficit del Estado y que se ilustra con una tabla de la evolución en un `figure` proporciona simultáneamente tres valores semánticos:

- El cuerpo principal del artículo: la última cifra de déficit y su evolución más reciente, y la opinión de políticos y expertos.
- El figure con la tabla: la tendencia histórica del déficit en paralelo a hitos de decisiones político-económicas.
- La combinación de ambas piezas: lo que opinan los expertos sobre la tendencia en la evolución del déficit, según las actuaciones político-económicas.

Las dos primeras pueden tener valor por sí mismas. La tercera enriquece a una y otra, supeditando los datos fríos a la valoración de expertos y afectados. Teóricamente, porque la elaboración de este criterio sería complicada, un buscador podría proporcionar el mismo resultado para los tres criterios de búsqueda.

La supeditación de `figure` al cuerpo principal no necesariamente implica una minusvaloración de este contenido en la comunicación semántica con las máquinas. `figure` contiene un elemento de titulación único `figcaption`. Éste es un equivalente de un titular de primer nivel (`h1`) para el elemento de bloque (`figure`). Por lo tanto, es lógico inferir que tiene un valor semántico equivalente al del siguiente titular en orden al principal de `article`. Es decir, si `article` se titula con `h1`, `figcaption` equivale a un `h2`.

Esta equiparación del titular supone que las máquinas lo rastrean como si fuera un elemento más del cuerpo de texto en una primera oleada, considerándolo siempre como lo que es: una pieza que ilustra aquello de lo que se habla en el principal.

Escritura de 'figure'

Siempre dentro del elemento en el que aportamos contenido (`article`), `figure` puede escribirse en cualquier momento de la introducción del cuerpo de texto. Cabe tanto antes del primer párrafo, como después. O entre párrafos. O antes del titular principal, aunque probablemente tu gestor de contenidos no te permita alterar este orden.

Es más, dentro de un `article` puedes escribir tantos `figure` como necesites. Será trabajo de tu programador y de tu diseñador proporcionarles un estilo lo más adecuado posible a lo que quieras expresar. Sigue sus instrucciones.

Si no te han dotado de herramientas para hacerlo y prevés la posibilidad de que el contenido tenga una salida en formato e-book, procura que `figure` esté lo más cerca posible de su primera referencia en el cuerpo de texto. De este modo no quedará muy alejado en la compaginación automática del e-book.

La única dificultad de escribir `figure` es que no existe ningún botón o atajo en los editores WYSIWYG para introducirlo en la página web. Pero, como se trata de un elemento envolvente, en el que están embebidas las piezas informativas que contiene, tampoco nos costará mucho escribirlo.

En primer lugar deberías generar el contenido de su interior: una fotografía o varias, un enlace de vídeo o varios, textos, tablas, etcétera. La

mayoría de estos elementos los puedes escribir directamente en modo
WYSIWYG. Cuando hayas terminado, sólo tendrás que pasar a la vista
del código fuente y escribir antes y después las etiquetas de `figure`:[54]

```
<article>
  <h1>Un joyero herido en un atraco en Madrid</h1>
  <p>[…]</p>
  <figure>
    <img src="presunto_atracador.jpg" alt="Retrato robot
del presunto atracador">
    <figcaption>Retrato robot distribuido por la policía
en la zona</figcaption>
  </figure>
</article>
```

Arriba, un `figure`, con una fotografía que aporta información adicional y secundaria a la noticia, escrito al final de la misma. Se mostrará,
por lo tanto, al final del texto, tras el último párrafo. Si se alineara a
derecha o izquierda, con el texto flotando a su alrededor, lo haría con
referencia al último párrafo, con el que comparte nivel de escritura del
código. De ahí que sea importante seguir las instrucciones del diseñador y programador para ajustarse lo mejor posible a la maqueta de
página web que hayan creado para tu contenido.

El ejemplo, además, muestra un elemento `figcaption`. Éste es un
elemento de titulación con jerarquía similar a titulares secundarios en
el cuerpo de texto (`h2`, `h3`…). `figcaption` traduce el valor semántico
de todo el `figure` para las máquinas. Pero sólo cuando se ha escrito
`figure` a un mismo nivel que los párrafos (u otros elementos) del
cuerpo de texto. Si se escribe `figure` dentro de otro `figure` o de una
lista, se reduce su capacidad semántica.

---

54 Los ejemplos de este capítulo pueden contemplarse en vivo en http://d.pr/7027.

Tendrás que escribir las etiquetas a mano.

Mi recomendación es que escribas primero el código correspondiente a la imagen (fuente y título) y seguidamente un párrafo corto que se usará como título. Cuando hayas terminado, accedes en modo de código fuente y escribes la etiqueta de apertura `figure` antes del código de la imagen y la de cierre después de la etiqueta `</p>`. Luego, modifica las etiquetas del párrafo dentro de `figure` y las conviertes en etiquetas de apertura y cierre de `figcaption`.

`figcaption` es único para cada `figure`. Puede escribirse antes o después del contenido. Generalmente para elementos gráficos o muy visuales la convención es escribirlos después. En cambio, para tablas se escribe antes.

`figcaption` no es obligatorio, pero su ausencia reduce la capacidad de traslación de valor semántico de `figure`. Además es incompatible con `caption` cuando se escribe en su interior una tabla. Hay que elegir. O `figcaption` o `caption`. Su jerarquía y función son idénticas cuando están embebidos en un elemento `figure`.

Puedes escribir el elemento dentro de una lista, si lo necesitas, y lo que contenga será accesorio al ítem de la lista. Por ejemplo, el retrato de unos políticos que se identifican correctamente en el elemento `li`:

```
<ul>
  <li>
    <figure>
      <img src="careto1.jpg" alt="Fulanito">
    </figure>
    Fulanito de Tal, abogado. Número 7 de la lista del
PA por la circunscripción de Getafe.
  </li>
  <li>
    <figure>
      <img src="careto2.jpg" alt="Menganito">
    </figure>
    Menganito de Cual, funcionario. Número 12 de la
```
▶

```
► lista del PB por la circunscripción de Sabadell.
  </li>
  <li>
    <figure>
      <img src="careto3.jpg" alt="Zutanito">
    </figure>
    Zutanito Fulánez, parado. Número 1 de la lista del
PC por la circunscripción de Cangas de Narcea.
  </li>
</ul>
```

La esencia de la información es el texto que se muestra en cada ítem de la lista. El retrato personal es un simple accesorio. Por este motivo, se escribe en un figure. Y sin figcaption, que sólo redundaría el nombre de la persona.

¿Qué cabe en un 'figure'?

Las fotografías que aportan contenido secundario o complementario al núcleo de información de la página se escriben en un figure. Como en el ejemplo anterior.

También puede ser una pequeña galería de imágenes.

```
<figure>
  <img src="foto1.jpg" alt="Descripción de la foto 1">
  <img src="foto2.jpg" alt="Descripción de la foto 2">
  <img src="foto3.jpg" alt="Descripción de la foto 3">
  <figcaption>Pie de fotografía conjunto para todas las
imágenes</figcaption>
</figure>
```

El figcaption se ofrece como pie de fotografía común para las tres fotografías. Puede ser útil y práctico cuando se trata de una serie consecutiva o existe una lógica entre las tres imágenes. Pero cuando se necesita imperiosamente un pie de título personalizado, la mejor opción es embeber diversos `figure` dentro de un `figure`:

```
<figure>
  <figcaption>Titular del álbum de fotografías
  </figcaption>
  <figure>
    <img src="foto1.jpg" alt="Descripción de la foto 1">
    <figcaption>Pie de foto 1</figcaption>
  </figure>
  <figure>
    <img src="foto2.jpg" alt="Descripción de la foto 2">
    <figcaption>Pie de foto 2</figcaption>
  </figure>
  <figure>
    <img src="foto3.jpg" alt="Descripción de la foto 3">
    <figcaption>Pie de foto 3</figcaption>
  </figure>
</figure>
```

Los `figcaption` que actúan como pie de foto pierden la jerarquía de elemento de titulación principal de `article`, que sólo mantiene el `figcaption` del `figure` envolvente ("Titular del álbum de fotografías"). En este caso lo he escrito arriba por una cuestión de estilo visual, para agrupar en un título previo las imágenes y separarlo de los titulares inferiores. Mi decisión es sólo estética y no pretende responder a convenciones visuales preestablecidas.

Evidentemente, un `figure` puede contener componentes informativos distintos. Lo más frecuente es reunir en el mismo elemento varias fotografías. Junto a las imágenes, también es frecuente incluir los vídeos. Desde la perspectiva visual, el fotograma `poster` se equipara a una fotografía. Y desde la perspectiva semántica, ambos formatos son ilustraciones del cuerpo principal de texto.

También es frecuente que dentro de un `figure` de estas características —con enlaces a fotografías que se amplían en *overlay* o vídeos que
cargan reproductores de servicios externos (YouTube, Vimeo...)— se
organice internamente como una lista no ordenada, emulando la construcción de los menús de página.

Vídeos y fragmentos de audio, tal y como se ha explicado en el capítulo *Vídeo, audio y otros artefactos extraños*, pueden ser embebidos por
un `figure`. Es una opción. Pero siempre que haya una transcripción
del contenido del audiovisual, ésta debería obligatoriamente escribirse
en `figure`:

```
<figure>
  <figcaption>El hombre y la Tierra: El abejaruco (Parte
1)</figcaption>
  <video poster="pantallazo.jpg" controls>
    <source src="video.mp4" type="video/mp4">
    <source src="video.webm" type="video/webm">
  </video>
  <p><b>Transcripción:</b> Llegan los abejarucos, desde
sus lejanos cuarteles tropicales de invierno, durante
el mes de abril. Las grandes ciudadelas de las grandes
colonias [...]</p>
</figure>
```

O también, sólo la transcripción:

```
<figure>
  <figcaption>Transcripción del vídeo "El hombre y la
Tierra: El abejaruco (Parte 1)"</figcaption>
  <p>Llegan los abejarucos, desde sus lejanos cuarteles
tropicales de invierno, durante el mes de abril. Las
grandes ciudadelas de las grandes colonias [...]</p>
</figure>
```

Las tablas con frecuencia son también materia de `figure`. Recuerda que debes elegir entre un `caption` o un `figcaption`:

```
<figure>
  <figcaption>Título de la tabla</figcaption>
  <table>
    <colgroup>
      <col>
      <col>
    </colgroup>
    <thead>
      <tr>
        <th id="col1">Columna 1</th>
        <th id="col2">Columna 2</th>
      </tr>
    </thead>
    <tbody>
      <tr>
        <th scope="row" id="fila1" headers="col1">Fila
1</th>
        <td headers="fila1 col1">Valor</td>
      </tr>
    </tbody>
  </table>
</figure>
```

Caben también pequeñas —o grandes— referencias a fragmentos de lenguaje de programación que se han mencionado veladamente en el cuerpo de texto.

```
<figure>
  <figcaption>Script que imprime en pantalla la letra de
una canción</figcaption>
  <pre>
```
▶

▶

```
    <code>&lt;?php echo "yo soy rebelde, porque la vida
me ha hecho así"; ?&gt;</code>
  </pre>
</figure>
```

Poemas y otras referencias literarias se pueden citar dentro de un `figure`. Todo dependerá del uso que se le dé y de la intensidad de la vinculación con el cuerpo de texto central.

Un poema se puede escribir, por ejemplo, dentro de texto preformateado, tal y como se indicó en *El planeta de las abreviaturas y los textos remarcados*.

```
<figure>
  <figcaption>Canción del pirata</figcaption>
  <pre>
    Con diez cañones por banda,
    viento en popa, a toda vela,
    no corta el mar, si no vuela
    un velero bergantín.

    Bajel pirata que llaman,
    por su bravura, El Temido,
    en todo mar conocido
    del uno al otro confín.
  </pre>
</figure>
```

También es posible escribir el poema dentro de un elemento `p` con saltos de línea.

Los fragmentos de textos literarios que no responden a métricas ni son poemas visuales, pueden escribirse dentro de `figure` y, a su vez, en `blockquote`, aunque pasando la referencia `cite` de la obra al `figcaption`:

```
<figure>
  <figcaption><cite>El Aleph</cite>, de Jorge Luis
Borges</figcaption>
  <blockquote>
    <p>Me dijo que su patria era una montaña que está
al otro lado del Ganges y que en esa montaña era fama
que si alguien caminara hasta el occidente, donde se
acaba el mundo, llegaría al río cuyas aguas dan la
inmortalidad.</p>
  </blockquote>
</figure>
```

Los prefacios literarios, los poemas inspiradores, las dedicatorias y cualquier otro recurso literario con los que podamos tropezar son también materia de `figure`. Pero, obviamente, no llevarán nunca un `figcaption`.

```
<figure>
  <blockquote>
    <p>Y sin embargo, una mujer como usted y un hombre
como yo no coinciden a menudo sobre la tierra</p>
    <footer>
      <p>Joseph Conrad, <cite>Entre mareas</cite></p>
    </footer>
  </blockquote>
</figure>
```

La desconexión entre este tipo de contenido con el cuerpo de texto es tan evidente que, siempre que sea posible, prescindiremos de él. Si te ves obligado a escribir un prefacio de estas características, mi recomendación es usar el modelo de `figure` anterior.

Se trata de un contenido que no es útil, que no nos pertenece y que sólo sirve para que el autor demuestre pedantemente sus vastos conocimientos —lo admito, yo también peco de lo mismo—, buscando una equiparación de su producción al nivelazo de su modelo ideal. La frase de Conrad del ejemplo anterior pasa a ser tan importante, desde la perspectiva semántica, como el párrafo que se escriba antes o después del `figure`. Y eso carece de sentido.

También hay que tener cuidado con los archivos que se pueden descargar desde la página. Por ejemplo, imagina que el cuerpo del artículo se refiere a un proyecto de ley y se le da al usuario la posibilidad de descargarlo junto al texto de la norma actual, ambos en formato PDF.

Ambos enlaces pueden escribirse dentro de una lista no ordenada dentro de un `figure`:

```
<figure>
  <figcaption>Comparativa de la reforma legal
  </figcaption>
  <ul>
    <li><a href="anteproyecto.pdf" title="Proyecto de
ley">Anteproyecto</a></li>
    <li><a href="ley.pdf" title="Ley vigente">Ley
vigente</a></li>
  </ul>
</figure>
```

Pero no siempre estos documentos han sido citados y complementan el texto.

A veces, los documentos que el usuario puede descargar no tienen nada que ver con el cuerpo principal de la pieza informativa. Por ejemplo, en el caso anterior el artículo podría versar sobre los cambios legales y su repercusión en el ciudadano. La descarga de las leyes sería un pegote para el lucimiento del autor.

Sin embargo, si el contenido fuera la negociación política en el Congreso para aprobar el anteproyecto, éste sería una mera anécdota y tendría mejor cabida en un elemento `aside`, donde se detallarían las características del anteproyecto y podrían descargarse los textos legislativos.

Y si se tratara de un sitio web dedicado exclusivamente a la información legal, donde de forma sistemática recogiera las leyes de las que se habla y las propuestas de modificación —en todas sus páginas—, la lista de descargas estaría mejor ubicada en un elemento `section`.

Los valores semánticos de estos tres elementos —`figure`, `aside` y `section`— serían absolutamente distintos. Cada opción adecuada evita distraer a las máquinas, facilita la recuperación de contenidos para mostrarlos en otros formatos o dispositivos, y mejora el comportamiento de los buscadores respecto a nuestro trabajo.

Fotonoticias e ilustraciones

¿Qué sucede cuando la fotografía es tan importante que destaca por sí sola? Es lo que en periodismo impreso siempre hemos llamado fotonoticia: una imagen y un pie de fotografía. Acaso un parrafito ilustrativo que la acompañe.

En primer lugar debes definir si se trata de una "noticia" principal o accesoria. Si es principal, todo el `article` se destinará a la fotonoticia. En cambio, si es accesoria a la noticia principal pero no aclara o explica conceptos explicados en la principal, se escribe dentro de un elemento `aside`.

En ambos casos, el procedimiento es el mismo:

```
<article>
  <h1>Título de la fotonoticia</h1>
  <img src="fotonoticia.jpg" alt="Título de la
fotografía">
</article>
```

Si la pieza va acompañada un breve texto que explica o apostilla la imagen, éste se escribe en un `figure`. Ejemplo de fotonoticia en un `aside`:

```
<article>
  <h1>Título de la noticia principal</h1>
  <p>[…]</p>
  <aside>
    <h1>Título de la fotonoticia</h1>
    <img src="fotonoticia.jpg" alt="Título de la
fotografía">
    <figure>
      <p>Texto que apostilla la fotonoticia</p>
    </figure>
  </aside>
</article>
```

Hasta ahora los ejemplos se refieren a imágenes que aportan contenido. Pero, frecuentemente no tendremos una fotografía que aduzca un valor adicional al texto que hemos escrito. Eso no significa que no tengan utilidad. Pueden ser tanto decorativas como persuasivas, induciendo a un estado de ánimo del lector. Pero si las escribimos como imágenes con el código propio del elemento `img` dentro o fuera de un `figure`, estaríamos asignándoles un valor semántico que no tienen.

Cuando te encuentres con una imagen de estas características y tengas pocas ganas de hacer un uso torticero del pie de fotografía para forzar su vinculación al contenido —ya me entiendes, por ejemplo un retrato de una niña de 5 o 6 años sonriendo para ilustrar que un partido político ha ganado unas elecciones—, puedes programar la imagen como un adorno de la página que las máquinas no advertirán.

Por ejemplo, así se carga en página una fotografía cuadrada en formato JPG, de 75 píxeles de lado en la apertura del primer párrafo de texto en un artículo:

```
<article>
  <h1>Título de la información</h1>
  <p style="background-image:url(75.jpg);
```

▶

```
▶
background-position:left top;background-repeat:
no-repeat; padding-left:85px;">Cuerpo de texto del
primer párrafo</p>
    <p> [...] </p>
    <p> [...] </p>
</article>
```

En el primer elemento de párrafo se crea el atributo `style` que afectará sólo a este párrafo. Dentro del atributo, separados por punto y coma, escribimos una serie de instrucciones: la carga de la imagen como fondo de página, su posición ajustada arriba y a la izquierda del elemento `p`, la indicación de que no debe repetirse automáticamente la imagen en modo tapiz, y un margen de relleno izquierdo de 85 píxeles, para evitar que el texto se superponga sobre la imagen. Los 85 píxeles corresponden a los 75 de la anchura de la imagen más 10 de margen para que no se enganchen las letras a la fotografía.

Nadie, salvo los usuarios que utilicen un navegador, verá estas imágenes.

Diferencias entre 'figure', 'aside' y 'section'

A estas alturas deberías tener claro qué es un elemento `figure` y para qué sirve. Pero, aún así, más de una vez dudarás sobre su uso. ¿Es más correcto un `figure`, un `aside` o un `section`?

En estos casos, vuelve a tus apuntes de la carrera.

Un `figure` alberga elementos de cualquier formato (listas, fotografías, vídeos, textos, enlaces a archivos para descargar...) que contribuyen a comprender mejor e ilustrar aquello que se explica en el cuerpo de texto central. Un `figure`, por lo que nos atañe en este manual, siempre se escribirá dentro del elemento `article`, aunque cabe dentro de `section` en otras partes de la página.

Un `aside` es un despiece. Es decir, una información de background referente a la noticia principal. Una noticia secundaria a la principal que no se ha explicado en el cuerpo de texto de aquélla. Un comentario u opinión sobre el hecho informativo. Una previsión de las consecuencias del hecho y hasta una ampliación informativa de un efecto secundario que sólo se mencionaba de pasada en el cuerpo de texto principal.

Es decir, un `aside` es tangencial a la información, no a la página ni al modelo informativo de la página. Puede estar o no. Puedes escribirlo o no, en función del contenido principal de `article`. No habrá contenido similar en todo el sitio web.

Un elemento `section` —dentro de `article`, que es de lo que nos ocupamos aquí— sirve para introducir contenido que es común a todas las páginas con el mismo modelo comunicativo y que, sin embargo, afecta de forma diferenciada al contenido principal. Por ejemplo, los botones para compartir el enlace a la notica —que es único y diferenciado— en redes sociales, el botón para generar una versión en formato PDF y al vuelo, o, en un sitio web especializado en legislación, los archivos PDF que el lector puede descargarse para situar la información central en su contexto.

Otro ejemplo: un sitio en el que todas las noticias se ilustran con un mapa interactivo del lugar en el que se datan. El fragmento con el mapa sería un elemento `section` con un título propio (`h1`) para la ubicación y, probablemente, un elemento `object` que llama a una URL externa donde se ubica el mapa interactivo, junto a una línea de texto `p` indicando dirección, localidad y provincia.

La especificación CR de HTML5 claudica con los usos nefastos y antiperiodísticos que ha tenido `aside` por parte de los programadores y acepta que se utilice para *nubes de tags* relacionados con el cuerpo principal de texto y para elementos de navegación interna de noticias serializadas. El problema era —y es— que los programadores no son periodistas. Y los diseñadores, tampoco. Así que interpretaban literalmente en inglés `aside`, y escribían una columna lateral en la página.

Mi recomendación es que `aside` se utilice exclusivamente para despieces. Que es lo más apropiado.

Una *nube de tags* o una navegación secuencial disponen de otro elemento estructural válido, sin requerir el uso de `section` o de `aside`: `nav`. Porque, lo miren como lo miren, no dejan de ser menús de navegación.

Hazme caso.

Firma todo lo que escribas

Todo lo que hagas, fírmalo. Es tuyo, para bien o para mal. Y es tu currículum.

Si nos ponemos en plan gurú de Internet —¡Dios me libre!—, tu obra es parte de tu marca personal: una forma de pensar y de decir, un nombre reconocible y una URL privada. Claro que, si le damos una patada al factor gurú y eres un profesional asalariado, tu forma de pensar y de decir serán las del medio que te pague, tu nombre será el del mercenario de la comunicación que todos llevamos dentro y tu URL privada será tu perfil en una red social.

Aún así, escribas bajo las condiciones que escribas, aquello será tuyo. Y deberías firmarlo y facilitar a tus lectores una forma para que contacten contigo, prescindiendo de la intermediación de la empresa que te pague por redactar.

El elemento address es el que sirve para que tus lectores te identifiquen y contacten contigo. Y también tus posibles jefes o clientes.

¿Qué no es el elemento 'address' y cuál es su valor semántico?

Ha sido tan malinterpretado durante años, que para definirlo es mejor hacer una lista de aquello que no es en ningún caso:

- No es el crédito del diseñador de la página.
- No es el crédito del programador de la página.
- No es la dirección postal de la empresa propietaria de la página.
- No es el horario de atención al público de la empresa propietaria de la página.
- No es la lista de sucursales de la empresa que gestiona el sitio web.
- No son las tarjetas de crédito admitidas.
- No son los perfiles de las redes sociales corporativas.
- No es el departamento comercial o de marketing.
- No es la fecha de creación o de modificación del contenido.

Veamos qué es:

- La forma de contactar con el autor del contenido del artículo o página. Y, por lo tanto, la forma de identificar al autor.

Así de simple. Y hasta ahora lo vemos con todos los usos posibles que no tienen nada que ver con el contenido semántico que traslada: la URL de contacto con el autor.

En otras palabras, las máquinas pueden identificar a un autor independientemente de su creación y localizarlo y seguirlo. Será posible, pues, obtener una lista cronológica de artículos redactados por una misma persona, aunque ésta haya trabajado para 30 empresas distintas en 50 sitios web diferentes.

Por otra parte, cuantas más obras de las que eres autor tengas y éstas sean populares, mejor será el tratamiento que recibas por parte de los buscadores. Tu nombre se convertirá en una marca personal fácil de reconocer y de encontrar en Internet y, por lo tanto, un valor semántico en sí mismo en relación con tus obras.

Es decir, una máquina podrá reunir tu obra dispersa, contabilizarla, ordenarla por editoriales, cronológicamente, por extensión, idioma… sin necesidad de que nadie haya realizado esta labor previamente.

`address` sólo contiene el enlace de contacto y la identificación del autor, al que se le reconoce la responsabilidad de aquello que diga. Algunos editores WYSIWYG permiten la escritura directa. Otros no, por lo que será necesario escribir el enlace y después acceder a la vista de código fuente para crear o modificar el elemento:[55]

```
<address>
  <a href="http://www.miredsocial.com/elmenda"
  title="Página de Elmenda en Miredsocial"
  rel="author">Elmenda</a>
</address>
```

No hay más elementos en el interior de un `address`. La página de destino puede ser el blog o el sitio web personal, la página de la Wikipedia que te hayan dedicado o tu perfil de Twitter, LinkedIn, Facebook o hasta Meetic donde algún lector pueda localizarte y contactar contigo.

También puede ser una dirección de correo electrónico:

```
<address>
  <a href="mailto:elmenda@elmenda.com" title="Correo
  electrónico profesional de Elmenda"
  rel="author">Elmenda</a>
</address>
```

Cuando la autoría es compartida, las direcciones se separan en una escritura normal en español, con comas y conjunción copulativa:

---

55 Los ejemplos de este capítulo, en http://d.pr/tBu2.

```
<address>
  <a href="mailto:elmenda@elmenda.com"
  title="Correo electrónico profesional de Elmenda"
  rel="author">Elmenda</a>, <a
  href="http://www.miredsocial.com/elotromenda"
  title="Página de Elotromenda en Miredsocial"
  rel="author">Elotromenda</a> y <a
  href="http://www.miblog.com/eltercero" title="Blog de
  Eltercero" rel="author">Eltercero</a>
</address>
```

A veces te encontrarás con la necesidad de firmar como conjunto, grupo o corporación. Se admite la URL de la agrupación, si tiene, pero es obligatorio indicar el contacto con los autores:

```
<address>
  <a href="mailto:elmenda@elmenda.com"
  title="Correo electrónico profesional de Elmenda"
  rel="author">Elmenda</a> y <a
  href="http://www.miredsocial.com/elotromenda"
  title="Página de Elotromenda en Miredsocial"
  rel="author">Elotromenda</a>, de <a
  href="http://www.asociacion_de_mendas.com"
  title="Asociación de Mendas Abajofirmantes">Asociación
  de Mendas Abajofirmantes</a>
</address>
```

Recuerda que Google, a cambio de un mejor posicionamiento, se ha apropiado de las páginas de contacto de los autores. Así que, quizá, te interese establecer tu dirección de correo electrónico validada en Google+ por el sitio web para el que escribas. Según las instrucciones del buscador —en el momento en el que escribo estas líneas—, deberías escribir un address similar a:

```
<address>
    Por <a href="mailto:elmenda@elmenda.com"
    title="Correo electrónico profesional de Elmenda"
    rel="author">Elmenda</a>, en <a href="https://plus.
    google.com/xxxx?rel=author" title="Perfil personal
    en Google+ verificado para este dominio">Google+</a>
</address>
```

El nombre se muestra precedido de "Por" o de "Autor:", la dirección de correo electrónico está asociada al perfil de Google+, el nombre del autor se escribe exactamente a como se usa en la red social (ni un espacio, ni un punto, ni una mayúscula de más o de menos) y el enlace con la página personal de Google+, si no figura en otro espacio de la página, incluye en la URL una variable que indica que eres el autor.

Aunque bien podría suceder que el símbolo "+", previo al nombre de usuario en Google+ (por ejemplo, +Elmenda) y fiel copia de la arroba de Twitter, se convierta en obligatorio como *anchor text* del enlace con tu nombre. Tendría más lógica y supondría una gran reducción de errores. Permanece atento, por si tienes que modificar la forma en la que firmas.

Atención a las limitaciones

El programador y el diseñador del sitio para el que trabajes deben haberte proporcionado herramientas para escribir correctamente un address y firmar con él tus obras. Una firma no es sólo la última o la primera línea de un cuerpo de texto. También es un código visual que suele estar relacionado con la data (lugar y fecha de creación o de modificación) y que se diferencia como un elemento de titulación del cuerpo de texto.

En todo caso, siempre puedes acceder mediante la perspectiva de código fuente del editor WYSIWYG y escribir uno de los ejemplos anteriores.

Pero, antes, observa la estructura de la página que publicas. Si existe una etiqueta address que no esté dentro del elemento article, afectará a todo el elemento body y anulará cualquier cosa que tu escribas al inicio o al final de tu creación.

```
<html>
  <head>[…]</head>
  <body>
    <header>[…]</header>
    <article>
      <h1>Tu título</h1>
      <p>Tu cuerpo de texto</p>
      <address>
        <a href="mailto:tufirma@tufirma.com" title="Tu
firma" rel="author">Tu nombre que queda invalidado
porque el programador puso un address en el footer</a>
      </address>
    </article>
    <footer>
      […]
      <address>
        <a href="mailto:info@tuempresa.com"
title="Correo electrónico corporativo de tu empresa"
rel="author">Nombre de tu empresa que se atribuye el
mérito como autor de tu contenido y que anula cualquier
firma que hayas escrito en el article</a>
      </address>
    </footer>
  </body>
</html>
```

En el ejemplo anterior, las máquinas interpretan el address que has escrito —sólo tú deberías poder escribir dentro de article—, como un fragmento de texto sin etiquetar. Como una palabra perdida después del cuerpo de texto. En cambio, sí contemplarán como una firma válida el address que el programador ha escrito en el pie de página.

Si el diseñador ha previsto estilos para el elemento address dentro del article, los lectores verán una pieza de texto diferenciada visualmente y entenderán que se trata de una firma de autor. Si han decidido ocultarlo mediante estilos CSS, no te quedará ni eso.

Y, atención, este caso puede ser mucho más frecuente de lo que sería deseable. Lógicamente, tus derechos intelectuales se han reconocido con el oportuno contrato. Pero ocultarlos de esta manera, los cercenan, ya que las máquinas sólo reconocen la propiedad del derecho y la autoría al que firma correctamente: la organización para la que trabajas. Y, a veces, la organización ni siquiera sabrá que te está escatimando derechos.

Protesta.

La firma del UGC

El elemento `address` afecta al elemento `article` —que es el que trabajamos en este manual— y al elemento `body` cuando se escribe fuera de `article`. Y el segundo caso, cuando se da, anula todos los `address` que se hayan escrito en `article`.

Las preguntas lógicas son ¿quién es el autor del resto de contenidos de la página? ¿Quién es el autor del contenido que muestran las secciones?

Pongamos que la página web en la que trabajas se estructura en tres columnas y tu `article` ocupa dos. La tercera contiene el menú de navegación horizontal —dentro del mismo apartado del sitio web—, reclamos de blogs vinculados al sitio compuestos por titular, fotografía, primer párrafo del texto, firma y enlace, y un mapa interactivo con marcas de los puntos de venta que ha creado alguien del departamento de marketing.

¿Quiénes son los autores del resto de la página?

Evidentemente, la organización, como entidad editorial, es la que firma y se responsabiliza de estos contenidos. Pero se trata de contenidos secundarios que se plasman en páginas (ergo, URL) independientes. Cuando pulsas un reclamo de blog acudes a la página llamada. Y sería deseable que allí, en el destino en el que aterrizas, constara un `address` correspondiente al bloguero que ha llamado tu atención. Cuando usas el mapa interactivo acudes a la página del mapa, o a la del punto de venta, y también allí debería existir la firma correspondiente al autor de aquellos contenidos.

Pero el resto, el contenido de `article`, es tuyo.

Eso es así, ¿pero, siempre?

Pues, no. Dentro de lo que se ha llamado la conversación en Internet, los usuarios pueden comentar dentro de la misma página tu escrito. Se trata de un mensajes User Generated Content (UGC) que deberían modificar y enriquecer aquello que tú afirmes.

Cada programador tiene su librillo para escribirlo. La forma que parece más adecuada y semántica es el uso de un elemento `article` para cada entrada, en la que se pueda firmar automáticamente cada comentario con un `address` que muestre los datos de registro del comentarista. De este modo, la cantidad de `address` se multiplica en la página y todos son válidos.

Con Microdata,
más semántico todavía

A estas alturas, si has leído desde el principio este tomo, capítulo a capítulo, ya has visto el potencial de transmisión semántica de contenido que tienen los elementos del lenguaje HTML5. Si se usa bien, se obtiene un gran resultado.

Pero observa que es un resultado que se circunscribe a historias que contamos. A noticias, a pensamientos, a opiniones, críticas, descubrimientos, análisis científicos o artículos de divulgación tecnológica. HTML5 es un lenguaje apto para la narración literaria y para la explicación matemática (no siempre), pero incapaz de identificar una dirección postal o el precio de un producto.

Con la intención de solventar esta carencia, a lo largo de los años se han ido creando nuevos lenguajes alternativos y complementarios a HTML que permitieran encajonar los datos y etiquetarlos como un código postal, el precio de una entrada o la cantidad de un ingrediente en una receta de cocina.

El primer intento serio fue el lenguaje RDFa que obligaba, en lenguaje XHTML, a añadir una línea de código en la llamada al elemento `html`, lo que complicaba bastante su uso. Prácticamente de forma simultánea, el grupo de desarrolladores agrupados en Microformats [Microformats] producía una serie de etiquetas estandarizadas que se programan en el atributo class, destinado a los estilos. Por ejemplo:

```
<div class="vcard">
  <p class="name">Fulanito de Tal</p>
  [...]
</div>
```

El valor vcard en el atributo class servía —y sirve— para indicar que todo el contenido de la capa div es una tarjeta de visita digital, que se puede descargar en formato hCard y que se corresponde a una persona denominada Fulanito de Tal (class="name").

Microformats sigue siendo muy útil. Y, en lenguaje HTML5, es compatible con Microdata [W3C-1], que es el lenguaje más integrado para generar estos fragmentos de código estructurado.

¿Qué es Microdata?

Microdata es un metalenguaje que se integra en el código fuente de los elementos HTML5 y sirve para generar piezas de contenido estructurado que las máquinas interpretan como un acontecimiento de agenda, una nota bibliográfica, la referencia a un producto a la venta o en oferta, una receta de cocina, la tarjeta de visita de una persona, empresa o institución, un comentario sobre un restaurante, una dirección geográfica…

El lenguaje, impulsado por Google, es un estándar en pleno desarrollo, que para cada una de las piezas de contenido estructurado es capaz de generar un snippet enriquecido: una pequeña pieza de su página de resultados en la que incorpora datos adicionales: precios, ubicaciones geográficas en Google Maps, horarios de las películas en el cine, etcétera.

La idea es que el usuario que busca determinado dato no tenga que ir después a la página web siguiendo un enlace desde el snippet en la página de resultados (SERP) de Google. El propio resultado es la respuesta que busca, no un vínculo a la solución. Y, evidentemente, es la respuesta semántica que las máquinas necesitan para comunicarse y comunicar en nombre de nuestro trabajo.

El interés de Google es tan grande en el uso de componentes informativos estructurados que ha dispuesto una herramienta gratuita [Google-3] para que cada programador pueda probar y comprobar su código.

Cada cierto tiempo, surgen mejoras que han sido consensuadas en la comunidad de programadores que impulsa [Google-1], en cuyo sitio web encontrarás ejemplos de aplicación.

La filosofía de Microdata es la simplificación máxima en la generación de códigos, de manera que los programadores puedan llegar a automatizarlos en sitios web dinámicos.

Casi todos los valores actúan como componentes de programación intercambiables. Es decir, se escriben del mismo modo y tienen una utilidad muy similar, aunque su interpretación sea distinta en función del contenedor Microdata en el que se utilicen.

Por ejemplo, el atributo con valor `name` se corresponde al nombre de una persona si está dentro de un elemento contenedor (`article`, `figure`, `aside`, `section`, `footer`, `div`...) que es una ficha personal (`itemtype="http://schema.org/Person"`). Pero si está dentro de un contenedor que es una receta de cocina, será la denominación del plato. En ambos casos es el nombre propio que designa particularmente el objeto informativo, pero tiene interpretaciones semánticas distintas si se trata de una persona o de un manjar.

Cómo se escribe un snippet enriquecido

La memorización de los valores y de cómo escribirlos, por la compatibilidad de sus componentes, es muy sencilla. Aunque, para ser sinceros, la mayoría de programadores utilizan modelos y plantillas. Y es algo que recomiendo.

También tienes que tener en cuenta que los atributos y valores de Microdata no se pueden escribir en modo WYSIWYG con ningún editor. Tendrás que adentrarte en el código fuente y escribirlo a mano.

Como en todo el lenguaje HTML, Microdata está formado por atributos y sus respectivos valores que son compatibles con HTML5. Por lo tanto, será necesario ampliar las etiquetas de los elementos HTML.

Cuando tengas que escribir un código Microdata, piensa en cajas que se guardan dentro de otras cajas. Por ejemplo, una tarjeta de visita sería una caja, que en su interior tiene otra con el nombre de la persona, otra con el de su dirección postal, otra con su teléfono y otra con su e-mail. La caja de la dirección postal, a su vez, encierra dos más: la calle, número y piso, y la ciudad. Y la caja de la ciudad, conserva otras dos: el código postal y el nombre de la localidad. Lo mismo sucede con la caja teléfono, que esconde un par: el teléfono fijo y el teléfono móvil.

Esta es la filosofía de trabajo de Microdata. La segmentación del contenido en componentes intercambiables e identificables.

Para que te resulte más fácil, procura que el código fuente esté tabulado correctamente. Si no, el lío puede ser morrocotudo.

Volvamos a las cajas. La caja exterior es la que identifica y da un sentido a los cajones que contiene. Por lo tanto es la que indica que todo lo de su interior —y sólo si contiene atributos Microdata— forma parte de una estructura de programación que traslada un valor semántico adecuado.

La caja principal —en el ejemplo siguiente un `figure`— se identificará con el atributo *booleano* [56] `itemscope`. Éste declara el envoltorio, la caja exterior, el valor global del contenido. Pero para que sea definido de algún modo necesita indicar qué patrón de Microdata se va a utilizar. Por lo tanto, también incluirá el atributo `itemtype` con un valor que es la URL más adecuada de cuantas etiquetas ofrece Microdata. En el caso de una persona, el valor sería http://schema.org/Person.[57]

---

56 Los valores *booleanos* de los atributos no requieren un valor. Si existen, se considera que son asertivos. En cambio, para valores negativos puede requerir `false` o `0`.

57 En versiones antiguas de Microdata también puedes encontrar la URL de referencia http://data-vocabulary.org, que hoy sigue siendo válida.

Atención, todas las cajas que a su vez contienen cajas, por regla general utilizan el esquema de definición `itemscope itemtype="xxx"`, aunque formen parte de cajas superiores.

Las cajas interiores se identifican con el atributo `itemprop` y con el valor adecuado a cada contenido.

Observa una tarjeta de visita dentro de un `figure` y cómo se transforma con Microdata en una entidad semántica propia, sin que afecte la lectura por parte de los visitantes de la página web:

```
<figure>
    <p>Pepe Gotera</p>
    <img src="careto_de_pepe_gotera.jpg" alt="Retrato de
don Pepe Gotera">
    <p>Factotum</p>
    <p>Pepe Gotera y Otilio</p>
    <p>Avenida de la Circunvalación, s/n<br>08000 -
Barcelona</p>
    <p>Teléfono: 93 555 55 55<br>Fax: 93 555 55 55</p>
    <p><a href="mailto:pepegotera@pepegoterayotilio.com"
title="Correo electrónico de don Pepe
Gotera">pepegotera@pepegoterayotilio.com</a><br>
    <a href="http://pepegoterayotilio.com" title="Pepe
Gotera y Otilio, Chapuzas a Domicilio">Pepe Gotera y
Otilio</a></p>
</figure>
```

La transformación:

```
<figure itemscope itemtype="http://schema.org/Person">
    <p itemprop="name">Pepe Gotera</p>
    <img src="careto_de_pepe_gotera.jpg" alt="Retrato de
don Pepe Gotera" itemprop="image">
    <p itemprop="jobTitle">Factotum</p>
```

▶

```
  <p itemprop="affiliation" itemscope
itemtype="http://schema.org/Organization">
    <span itemprop="brand">Pepe Gotera y Otilio</span>
  </p>
  <p itemprop="address" itemscope
itemtype="http://schema.org/PostalAddress">
    <span itemprop="streetAddress">Avenida de la
Circunvalación, s/n</span>
    <br>
    <span itemprop="postalCode">08000</span> - <span
itemprop="addressLocality">Barcelona</span>
  </p>
  <p>Teléfono: <a href="tel:0034935555555"
title="Teléfono: 93 555 55 55" itemprop="telephone">93
555 55 55</a><br>Fax: 93 555 55 55</p>
  <p><a href="mailto:pepegotera@pepegoterayotilio.com"
title="Correo electrónico de don Pepe Gotera"
itemprop="email">pepegotera@pepegoterayotilio.com</a>
<br>
  <a href="http://pepegoterayotilio.com"
title="Pepe Gotera y Otilio, Chapuzas a Domicilio"
itemprop="url">Pepe Gotera y Otilio</a></p>
</figure>
```

Si los elementos span no han sido alterados para el figure por el programador con estilos CSS, se trata de módulos transparentes. Es decir, de elementos que no se ven en la interfaz de la página web y que, sin embargo, sirven para almacenar en su interior fragmentos de texto. Usándolos en Microdata podemos declarar los atributos correspondientes a cada componente informativo.

Para una tarjeta de visita hemos empleado tres tipos de cajas: el esquema para una persona que contiene los datos del individuo y los esquemas de la empresa para la que trabaja y de su dirección postal.

He incorporado un *Anexo* con los snippets enriquecidos más habituales que puedes necesitar. Recuerda que tendrás que copiar sólo la posición del `itemscope` e `itemtype` dentro de los elementos que tú hayas generado.

Una advertencia final. Si el snippet enriquecido no está en tu página sino que se encuentra en otra página que vas a embeber utilizando un `iframe` (*Chupar cosas externas: vídeos, mapas...*), el `itemscope` e `itemtype` deben escribirse en la llamada al `iframe`. Si ya se han llamado en un elemento previo (un `section`, por ejemplo) y el `iframe` carga un elemento de `itemprop` en otra página, tendrás que escribir el `itemprop` en la llamada del `iframe`. Si no, el esfuerzo no servirá de nada.

El lugar de los datos estructurados

Un snippet enriquecido se puede escribir en cualquier sitio. Basta con utilizar etiquetas que no afecten al diseño, como sucede frecuentemente con `span`, para ir anidando elementos y elementos de datos estructurados.

Sin embargo es probable que te interese escribir los snippets que afectan al contenido que estás elaborando dentro de un `figure`. Al fin y al cabo, una tarjeta de visita aporta mucha más información de la que se necesita en la narración de cualquier hecho.

Aunque también, cuando se trata de más de un dato, es probable que integre un ítem (`li`) en un listado. Por ejemplo en listas de direcciones de puntos de venta, organismos públicos vinculados con la noticia o bibliografía seleccionada mencionada en el artículo.

Es más, es posible que la lista se ubique dentro de un `figure`.

O, en el caso de una información patrocinada, podría interesar colocar la tarjeta de visita del patrocinador en un `section` dentro del elemento `article`. También si se trata de un acontecimiento previsto en un modelo informativo en el que se plantea su cobertura previa. La cita sería albergada por un elemento `section`.

En cambio, si lo que se describe es un artículo a la venta, dentro de una tienda, todo el elemento `article` constituirá el snippet.

Las combinaciones son infinitas. Decide el motivo por el que quieres publicar los datos y qué relación tiene con el cuerpo principal de texto. Algunas posibilidades son:

- Tarjeta de visita

  Para el organismo, institución o empresa protagonistas de la información o a los que los lectores pueden dirigirse para algún trámite relacionado con la misma. Por ejemplo, en una información judicial en la que intervienen distintos organismos simultáneamente (juzgados ordinarios, Audiencia Nacional, fiscalía y Fiscalía Anticorrupción…) y puede ser un lío para el lector.

  También sirve para identificar a la persona de la que se habla o con quien se habla, cuando corresponde a una entidad o empresa: nuevo presidente de un banco, catedrático de universidad, experto en la materia… los datos de contacto suelen ser los profesionales.

- Producto

  Estás trabajando en los contenidos de una tienda online y te encuentras en la página de detalle que, además, tiene el botón de compra.

- Bibliografía académica

  Citas bibliográficas del material citado en el artículo, según las normas ISO 690.

- Libros, discos, películas cinematográficas y espacios de televisión

  Cuando escribes una crítica o dentro de un comentario especializado se citan como referencias no académicas.

- Recetas de cocina

  Cuando el texto es íntegramente una receta de cocina o se destaca una receta hablando de un cocinero o un restaurante.

- Acontecimiento

  Cuando se realiza la cobertura previa de un acontecimiento: concierto musical, obra de teatro, partido de fútbol… A posteriori, no tiene sentido.

- Cita periódica

  Cuando se hace referencia a una clase, seminario, consulta médica o cualquier otra actividad que tiene lugar periódicamente y en el mismo horario. Por ejemplo, una sesión de control en las Cortes.

- Lugar

  Espacio físico que no está asociado a una tarjeta de visita. Por ejemplo, cafetería en la que tendrá lugar una cita, almuerzo o desayuno de prensa con un personaje, o espacio que se convierte en protagonista informativo, como el restaurante barcelonés en el que operaba la agencia de detectives Método 3 espiando a la líder catalana del PP, hecho que suscitó un sonoro escándalo en 2013.

- Medicamento
Sólo si se refleja la ficha completa del medicamento: principios activos, presentación, tipología, indicaciones y contraindicaciones, dosificación recomendada, efectos secundarios, fabricante...
Ve con cuidado con la información médica y farmacéutica. Una práctica ética casi obligatoria impide vincular el medicamento a una enfermedad, para evitar que los usuarios se automediquen.
Puede ser una información útil cuando el medicamento ha sido retirado por algún problema o está cuestionado.

- Enfermedad
En casos de epidemia o de alerta de las autoridades ante un posible contagio masivo, el snippet de la enfermedad muestra las posibles causas o enfermedades vinculadas, los grupos con mayor riesgo, los síntomas y la terapia.
Hay que tener las mismas precauciones que con los medicamentos. Podría generar pánico, activar la hipocondría y fomentar la automedicación.

Chupar cosas externas: vídeos, mapas...

Después de darle muchas vueltas, efectivamente, la palabra *chupar* resume a la perfección el concepto que aborda este capítulo. Porque lo que hacemos, cuando cargamos elementos de contenido de otros servidores o servicios externos es *chuparlos* en nuestro beneficio, vampirizando su ancho de banda. Lo hacemos así cuando cogemos un mapa de Google, una película de Youtube o Vimeo, un hilo de debate de Branch, unos comentarios de Facebook o la discusión de Twitter vía Storify. Importamos todo el contenido, cargando el ancho de banda consumido por nuestros usuarios al servidor del servicio online o de la red social.

De hecho, nos lo ponen muy sencillo. Sólo tenemos que copiar y pegar unas líneas de código en nuestra página o utilizar algún botón de *bookmarklet* que hayan dispuesto para nuestro modelo de gestor de contenidos. Y nos olvidamos de todo. Los estilos, que no son nuestros, siempre estarán perfectos. Las actualizaciones, automatizadas. Y lo que queremos que se muestre en nuestra página, se verá más o menos como queremos.

Pero lo que estamos haciendo es generar un hueco en nuestra página para que las redes sociales y las plataformas de servicios en Internet inserten, dentro de elementos `iframe` y `object`, sus propias programaciones: código fuente HTML, hojas de estilos e instrucciones de JavaScript que actúan como ellos desean y que, además, acostumbran a *chupar* —de nuevo con la literalidad de este verbo— los datos de navegación de nuestros visitantes: de dónde vienen y a dónde van, cuál es su sistema operativo, desde qué tipo de dispositivo acceden, su posición geográfica, el idioma de sistema operativo y de navegador, las palabras clave utilizadas...

En Internet, si un producto es gratis, es que el producto eres tú. No lo olvides nunca.

El 'iframe', un marco para el agujero negro

Hace pocos años parecía que el elemento `iframe` iba a desaparecer por su concepto antiguo y por las fisuras en la seguridad que plantea. Y, sin embargo, míralo. Ahí lo tenemos. Triunfando por todo lo alto en esta era de Internet.

Se llama `iframe` porque filosóficamente es el heredero de un antiguo elemento de los inicios del lenguaje HTML: el `frame`. Hace más de una década, la forma de dinamizar los sitios web consistía en generar páginas para fragmentos de pantalla. Una página contenía el menú. Otra, la cabecera; otra, el pie de página; y otras, los elementos individuales de contenido. Todas estas páginas eran únicas y estáticas y el resultado final se componía de una especie de rompecabezas en la que se acoplaban estos fragmentos.

Todos ellos se llamaban desde una página vacía que contenía los `frame`. A cada `frame` le correspondía albergar una página HTML. Los enlaces entre ellas —un verdadero lío—, dependían del atributo `target`. Se podía llamar a otra página HTML que se abriera en el `frame` del *footer* desde un enlace en el `frame` de la cabecera, por ejemplo.

La ventaja de trabajar con `frame` era la escritura única de un fragmento de HTML para todo un sitio web, como en las páginas dinámicas actuales. Se editaba el menú y servía para todas las páginas de contenido.

Las desventajas eran enormes: una única URL para todo el contenido, el no seguimiento de las páginas y enlaces por parte de los buscadores, la frecuente inconsistencia de los hipervínculos con resultados inesperados, la aparición de barras de *scroll* por doquier…

El `frame` era una enfermedad que había que erradicar y se logró. Aunque todavía encuentres por ahí sitios web programados así. Habría que azotar al dueño, créeme.

El `iframe`, digno descendiente de aquel `frame`, tiene un funcionamiento muy parecido. Anida en su interior a una o más páginas HTML que se muestran en pantalla. Y tiene también errores muy similares.

La ventaja fundamental es que permite la carga en un bloque y en cualquier espacio de la página, a diferencia de su predecesor, que requería montar una página en blanco, sólo con las llamadas a `frames`, y hacer verdadero encaje de bolillos para que un poquito de contenido en un pequeño espacio cuadrado se mostrara en el centro de la página, por poner un ejemplo.

Por lo tanto, el `iframe` es un agujero negro que abrimos en la página por donde puede entrar aquello que queremos —un servicio o un objeto informativo—, pero también todo lo que no deseamos: publicidad, software malicioso, enlaces de *black SEO*…

Por este motivo se creía que iba a desaparecer. En cambio, aquí está. Siendo usado por todas las API para que nos sirvan su contenido: botones de seguimiento en redes sociales, fotografías, animaciones, calendarios, etcétera.

Las ventajas de un `iframe` se pueden resumir en:

- Rapidez:
  La programación que nos interesa se ejecuta en el servidor de origen del servicio informativo u objeto de contenido que hemos llamado, de manera que toda la carga suele ser bastante rápida.
- Simplicidad de uso:
  La llamada a los archivos Ajax (Asynchronous JavaScript And XML) que lo actualizan automáticamente o que generan la animación esperada puede superar el centenar de ficheros. Si tuvieras que integrarlos, tendrías que escribir manualmente su llamada en la cabecera de la página. Es decir, te ahorras un centenar de líneas de código para mostrar una cosita.

- Flexibilidad:
  Le puedes pasar variables por la URL de llamada: preferencias de uso, geolocalizaciones, tipo de archivo o de autor, y un largo etcétera.

Pero también tiene desventajas:

- Rigidez:
  Salvo que el servicio te haya proporcionado permiso para modificar algunas partes de su interfaz mediante la API, no te va a facilitar la adaptación del diseño a tu contenido o entorno. De todos los servicios en el mercado actual, Google Maps es el que mejor puedes adaptar a tu interfaz. Y eso no es mucho que digamos.

- Violación de la privacidad:
  En el momento en el que enlazas con el servicio externo, éste tiene acceso a los datos de navegación de tus usuarios. Desde ellos puede inferir sexo, profesión, nivel económico, intereses… y generar lo que se denomina *social graph* para su uso futuro.
  Y no, no mejorará la experiencia de navegación del usuario. Lo que hará será mostrarle sólo lo que le quieran vender, ocultándole lo demás.

- Caídas de servicio incontroladas:
  Si el servidor externo tiene una caída, se te caerá un trozo de tu página.

- Dependencia excesiva:
  Si deja de funcionar el servicio externo, generalmente no te enteras porque no sueles mirar tus propias páginas. Y no cuentes con que un usuario te avise. Estos comportamientos solidarios entran en el ámbito de la mitología.
  Si la URL enlazada desaparece, te estará proporcionando un error 404 que te puede penalizar en buscadores.

- Aislamiento de la programación:
  La comunicación entre el archivo enlazado en el `iframe` y el resto de la página es pésima. Existe un truco utilizando archivos de Ajax dispuestos en espejo, pero tienes que tener el control de ambos servidores. Y el del externo, no lo tendrás.

Si la página enlazada cambia su altura, te aparecerán barras de *scroll* por todas partes. `iframe` no es flexible y necesita que le pases las dimensiones exactas de lo que se mostrará.

* Asemántico:
  No tiene ningún valor semántico. No traslada ningún significado. Es sólo un medio de mostrar contenido de origen distinto en la página.

A esta lista suele añadirse que el contenido de un `iframe` no es seguido por los robots de los buscadores. Y eso es incierto, pero sólo en parte.

Efectivamente, los robots no siguen las URL del contenido de un `iframe`, pero no en todas las circunstancias (Figura 13). Cualquier especialista en SEO te confirmará que si enlazas con una película de Youtube y ésta desaparece, provocando un error de contenido, tu página recibirá una penalización por parte de Google. En cambio, si el vídeo es tuyo y estaba en un servidor externo que controles, no habrá penalización.

Por si fuera poco, Google anunció hace un año que sigue los comentarios de Facebook que han sido embebidos por otras páginas. De modo que una crítica expresada en un bloque de comentarios de Facebook insertado mediante `iframe` en una página puede servir ahora para penalizar todo su contenido. Y no se tiene constancia de que suceda lo mismo con tuits integrados.

De ahí que la relación del `iframe` con los buscadores sea sólo cierta… a medias.

En fin, pese a estas circunstancias, este elemento es lo que utilizan todos los servicios externos para colocar contenido en tu página.

Cómo se usa el código externo

Habitualmente los servicios externos se ubican en un elemento semántico que alberga el `iframe`. Si se trata de vídeos, parece natural que se usará un elemento `figure`.

En caso de duda, aplica los criterios contenidos en este manual para vincular el tipo de contenido y su valor semántico. Es decir, establece una relación periodística entre la jerarquía del contenido de la página y la aportación vía `iframe` para decidir qué elemento es el más adecuado para embeberlo.

Una vez hayas creado el elemento, accede al modo de código fuente en el editor WYSIWYG y pega el código copiado que te haya facilitado el servicio externo.

Figura 13
Captura de pantalla de un blog de *La Vanguardia* que presentaba un error en la integración de contenido de Storify. El error —momentáneo y debido al servidor externo— podría causar una penalización a la página que lo albergaba.

Compruébalo antes de darlo por bueno, porque los propios filtros de Ajax de tu editor WYSIWYG pueden haber alterado la URL de destino y es posible que tengas que corregirlo. También es probable que tengas que modificar parte del código extraordinario que te hayan facilitado. El servidor de vídeo Vimeo entrega este código:[58]

```
<iframe src="http://player.vimeo.com/video/66971386"
width="500" height="281" frameborder="0"
webkitAllowFullScreen mozallowfullscreen
allowFullScreen></iframe> <p><a
href="http://vimeo.com/66971386">Cuenta atrás</a> from
<a href="http://vimeo.com/user18544247">Estrategia del
Contenido</a> on <a href="http://vimeo.com">Vimeo</a>.
</p>
```

De aquí sólo nos interesa el elemento `iframe`, ya que el enlace o firma lo usaremos como `figcaption` dentro del `figure`:

```
<figure>
   <iframe src="http://player.vimeo.com/video/66971386"
width="500" height="281" frameborder="0"
webkitAllowFullScreen mozallowfullscreen
allowFullScreen></iframe>
   <figcaption><a
href="http://vimeo.com/66971386" title="Cuenta atrás"
target="_blank" rel="external">Cuenta atrás
</a>, por <a href="http://vimeo.com/user18544247"
title="Autor: Estrategia del Contenido" target="_blank"
rel="external">Estrategia del Contenido</a></figcaption>
</figure>
```

---

58 Algunas demostraciones en vivo del uso de estos elementos, en http://d.pr/zPbK.

En el `figcaption` mantenemos un enlace a la página de Vimeo en la que se puede ver el vídeo, por si hubiera problemas en nuestra página. Lo vinculamos al título y citamos su autor, con enlace a la página de perfil en el servidor de vídeo. Y habremos cumplido, convirtiendo `figure` y `figcaption` en elementos con valor semántico que remiten a una página externa. Y eso, aunque el propio vídeo no transfiera ningún valor a las máquinas.

Youtube, por su parte y tras la actualización de su API, sólo facilita el `iframe`. Si usamos un elemento `figure` para embeberlo, tendremos que escribir un `figcaption`.

```
<figure>
  <iframe width="560" height="315"
src="http://www.youtube.com/embed/ni6PTziVaaE"
frameborder="0" allowfullscreen></iframe>
  <figcaption><a
href="http://www.youtube.com/embed/ni6PTziVaaE"
title="Vídeo "Cuenta atrás", de Estrategia del
Contenido" rel="external" target="_blank">Cuenta atrás
</a></figcaption>
</figure>
```

En el `figcaption` aprovechamos para enlazar de forma redundante con el servicio externo de vídeo. De este modo nos aseguramos de que las máquinas, pese a que no pueden penetrar en el contenido del `iframe`, puedan seguir el enlace hacia el documento audiovisual al que nos interesa dar valor.

Para usar un mapa de Google en nuestras páginas obtenemos, también, el fragmento de código fuente que nos ofrece el servicio. Se compone de un `iframe` seguido de un salto de línea y de una nota al margen (`small`) que incluye un enlace que abrirá el plano en el sitio del servicio de mapas:

```
<iframe width="800" height="350" frameborder="0"
scrolling="no" marginheight="0" marginwidth="0"
src="http://maps.google.es/maps?f=q&amp;source=s_q&am
p;hl=es&amp;geocode=&amp;q=UAB+-+VILA+UNIVERSIT%C3%80
RIA,+Cerdanyola+del+Vall%C3%A8s&amp;aq=1&amp;oq=uab&a
mp;sll=41.692248,1.745868&amp;sspn=3.408404,3.565063&
amp;ie=UTF8&amp;hq=UAB+-+VILA+UNIVERSIT%C3%80RIA,&amp;
hnear=Cerdanyola+del+Vall%C3%A8s,+Barcelona,+Catalu%C
3%B1a&amp;t=m&amp;ll=41.494922,2.119257&amp;spn=0.0117
13,0.049003&amp;output=embed"></iframe><br /><small><a
href="http://maps.google.es/maps?f=q&amp;source=embe
d&amp;hl=es&amp;geocode=&amp;q=UAB+-+VILA+UNIVERSIT%
C3%80RIA,+Cerdanyola+del+Vall%C3%A8s&amp;aq=1&amp;oq
=uab&amp;sll=41.692248,1.745868&amp;sspn=3.408404,3.
565063&amp;ie=UTF8&amp;hq=UAB+-+VILA+UNIVERSIT%C3%8
0RIA,&amp;hnear=Cerdanyola+del+Vall%C3%A8s,+Barcelon
a,+Catalu%C3%B1a&amp;t=m&amp;ll=41.494922,2.119257&a
mp;spn=0.011713,0.049003" style="color:#0000FF;text-
align:left">Ver mapa más grande</a></small>
```

Aún así, nos parece insuficiente. Por lo tanto, convertiremos el plano en un snippet enriquecido dentro de un elemento `figure`:

```
<figure itemscope itemtype="http://schema.org/Place">
  <iframe width="800" height="350" src="http://maps.
google.es/maps?f=q&amp;source=s_q&amp;hl=es&amp;geoc
ode=&amp;q=UAB+-+VILA+UNIVERSIT%C3%80RIA,+Cerdanyol
a+del+Vall%C3%A8s&amp;aq=1&amp;oq=uab&amp;sll=41.692-
248,1.745868&amp;sspn=3.408404,3.565063&amp;ie=UTF8&amp;
hq=UAB+-+VILA+UNIVERSIT%C3%80RIA,&amp;hnear=Cerdanyola+d
el+Vall%C3%A8s,+Barcelona,+Catalu%C3%B1a&amp;t=m&amp;ll=
41.494922,2.119257&amp;spn=0.011713,0.049003&amp;output=
embed"></iframe>
  <figcaption>
```

▶

```
▶

    <a
      href="http://maps.google.es/maps?f=q&amp;source
=embed&amp;hl=es&amp;geocode=&amp;q=UAB+-+VILA+UNIVERS
IT%C3%80RIA,+Cerdanyola+del+Vall%C3%A8s&amp;aq=l&amp;
oq=uab&amp;sll=41.692248,1.745868&amp;sspn=3.408404,3.
565063&amp;ie=UTF8&amp;hq=UAB+-+VILA+UNIVERSIT%C3%80R
IA,&amp;hnear=Cerdanyola+del+Vall%C3%A8s,+Barcelona,+
Catalu%C3%B1a&amp;t=m&amp;ll=41.494922,2.119257&amp;s
pn=0.011713,0.049003"
      title="Mapa con la ubicación dela Vila
Universitària de la UAB"
      target="_blank"
      rel="external"
      itemprop="name">
        Vila Universitària de la UAB
    </a>
    <span
      style="display:none;"
      itemprop="geo"
      itemscope
      itemtype="http://schema.org/GeoCoordinates">
          Latitud: 41° 29' 42" N. Longitud: 2° 7' 9" E
          <meta itemprop="latitude"
content="41.494922">
          <meta itemprop="longitude"
content="2.119257">
      </span>
    </figcaption>
</figure>
```

No te alteres, que lo repasamos paso a paso.

Para facilitar la comprensión del código, los atributos que he retocado más están separados en líneas tabuladas.

Primero convertimos el `figure` en el contenedor del snippet, utilizando el formato *Place* (lugar). Pegamos a continuación el elemento `iframe` —únicamente— que nos ha entregado Google Maps.

Fíjate que he retirado los atributos que no se corresponden con HTML5. Más adelante ya verás cuáles son.

Después creamos un `figcaption` en el que escribiremos el nombre del lugar dentro de un enlace: "Vila Universitària de la UAB". Copiamos la URL de la nota al margen (`small`) y la usamos como atributo `href` del enlace. Escribimos un atributo `title` y seleccionamos un `target` de apertura en nueva página usando el atributo `rel` para contenido externo.

Todo esto es para que se abra en una página nueva, manteniendo la nuestra abierta. Si usas el código original de Google, cualquier usuario que activara el enlace perdería tu página y pasaría directamente a Google Maps.

En el enlace, finalmente, usamos el atributo `itemprop="name"`, para definir el contenido como el nombre del lugar.

Nos faltan las coordenadas geográficas para completar el snippet enriquecido correspondiente a la ubicación del mapa. Como escribir la latitud y la longitud junto a la toponimia de la villa universitaria resultaría extraño, escribimos dentro del enlace un elemento `span` que, mediante un atributo de estilo, evitaremos que se muestre en pantalla.

Además del atributo de estilo escribimos el atributo `itemprop` correspondiente al `itemtype` lugar con valor `geo`. Iniciamos una nueva estructura de datos con el elemento *booleano* `itemscope` y usamos un nuevo `itemtype` para las coordenadas geográficas.

Dentro del `span` escribimos el texto *legible* por humanos, aunque podríamos prescindir de él y nos bastaría escribir el código `meta`. La latitud y la longitud la escribimos en su estándar sexagesimal,[59] utilizando los datos del enlace de Google convertido con cualquier herramienta geográfica que encontremos por Internet (por ejemplo, [Andrew]). Un navegador GPS de calidad o Google Earth pueden servirnos.

---

59 Es decir, los valores decimales separados entre comas que aparecían en una de las variables de la URL.

Después escribimos dos elementos `meta` con atributos `itemprop` (`latitude` y `longitude`) y el atributo `content` para el valor correspondiente. Pero esta vez en formato decimal.

Todo el enlace tendrá valor semántico enriquecido, con un contenido que las máquinas pueden seguir e interpretar, valorando la página en la que estás trabajando.

Aunque parece muy aparatoso, sólo requiere un mínimo trabajo adicional.

Los atributos de un 'iframe'

Los `iframe` se crean estableciendo las dimensiones concretas y en píxeles del espacio que ocuparán en la página. Esta es una de las características que proporciona mayores dolores de cabeza para su integración.

Cuando se trata de películas de un servidor externo, utiliza siempre las dimensiones que te proporcione el servidor. Usa los atributos `width` y `height` que te ofrezcan. En cambio, con un mapa de Google puedes cambiar las dimensiones de llamada para que se ajusten mejor al espacio disponible en tu página.

Los valores de los atributos anchura (`width`) y altura (`height`) se escriben en números, sin ninguna unidad de medida. Si existen, el navegador deja de interpretar los estilos CSS correspondientes a las dimensiones que se hubieran definido para el `iframe`.

Uno de los principales problemas de este condenado elemento tiene que ver con las dimensiones. Cuando se carga un archivo externo, las dimensiones de éste deben coincidir con las del `iframe` que hemos programado. Cualquier variación genera la aparición dentro del elemento de barras de persiana (*scroll*) que acaban volviendo turutas a los diseñadores.

Cuando aparece un *scroll,* la propia barra añade, en la mayoría de los navegadores, unos píxeles de más al elemento, de modo que el resultado del primer error causa un segundo error que genera la otra barra de *scroll.* Es decir, si el fallo es de altura, la aparición de un *scroll* vertical genera un *scroll* horizontal. A veces el fallo es por un mísero píxel y encontrarlo lleva mucho tiempo.

Junto a las dimensiones, el atributo fundamental del elemento `iframe` es la fuente del contenido que debe mostrar. Se puede programar de dos formas:

- `src`: Es el más habitual. Contiene una URL que se corresponde con el archivo que debe cargar.
- `srcdoc`: Literalmente es un fragmento de página HTML que el navegador construye como si fuera un archivo externo escrito en este lenguaje.

  Por ejemplo, si el atributo `srcdoc` contiene `<p>Hola, ¿Qué tal?</p>`, generará virtualmente `<html><body><p>Hola, ¿Qué tal?</p></body></html>`.

  Se utiliza para "ocultar" datos. Todo lo que se escribe en `srcdoc` queda oculto —en principio— para los robots de los buscadores y las máquinas, y se puede generar de forma dinámica. El contenido sólo estará al alcance del usuario que vea la página.

  He visto este modo de programar en resultados privados de votaciones, cálculos de precios para clientes especiales... Pero hay formas más seguras, semánticas y privadas de pasar este tipo de información.

  Por supuesto, `srcdoc` es incompatible con `src`. Si existe, el atributo `src` es ignorado por los navegadores.

El atributo `name` constituye la forma en la que el resto de elementos de la programación se dirigen al elemento `iframe`. El `name` (nombre) debe ser único en la página y respetando los estándares del lenguaje (altura de caja, sin tildes, sin espacios...). Básicamente se utiliza para realizar llamadas entre contenido y continente, pero mejor déjalo en manos de tu programador. Si te encuentras uno, no intentes cambiar mayúsculas y minúsculas. Por lo que pueda pasar.

También hay otros atributos que intervienen en la seguridad de la página que alberga el `iframe`:

- `sandbox`: Reduce el tipo de contenido que cabe dentro de un `iframe`. Es un atributo *booleano*. Es decir, si existe, aunque no tenga valores, el navegador interpreta que desactiva todo cuanto podría activar. Si tiene valores, desactiva todo cuanto puede desactivar a excepción del valor indicado.

Las opciones son estándar: `allow-forms` (permite la carga y uso de formularios), `allow-popups` (permite que se abran nuevas ventanas mediante JavaScript), `allow-same-origin` (permite la carga de otros ficheros no llamados directamente y alojados en el mismo espacio), `allow-scripts` (permite la carga de archivos de JavaScript no llamados inicialmente) y `allow-top-navigation` (permite alterar desde dentro del contenido del `iframe` la navegación de la página que lo alberga). Los distintos valores se pueden combinar escribiéndolos separados por un espacio dentro del atributo.

Su uso principal es la carga, dentro de nuestros `iframe`, de páginas y servicios desconocidos por nosotros y de los que abiertamente desconfiemos.

- `seamless`: Facilita la integración del contenido del `iframe` en nuestra página. El objetivo es que el `iframe` no se note como un pedazo de contenido ajeno en medio de nuestra página. Eso implica que la vinculación entre los enlaces internos y externos es mejor, que los estilos CSS de la página se extienden al contenido embebido y que desaparecen las barras de *scroll* cuando hay un fallo en las dimensiones.

El atributo es *booleano* y, según la especificación técnica de HTML5, si existe, se aplica. Sin embargo, a día de hoy, la mayoría de navegadores no trasladan correctamente los estilos CSS al contenido externo y las malditas barras de *scroll* siguen apareciendo.

La especificación CR del lenguaje apunta a que podría desaparecer. `seamless` no gusta a los proveedores de servicios externos, que verían distorsionada su imagen corporativa y lesionados sus derechos intelectuales y de marca —imagina un estilo que borre el logotipo de YouTube o de Google Maps del contenido integrado— y tampoco entusiasma a los navegadores de Internet, que ven en tanta proximidad entre lo ajeno y lo propio un agujero de seguridad. Probablemente desaparecerá. Considéralo así.

Algunos atributos que tenía `iframe` han desaparecido en el lenguaje HTML5. Sus funciones han sido sustituidas por estilos en cascada CSS:

- `frameborder`: Grosor en píxeles (sin especificar la unidad) de una línea circundante que enmarca todo el `iframe`.
- `scrolling`: Atributo con valor booleano para indicar al navegador si debería mostrar o no barras de persiana en el elemento.
- `marginheight` y `marginwidth`: Márgenes en píxeles (sin indicar la unidad) por arriba y por abajo, y por la derecha e izquierda del elemento, respectivamente.

Todavía los podrías encontrar en el código fuente que algún servicio externo te facilite para su integración. Si están, los navegadores los ignorarán. Pero todo queda más recogidito y limpio si los eliminas.

Por otra parte, verás que los fabricantes de navegadores están forzando la máquina para incluir nuevos atributos. Vimeo, en el ejemplo anterior, incluye el futuro estándar `allowFullScreen`, que será un atributo *booleano* que permitirá ampliar a toda pantalla el contenido del `iframe`. Evidentemente es más útil para vídeos.

Sin embargo, no está implementado como estándar en el lenguaje —aunque no dudo de que lo estará o lo convertirán en una instrucción de estilos CSS—.

Los navegadores Safari, Chrome y Opera, que utilizan el motor de renderización de páginas WebKit, comprenden la instrucción `webkitAllowFullScreen`, ignorando el futuro estándar que impulsa Vimeo. Y Firefox, por su parte, sólo comprende la instrucción `mozallowfullscreen`, ignorándolo también.

Otro atributo cuya incorporación fuerzan los operadores es `allowtransparency`, de valor *booleano,* y que debería convertir el `iframe` en un elemento transparente, mostrando por debajo otros elementos (imágenes, vídeos…). También parece probable que desaparezca en beneficio de alguna instrucción de estilos CSS.

HTML5 está muy vivo. No te sorprendas si te encuentras cosas así.

Elementos 'iframe' que no lo parecen

Los creadores de contenido que se mostrará dentro de `iframe` suelen buscar la fórmula más sencilla para que lo puedas introducir en tus páginas sin mayores preocupaciones.

La mayoría de las veces ni siquiera sabes qué es lo que estás enlazando desde la página. Se trata de un simple enlace a un archivo de JavaScript que genera un bloque de contenido en medio de tu trabajo.

Los programadores están más acostumbrados a este tipo de enlaces. Sobre todo si usan publicidad externa en las páginas. Cada *banner* suele ser un mundo que se carga en `iframe` con un montón de programación para conocer cuándo se muestra, cómo se exhibe, a quién se le enseña, en medio de qué tipo de contenido...

Nunca, o casi nunca, te encontrarás con ese tipo de programación publicitaria. Pero sí puedes encontrarte con otros servicios que son algo más que un simple enlace a un script.

Por ejemplo, Storify, el servicio online que permite generar una narración por acumulación y reordenación de tuits, envía:

```
<script src="//storify.com/EdelContenido/html5-para-
periodistas.js"></script><noscript>[<a href="//storify.
com/EdelContenido/html5-para-periodistas" target="_
blank">View the story "HTML5 para periodistas" on
Storify</a>]</noscript>
```

Y en página, genera:

```
<div class="sfy-story" url="//storify.com/EdelContenido/
html5-para-periodistas" style="display: block; clear:
left; ">
  <iframe src="//storify.com/EdelContenido/html5-
para-periodistas/embed?" name="EdelContenido-html5-
para-periodistas" scrolling="no" frameborder="no"
allowtransparency="true" style="display: block;
background-color: transparent; border: none; overflow:
hidden; width: 100%; max-width: 900px; height: 936px;
min-height: 936px; "></iframe>
</div>
```

▶

```
<script src="//storify.com/EdelContenido/html5-
para-periodistas.js" type="text/JavaScript"
language="JavaScript"></script>
<noscript>
  [&lt;a href="//storify.com/EdelContenido/html5-para-
periodistas" target="_blank"&gt;View the story "HTML5
para periodistas" on Storify&lt;/a&gt;]
</noscript>
```

Analicémoslo. Genera un elemento de bloque (div) con su propia URL, para que sea seguida por los robots de los buscadores, y sus propios estilos de interfaz. Dentro, carga un iframe con la fuente de contenido src y las dimensiones en forma de atributo de estilo.

Tras el div, genera una línea que conecta con una instrucción de JavaScript. Y, finalmente, escribe el texto para los usuarios que tienen desactivadas las funciones de JavaScript: un enlace que envía a Storify para acceder al contenido.

Por lo tanto, el script que copiamos y pegamos —la primera parte del código—, es una función document.write de JavaScript que nos escribe el div con el iframe. Y por ahí nos podrían colar cualquier otro contenido. Si el usuario no tuviera activado JavaScript sólo vería en pantalla el contenido del elemento noscript.

Larga vida para 'object'

Como iframe, object es un elemento que en HTML5 cobra nueva vida. Su comportamiento es muy similar a iframe, pero permite un mayor control y seguridad.

object se utilizaba hasta ahora para embeber en la página applets de Java y, sobre todo, películas de Flash. En el segundo caso, muy frecuentemente en combinación con el elemento embed.

Nosotros lo usaremos en HTML5 para insertar contenido propio con un alto nivel de seguridad y para contenido ajeno del que desconfiamos muchísimo y que antes habremos cargado en páginas intermedias mediante iframe.

Como ejemplo del primero de los casos usaremos la API de Google Maps para generar un mapa interactivo con una serie de marcadores geográficos y una carta de colores que se ajuste a los usos corporativos de la empresa para la que trabajemos.

Podríamos generar el mapa en nuestro propio `article`, pero sobrecargaríamos el código fuente con instrucciones —si podemos acceder al mismo— y ralentizaríamos la carga de la página. Sin embargo, podemos generar el mapa en un archivo que se denomine mapa.html usando la API de Google Maps. Lo alojamos en nuestro servidor y lo llamamos desde un elemento `object`.

Cuando se cargue la página, el proceso de carga será casi simultáneo entre nuestra página web y la del mapa que se genera en un archivo aparte. Esta estructura nos permitirá utilizar un mismo mapa en diferentes páginas, empleando siempre el mismo procedimiento del `object`.

Si lo que queremos es aumentar la seguridad ante unas instrucciones altamente sospechosas, podemos utilizar `object` para generar una página puente que actúe de barrera a intrusiones en nuestro código o captación indiscriminada de nuestros datos y los de nuestros visitantes.

Es decir, entre la página web en la que trabajamos y el servicio externo que deberíamos cargar en un `iframe`, generamos una página intermedia que será la que se cargue mediante `object`. En esta página intermedia, situada en nuestro dominio, cargamos mediante el `iframe` y con todos los atributos de seguridad, el código externo sospechoso.

Después, llamamos a la página intermedia mediante el `object`. Si se produce un ataque a nuestra web, la ubicación en `object` debería dificultar o invitar a desistir al atacante.

El elemento `object` sirve para cargar en nuestra página cualquier recurso externo. Puede tratarse de una imagen, una página HTML o cualquier otro tipo de archivo. A este tipo de recurso podemos transmitirle variables de forma suficientemente segura para que proceda a cálculos sobre el contenido que nos mostrará. Y podemos forzar también el tipo de archivo al que se llamará, para exigir la máxima seguridad al proceso.

object, como iframe, tiene un componente fundamental que es la URL de destino del archivo que debe cargar y que se llama desde el atributo data. A cada tipo de archivo corresponde un tipo MIME (Multipurpose Internet Mail Extensions) inequívoco que se indica en el atributo type. Por ejemplo, una página web tiene un MIME text/html; una fotografía JPG, image/jpeg; y un archivo PDF, application/pdf [IANA-2]. Ambos atributos son obligatorios:

```
<section>
  <object data="mapa.html" type="text/html"
alt="Localización geográfica"></object>
</section>
```

En el ejemplo, el mapa, que se considera un elemento repetitivo en diferentes páginas y se ha construido en una página independiente, se monta dentro de un object y en un elemento section. Las dimensiones se pueden pasar tanto como atributos width (ancho) y height (alto) como mediante estilos CSS de la página, como es el caso del ejemplo anterior.

Para afianzar el nivel de seguridad del elemento cargado, podemos usar el atributo *booleano* typemustmatch. El atributo comprobará que el archivo programado coincide con el MIME declarado. Si no es del mismo tipo, no lo cargará.

Aunque está de capa caída, es posible que se necesite un conector o intérprete para acceder o visionar el archivo cargado. El atributo plugin recoge la ruta del conector o visor.

Como iframe, object tiene un atributo name opcional que debe ser único en la página. Pero además dispone del atributo form, que es *booleano* e indica que se admite la carga de un formulario HTML externo, y usemap, que convierte una imagen cargada en su interior en una serie de áreas activables como vínculos en la superficie object.

param son unos elementos subordinados que permiten enviar al archivo que carga los parámetros o variables necesarios para calcular el contenido que se mostrará. Por ejemplo, se pueden enviar en `param` las coordenadas de un mapa o la identificación de un usuario.

Siempre que puedas es mejor utilizar `object`, que tampoco tiene valor semántico pero es más seguro, que `iframe`.

Prevención de errores

Las posibilidades de que un `iframe` o un `object` fallen por completo son mínimas. Si la URL que se intenta cargar no contiene ningún archivo, lo normal es que muestren dentro de nuestro elemento un nefasto error 404.

Pero podría darse el caso de que nuestro usuario utilizara un navegador especial para accesibilidad, como Lynx, que convierte las páginas web en texto, o que el archivo que intentamos cargar necesite *cookies* y el navegador del usuario las haya desactivado. Incluso que el usuario de un dispositivo móvil se haya descargado la página para una navegación offline y le resulte imposible conectarse para acceder al archivo que queremos mostrar por medio del elemento.

Corremos el peligro de que `iframe` u `object` muestren el espacio que hemos reservado en blanco, sin ningún contenido.

Podemos, y es muy recomendable hacerlo, crear un contenido alternativo dentro del elemento que se mostrará en el caso de que se produzca cualquier tipo de error.

Habrás observado que, a diferencia del elemento `img`, tanto `iframe` como `object` llaman al contenido desde un atributo pero tienen etiqueta de cierre. En otras palabras, podemos ubicar contenido entre las etiquetas de apertura y de cierre del elemento. Cuando se cargue la URL llamada en el atributo, este contenido permanecerá por debajo, oculto a la vista del usuario.

```
<iframe src="http://www.dominio.com/pagina.html"
width="320" height="240">
  <img src="foto.png" alt="Si ves esta foto, es que no
ves lo que deberías ver">
</iframe>
```

No siempre tendrás la oportunidad de escribir dentro del `iframe` o del `object`. Pero cuando puedas hacerlo, deberás decidir qué tipo de contenido creas.

Si se trata de un mapa, puedes obtener un pantallazo del plano que quieres mostrar y optimizarlo a las dimensiones del `iframe` u `object`. Si falla, el usuario seguirá viendo un plano, aunque no pueda interactuar con él.

Si se trata de una película, puedes obtener un pantallazo de una secuencia, pero es recomendable indicar que es un fotograma sobreimprimiendo un rótulo por si el usuario intentara reproducirlo. Siempre será necesario escribir un mensaje alternativo en el atributo `alt` de la imagen, que justifique su presencia y visión.

En otros casos, puede ser útil escribir un simple texto de alerta:

```
<object data="http://www.dominio.com/video.html"
type="text/html" width="320" height="240"  alt="Vídeo de
la boda de Pepe">
 <p>La lectura de este párrafo significa que se ha
producido algún error en la presentación del contenido
previsto. También puede suceder que su navegador no
reúna las características necesarias para la carga
de iframe, que no tenga conexión a Internet o que sus
especificaciones personales sean incompatibles con el
contenido que debía mostrarse. Pruebe más tarde con otro
navegador, especificaciones o circunstancias para ver el
vídeo de la boda de Pepe.</p>
</object>
```

Lógicamente, los textos alternativos tienen que hacer una referencia explícita al tipo de contenido que debería verse en el espacio. Decir que no se ve, sin más, no servirá de nada a nuestro usuario.

¿Y las películas de Flash?

La pregunta del millón. Si puedes, en HTML5 evítalas. Los dispositivos móviles con sistema operativo iOS no cargan Flash, de manera que tus usuarios con *iPhones* e *iPads* no verán el contenido.

El fabricante Apple [60] está en contra de estas películas por su alto nivel de inseguridad, enorme consumo de recursos, ralentización de la carga de las páginas, conflictos con otras aplicaciones en Ajax...

Las películas de Flash —salvo muy raras excepciones— son inaccesibles, están programadas de forma que los robots de los buscadores no pasan del fotograma principal de escenario, son pesadas y lentas, y aportan escaso contenido útil. Se utilizan preferentemente para animaciones espectaculares pero de poca enjundia y para trasladar una imagen corporativa determinada, algo que hoy puede hacerse con otras herramientas con una calidad similar.

Sin embargo, aún circulan por ahí películas de Flash que se producen y que tendrás que embeber en tus páginas. Si este es el caso, pide a tu programador que utilice alguna herramienta de Ajax para implementarla (SWFObject,[61] por ejemplo). En el caso de que el usuario no disponga de plug-in para Flash, la aplicación le mostrará una imagen estática alternativa.

Otra posibilidad es usar Swiffy,[62] que convierte las películas de Flash en archivos compatibles con HTML5. Pero los resultados pueden ser muy inciertos.

A ser posible, insisto, no utilices el código proporcionado por el fabricante de Flash para embeberlo en tus páginas web (`embed` y `object`). Discútelo con tu programador.

---

60 La cuestión de Flash en las páginas web es también la de la colisión entre dos gigantes de Internet. Tan polémica, que la controversia tiene entrada en la Wikipedia [Wikimedia].

61 SWFObject: [Google-2].

62 Swiffy: [Google-6].

¿Y las 'cookies'?

El mundo está lleno de *cookies*. Las hay buenas y las hay malas. El problema es que no somos capaces de distinguirlas.

Una *cookie* es una porción de programación que almacena en la aplicación del usuario datos extraídos de su propia navegación, para que la página web o los servicios vinculados puedan utilizarlos en el futuro. El usuario, la mayoría de las veces, ni se entera.

Sirven para guardar el nombre de usuario en una página web que necesite registrarse, para pasar los datos de una cesta de pedidos en una tienda online de una página a otra (cantidad de productos, referencias o precios), para mantener el color de fondo que haya escogido el usuario de un servicio… pero también para conocer de dónde viene, a dónde va, qué páginas visita, a qué horas, qué publicidad ha visto, si ha hecho clic en ella, qué versión y tipo de navegador emplea, qué tipo de dispositivo y resolución de pantalla, las palabras clave que haya utilizado para llegar a la página web, si ha visto porno —o visitado un casino, o comprado un billete de avión, o alquilado un coche, o comprado en un supermercado— antes y si ha pagado por ello, y un largo etcétera.

Los creadores de las *cookies* pueden inferir datos personales, algunos de extrema protección: sexo y preferencias sexuales, edad y nivel de rentas, nivel cultural y nivel tecnológico, raza y etnia, ideología política y religiosa. Por este motivo, una directiva (2009/136/CE) de la Unión Europea insta a limitar estrictamente su uso.

La directiva, transpuesta a la legislación de los países miembros, obliga a los sitios web a identificar las *cookies* que se emplean en el seguimiento y utilidad de los sitios web. Generalmente, en los avisos legales se detalla la denominación de la *cookie*, si la gestiona el propio sitio web o terceros, qué elementos contiene y qué finalidad tiene.

Los sitios web tienen la obligación de informar y ofrecer a los usuarios la posibilidad de desactivarlas, para proceder a una navegación más anónima (nunca lo es del todo y muchas veces es imposible, para qué vamos a engañarnos). Sólo se salvan las que son intrínsecas de la utilidad que el visitante de la página web requiere. Por ejemplo, el traspaso de datos de la cesta de pedidos entre las distintas páginas de una tienda online o el acceso restringido a un apartado de usuarios registrados.

Todo esto significa que deberías estar atento al tipo de contenido externo que integrarás en tu página web, porque probablemente estará cargado de *cookies.*

De Facebook a SlideShare, todo usa *cookies* y, por supuesto, los servicios que las usan no preguntan ni suelen advertir. Y menos, con detalle.

Avisa a tu programador de que introducirás estos servicios y al responsable de los avisos legales del sitio web —si no te corresponde la tarea— para introducir una nota de advertencia sobre posibles *cookies* que se usen en `iframe` y `object`, liberándote de la responsabilidad sobre los males que las empresas que gestionen estos servicios online puedan crear con sus galletitas.

Estructura de la página: encajando las piezas

Vamos a jerarquizar nuestro contenido. ¿Qué te parece si para empezar hacemos un repaso rápido a lo que es el lenguaje HTML?

A riesgo de que algún informático me persiga para lanzarme un zapato a la cabeza, creo que podríamos convenir que se trata de un lenguaje orientado a objetos. Es decir, sus componentes actúan como entidades propias que se interpretan de modo determinado. Estos objetos, asociados o vinculados a otros superiores, pueden tener comportamientos distintos. Es holística pura. Agrupados actúan de una forma diferente a cómo lo harían por separado. Y, sin embargo, siguen manteniendo algunas de las características esenciales del objeto independiente.

Evidentemente, los objetos son los elementos del lenguaje, que se definen por sus atributos posibles y su capacidad limitada de combinación (Figura 14). Por ejemplo, un objeto de párrafo (`p`) no puede embeber otro objeto de párrafo. Tampoco puede embeber una lista ordenada (`ol`), una tabla (`table`) o una imagen (`img`).

Por lo tanto, las reglas en su configuración mediante atributos y su capacidad de combinación con otros objetos constituyen las normas ortográficas y la sintaxis de la página web. Son las leyes de la interactuación de unos elementos con otros, como un único sistema dentro de un esquema superior de comunicación, el sitio web.

Además de estas dos características, algunos elementos tienen una apariencia de bloque y otros, de flujo. Los de bloque generan un espacio cuadrado e independiente del resto de los elementos en la página, como `table` o una lista de definición (`dl`). Si intentas alterar sus dimensiones, el texto se descoloca o sólo ves una imagen parcial del contenido.

Los elementos de flujo, sin embargo, tienen una textura líquida y se amoldan a la anchura y altura disponible. Por ejemplo las negritas (`b`), los textos más relevantes (`mark`) y hasta las imágenes (`img`).

Una vez definidos los objetos, recordemos que el código fuente se divide en dos grandes áreas: `head` que incorpora las instrucciones sobre cómo debe ser interpretado el contenido y `body`, donde se organiza el contenido.

`head` no se plasma visualmente como tal en la página web. Sólo permite que se observe el título y el favicon [63] en la ventana del navegador. Por lo demás incluye las instrucciones de interpretación del contenido (descripción y palabras clave), los elementos adicionales que permitan mostrar mejor el contenido (estilos, scripts de programación), versiones alternativas y la relación de la página con el sitio web y con las que le precedan y sigan en la estructura de navegación.

`body`, sin embargo, alberga toda la chicha de la página. Allí los elementos se combinan en grandes áreas de contenido que son como cuerpos de armario, cajoneras y vitrinas que, en conjunto, forman un gran anaquel.

---

63 Favicon es el nombre que recibe un pequeño logotipo del sitio web que se muestra en la barra de direcciones del navegador. Proviene de "icono favorito" y su función consiste en la identificación visual del registro de una URL en la pestaña de *bookmarks* del navegador web. Los dispositivos móviles han introducido una versión mayor y de muchísima calidad de los favicon que se programa también en el `head` y sirve para generar atajos directos a páginas web desde la pantalla del teléfono o tableta.

Figura 14

Disposición habitual de los elementos HTML clave en una página y modo en el que son embebidos por otros elementos. En este ejemplo, la página contiene dos elementos `article`.

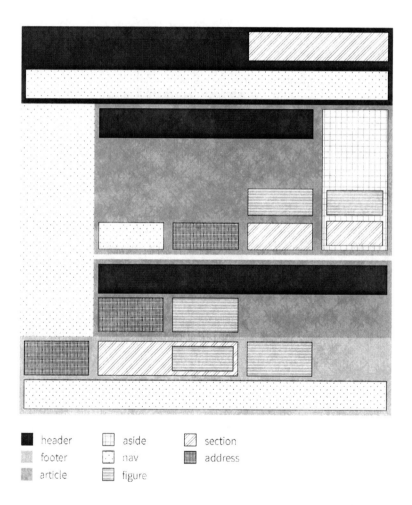

■ header	⊞ aside	▨ section
▨ footer	⋅ nav	▦ address
▦ article	▨ figure	

El cuerpo de la página: 'body'

El elemento `body` tiene tres partes: la cabecera (`header`), el pie de página (`footer`) y el resto que queda en medio. Generalmente nosotros, como creadores de contenido, intervenimos en el *resto*. Pero no en todo. Sólo en una parte.

Cualquier código fuente se lee de arriba abajo y de izquierda a derecha, y el contenido visual, el renderizado por los navegadores, también. Por lo tanto, lo que aparece en primer lugar, será lo primero que se dibuje en la pantalla.

Empecemos por arriba. `header` contiene los elementos que mejor trasladan la identidad de la página, que son indispensables para navegar y que suelen ser comunes a todas las páginas del sitio web. Allí está el logotipo, el menú de navegación principal, el auxiliar, el título para la totalidad de la página, las rutas de navegación, las casillas de búsqueda, los formularios de acceso para usuarios registrados, enlaces a páginas corporativas en redes sociales, etcétera.

Acabemos por abajo. `footer` contiene utilidades para el visitante, créditos y reserva de derechos intelectuales, menús de navegación secundarios, direcciones postales, teléfonos, mapas de localización, vCard, códigos QR, y lo que el diseñador —o el experto en UX—[64] haya decidido colocar.

En medio, está lo demás: el elemento `article`, que es el principal núcleo de contenido de la página y en el que nosotros intervenimos; menús de navegación horizontal o temática; y secciones de todo tipo (agenda, tuits, archivos para descargar, cesta de pedidos, mapas, viñetas, lo más leído...).

Una página puede tener más de un elemento `article`, aunque probablemente uno lo puedas editar tú, como periodista, y los demás se creen de forma automática desde la base de datos.

---

64 UX: Experiencia de Usuario. Concierne al experto en usabilidad.

Ya puedes adivinar que hay elementos que se repiten y tienen comportamientos distintos en función de su programación en el header, en el footer o en el resto de body. Los menús de navegación más habituales (nav) pueden aparecer en cualquier parte de la página, incluso en el (article). Con section pasa lo mismo. Y con figure, que puede aparecer más allá de article, dentro de section.

Pero aún hay más. Además de ser una pieza principal de body, header puede aparecer también encabezando el contenido de article. Y footer, además de como pie principal de la página, podría ser también un pie en un blockquote.

No temas, no es complicado. Cada ubicación tiene su motivo.

El elemento 'header'

Prácticamente ya se ha definido. Cuando header encabeza la página, tiene una función corporativa y de navegación. Reúne los rasgos comunes de contenido en todo el sitio web y facilita el seguimiento de vínculos en un primer nivel. Pero, además, incluye el título principal del contenido de la página que será el que ayudará al posicionamiento en buscadores. Por lo tanto, este titular no puede ser genérico y repetitivo dentro de la misma página o en otras páginas del sitio web. Debe ser único y exclusivo.

La cabecera de la página suele contener un hgroup,[65] que reúne distintos niveles de titular, section diversos que pueden incluir formularios o nav, y un menú principal de navegación (nav).

Cuando header encabeza el article, suele incluir el título o títulos principales, el crédito del autor y la data de escritura. Por lo tanto, caben elementos time, address, figure para los retratos del autor, nav para los tags, y los titulares, justo antes del cuerpo de texto.

Si article se utiliza para cada contribución UGC (User Generated Content), su header suele incluir address para identificar al autor,

---

65 No olvides que hgroup está en entredicho para la especificación definitiva del lenguaje.

`figure` para su imagen de perfil o avatar, `nav` para los tags asignados, etcétera.

Observa cómo cambia su función semántica. En un lugar define el contenido de toda la página. En otro, sólo del contenido esencial y distinto de la página o de esa parte de la página.

El elemento 'footer'

El pie de página suele tener su propia estructura de titulares agrupados en un `hgroup`. Luego el resto de su contenido se distribuye en `nav` y `section`. Como parte corporativa de la página suele figurar un snippet enriquecido con la dirección y teléfonos de la organización y secciones con listas de contenido o párrafos. No es infrecuente que en esta área se muestren los últimos tuits, que no dejan de ser una lista no ordenada, `ul`.

Si se acepta su presencia dentro de un elemento `blockquote` (y dentro de un `article`, por supuesto), el `footer` es la mención de la fuente autora de la cita, por lo tanto usa el elemento `cite`.

El elemento 'article'

Todo este manual está dedicado a `article` y a lo que contiene y podemos manipular como periodistas.

Si has llegado a esta página sin saltarte el resto, poco queda que añadir. Ahora me centraré en los grandes bloques que caben dentro del elemento.

Como he indicado, `article` puede tener un `header`. No es obligatorio. Y probablemente no te permitan escribirlo. Se compondrá automáticamente con tus datos de autor, el título, la fecha del día y el etiquetado temático, obtenido desde la base de datos del sitio web.

Si tienes que escribirlo, úsalo sólo si hay suficiente contenido antes de iniciar el cuerpo de texto. Si sólo hay un título, no vale la pena.

Si lo escribes, ve con cuidado con los estilos que se hayan definido. Podría proporcionarte desagradables resultados inesperados. Consulta con tu programador y tu diseñador antes de ponerte manos a la obra.

Además de `header` y el correspondiente cuerpo de texto principal, `article` puede contener uno o más `nav`. Es decir, menús de navegación para páginas con contenido serializado (dividido en distintas entregas y generalmente numerado) o para avanzar y retroceder por las páginas en un sistema de blog.

Este menú hace referencia al contenido actual de la página, no a una navegación horizontal en la estructura del sitio web. Y por supuesto, no a una navegación vertical.

Desde `article` no se navega en las páginas del apartado "accesibilidad", aunque estés en una página de esta temática. Se navega entre las páginas "Accesibilidad α" y "Accesibilidad Ω", o entre la página anterior y la posterior en orden de creación en un sistema de blog.

Por lo tanto, sólo cabe el elemento `nav` si la navegación está íntimamente ligada al contenido que has creado. También en este caso, si tienes que crear un menú, mejor háblalo antes con tu programador.

En `article` caben, por supuesto, `figure` y `aside`. El primero sirve para cualquier pieza informativa que permita una mejor comprensión o ilustración del cuerpo de texto principal. Y el segundo, que sólo puede aparecer dentro de `article`, es un despiece informativo o comentario de opinión sobre el cuerpo de texto. Por lo tanto, aporta una nueva realidad que dimana de la narración principal en forma de pieza informativa secundaria —en caso de no existir la principal, tendría plena vigencia como noticia— o como un punto de vista distinto al que podría inferirse respecto de los hechos.

Evidentemente `aside` es la pieza menos comprendida por quienes no son periodistas. Te toca batallar por defenderla.

No existe un máximo de piezas `figure` y `aside` que quepan dentro de `article`. Todo queda en manos de tu buen juicio.

Por supuesto, `aside` puede contener a su vez elementos `figure` que sólo ilustran el cuerpo de texto del despiece.

`section` es el tercer gran bloque de contenido que puede embeber `article`. Puede tener todas las secciones que se consideren necesarias. Como en los casos anteriores, el contenido de `section` debe ser único para este contenido y vinculado al mismo, aunque su presencia y composición formal sea común a las páginas del mismo tipo.

Por ejemplo, parece lógico que cada página de noticia —contenida en `article`— tenga una botonera para compartir la URL en redes sociales. Y también parece lógico que ésta se encuentre junto al cuerpo de texto. Ergo, dentro de `article`. Sin embargo, cada botón tiene un comportamiento único —trasladar la URL exclusiva de la noticia— para esa página web. Y eso, aunque cada noticia albergue una sección visualmente idéntica.

El mismo caso es aplicable a secciones que ubiquen en un mapa la localización geográfica de los hechos que se narran. Todas las páginas tendrán un plano de formato y apariencia similar, pero aquél que se sitúe en un `section` dentro de `article` será exclusivo de la noticia.

El despiece y el comentario del opinador en 'aside'

Por principio, el elemento `aside` sólo cabe dentro de un elemento `article`. Sería discutible, desde una perspectiva de programador, que fuera embebido directamente por `body` si no existe un elemento `article` en la página. Pero como no es nuestro ámbito, como periodistas, obviaremos el debate.

Nosotros trabajamos sobre la parte actualizable del contenido que, necesariamente, debe introducirse en `article`. Por lo tanto, usaremos `aside` para los despieces informativos y para las opiniones sobre el contenido principal de `article`. Es decir, sobre el titular principal y el cuerpo de texto de `article`.

Dentro de `aside` caben uno o más `figure`, en relación con su propio contenido. Es decir, aclaraciones e ilustraciones sobre el contenido despiezado y secundario al principal. Permíteme insistir, porque en la página web estás estableciendo vínculos semánticos y jerárquicos entre los distintos elementos. Esta forma de enlazarlos permite a las máquinas responder mejor a cualquier pregunta que se formule. Y sería fácil ceder a la tentación de utilizar un `figure` dentro de un `aside` para ilustrar con una imagen el contenido principal de `article`, tal y como se ha puesto de moda en los últimos años en muchos periódicos tradicionales.

No cedas a la tentación del diseñador. Mantente firme.

También cabrían en `aside` menús de navegación (`nav`), aunque no tienen mucho sentido si cambian la URL de la página que el usuario visita. Considera que podrían existir si los enlaces del nav actúan sobre una aplicación de Ajax que, sin perder la dirección de la página, únicamente cambia el contenido visible del aside.

Por ejemplo, tres billetes [66] de expertos sobre un acontecimiento, que ocupan excepcionalmente un espacio fijo en la página pero que sólo muestra uno a la vez. Debajo del billete, una botonera nav permite alternar las opiniones, sin que se tenga que recargar la página. Desaparece el que se veía y se sustituye por otro.

Desde la perspectiva de la usabilidad es un crimen, porque obligas al usuario a hacer clic para acceder al contenido que desea ver. Pero desde la perspectiva de la gamificación de la página web, lo mantienes entretenido. Otra cosa es que te interese mantener entretenido a un usuario que podría enojarse por la pérdida de tiempo al que se le somete.

Para que el autor de cada aside pueda firmar sus textos, cabe address.

Recuerda que un address en primer nivel de la estructura HTML anula todos los demás. Y que, a día de hoy, prevalecerá el contenido de article y, por lo tanto, el address que lo firme.

También puedes escribir section en el interior de aside. La habitualidad de section en el modelo de despiece, sin embargo, es más difícil de justificar.

Un ejemplo a vuelapluma: estás escribiendo en un sitio sobre viajes a partir de actividades que el viajero pueda emprender. Por ejemplo, visitar Barcelona y contar las baldosas del Passeig de Gràcia que dibujan en las aceras un itinerario por el Modernismo arquitectónico —sí, es una excusa tonta, tienes toda la razón—. Para cada article se cuenta con la colaboración de un geógrafo que amplía datos sobre el destino. Esta colaboración, donde se mezcla información y opinión, se cuelga de un aside en el que se muestra siempre un pequeño mapa del área visitada dentro de un section.

---

66 En periodismo viejo: pequeñas columnas de opinión que se mostraban apaisadas. Ya no sé si se usa o si se usa sólo muy localmente allá donde he ejercido. El diccionario lo recoge con la acepción de carta breve.

De este modo, `section` pasa a ser habitual en un despiece.

Otra página del ejemplo podría titularse "El arte del regateo en el zoco de Damasco", con comentarios del geógrafo sobre arquitectura, historia, perfiles sociales que el viajero puede encontrar en ese mercado, y, en un `section` el plano de Damasco centrado en el zoco.

Ilustraciones y aclaraciones en 'figure'

El elemento `figure` es un gran recurso que refuerza aquello que se ha escrito con imágenes, vídeos, información estructurada adicional, enlaces a documentos para descargar, enlaces externos a páginas con más información, planos de situación a los que se hace referencia en el elemento en el que están embebidos, etcétera.

Siempre depende de un elemento superior. Y la información que transmite es prescindible.

Has visto cómo se usa en combinación con distintos elementos en `article` y también en `aside`. Pero lo puedes encontrar en muchos otros elementos de la página.

Imagina un menú sobre candidatos electorales que abre páginas independientes con sus perfiles personales. El usuario sólo requiere su nombre y formación política en los ítems del menú (la estructura sería `nav`, `ul` y `li`) para reconocer el botón. Sin embargo, si son rostros suficientemente conocidos, un retrato antes de cada nombre facilita la interpretación del menú. Cada retrato se encuadraría en un elemento `figure`. Aporta un contenido no indispensable al botón.

También se puede utilizar dentro de una firma de contenido `address`, para el logotipo de la organización del autor o su retrato. O dentro de `section`. Imagina que escribes un sitio sobre biografías de grandes artistas de la música, y en cada perfil hay una sección con su discografía seleccionada. Junto a cada nombre de CD (o LP), discográfica y año, en un `figure` pondrías la carátula correspondiente. En este caso, además, te recomiendo construir un snippet enriquecido con todos los datos de cada obra.

En algunos casos, un `figure` puede ilustrar un contenido en una celda (`td`) de una tabla. Rizando el rizo, es posible un `figure` con una `table` y dentro de las celdas de ésta, otros `figure`. Cuidado: que sea posible no significa que sea recomendable.

Y, en colecciones de imágenes, un elemento `figure` puede contener innumerables elementos `figure`.

Antes de usarlo con imágenes, plantéate si éstas transfieren contenido por sí mismas o son simplemente ornamentales. Si es así, no las cargues en un `figure`. Utiliza mejor estilos CSS evitando que consten en el documento HTML y que el resto de elementos fluyan a su alrededor. Lo mejor es que le pidas el apaño a tu programador o diseñador.

Sospechosos habituales: 'section'

La principal característica de `section`, aparezca donde aparezca, es su habitualidad. Es un tipo de contenido que puede guardar relación con el contenido principal de `article` como unidad informativa y se ubicará en su interior, o con la página como unidad comunicativa y se ubicará fuera de `article`.

Hay que tener muy claras las unidades de las que estamos hablando:

- Unidad informativa mínima: el contenido novedoso y cambiante de la página, que generamos en `article`.
- Unidad comunicativa mínima: la totalidad del contenido novedoso y cambiante de los distintos `article`, la suma de los servicios y utilidades para el visitante de la página y las informaciones adicionales, frecuentes o no, que forman el contenido de la página. Por deducción: la unidad comunicativa mínima es la página.

Un `section` es algo habitual en un formato o diseño de presentación del contenido. Y absolutamente prescindible para su comprensión. El usuario no se sorprende de encontrarlo en la página. Le puede parecer interesante, útil o divertido. Desde una perspectiva semántica, enriquece al contenido al que se vincula.

El formulario con la casilla de búsqueda y el botón de activación, lógicamente, son un `section` dentro del `header` de la página. Siempre aparece en el mismo lugar. Aporta siempre el mismo tipo de utilidad al visitante. Pero para comprender el contenido de la página, no es necesario.

El botón de descarga de un epub corporativo, que puede aparecer en todas las páginas de un blog de empresa no es un menú, es un `section` que aporta valor a la página que lo alberga, pero no es indispensable para comprenderla.

Las últimas cinco menciones en Twitter en cualquier página son un `section` que incluye, probablemente, una lista no ordenada (`ul`) y que sólo demuestra que la audiencia está viva. Pero no aporta mejor comprensión del contenido de la página.

La lista de los títulos de las tres páginas más leídas (interprétese visitadas) de un blog, situada en el `footer` de las páginas de un sitio web, es un `section`.

Y también es un `section` la botonera de *bookmarking* en redes sociales para el `article` principal de la página y situado en su interior, porque los enlaces que contiene no son genéricos, sino que se refieren al contenido estricto de la URL. O un enlace en el que obtener el contenido de `article` en formato PDF generado al instante. También es un `section` dentro de `article`, que no aporta mayor comprensibilidad pero que sólo cabe dentro de `article`.

Si un `section` no está en todas las páginas con un formato similar y posición, el usuario lo echará en falta.

'address' para las firmas de autor

Como con `figure`, tienes un capítulo entero a explicar el uso periodístico de `address`. Poco vamos a añadir aquí.

Recuerda que, si se han programado varios, sólo transfiere valor semántico el elemento `address` situado en el nivel estructural más alto de la página (`body`, `header` o `footer`). En el ejemplo siguiente, sólo tiene valor el que está en el nivel del `footer`. Y si éste no existiera, tendría más valor el del primer `article`.

```
<body>
  <header></header>
  <article>
                                                        ▶
```

```
  <aside>
    <address>Dentro del despiece</address>
  </aside>
  <address>Dentro del primer article</address>
  </article>
  <article>
    <address>Dentro del segundo article</address>
  </article>
  <article>
    <address>Dentro del tercer article</address>
  </article>
  <footer>
    <address>Dentro en el footer</address>
  </footer>
</body>
```

Que no transfiera valor, no significa que debamos prescindir de address cuando se necesita. Todo lo contrario. Debe utilizarse siempre para identificar al autor de un cuerpo de texto, programándolo dentro del mismo elemento que embebe titulares, imágenes, vídeos y el texto a los que pone firma.

Una de las características de nuestro trabajo debe ser la reusabilidad de cuanto hagamos. Recuperar y reutilizar el trabajo presente para otro entorno o contexto futuro es un trabajo que empieza ahora. Si debemos reusar un contenido para otro sitio web, acompañando a otras noticias o, simplemente, en un acceso de *permalink,* nos costará menos esfuerzo copiar o llamar por programación al bloque completo que construyamos ahora. Y vendrá con todo. Con la información fundamental y sus datos adicionales: autor, fecha de publicación, de modificación…

La navegación 'nav' y 'menu'

El elemento nav indica que todo su contenido es una serie de enlaces internos del sitio web que permiten su navegación. Alguna vez se introducen enlaces externos, pero son situaciones muy esporádicas.

En los menús principales, `nav` es el más frecuente. Pero el estándar tecnológico HTML5 reserva `menu` para cuando uno o varios de los enlaces —o todos— generan interactividad *in the fly*.

Por ejemplo, una página web tiene tres enlaces: "Empresa", "Contacto" y "Cotización". Los dos primeros envían a páginas con información corporativa y con un formulario de contacto. El tercero, sin embargo, genera un PDF en el acto con la cotización bursátil de la compañía en ese preciso instante y los gráficos de su evolución pasada.

Evidentemente, en este caso, la mejor opción del programador es usar `menu`. Pero ante las dudas que genera su uso y, probablemente, porque el comportamiento de los buscadores sea distinto, la mayoría usa `nav`.

Desde la perspectiva semántica, `nav` es una lista de enlaces que se pueden seguir y que las máquinas utilizan. `menu`, sin embargo, es una lista de enlaces, algunos de los cuáles o todos, activan comportamientos. Y estos comportamientos se producen en dos planos: la inmediatez y la inaccesibilidad.

La inmediatez implica que lo que se obtenga en el momento de su activación será probablemente distinto de lo que se pudo haber obtenido antes y de lo que se obtendrá después. Da lo mismo que el intervalo sea de un minuto o de una hora. Habrá diferencia porque si no la hubiera, no sería útil.

Y la inaccesibilidad supone que aquel contenido que se haya generado en el acto, por su propia naturaleza, utilizará soportes o formatos que las máquinas no pueden comprender —o que se les dificulta la labor de comprensión—. Se usa este formato interactivo, porque si fuera posible generar en texto HTML lo que se pretende, la página incorporaría directamente el contenido en el momento de abrirla en el navegador.

Por lo tanto, `menu` es un elemento que no gusta demasiado a las máquinas. Y menos a los programadores.

El elemento `nav` tiene dos lecturas semánticas básicas: si está en el `header` y si está fuera. Pero los buscadores, además, lo interpretan de forma distinta si aparece como elemento en el `footer`.

Si está en el `header` se considera el medio principal de navegación por un sitio web. Prevalece sobre los demás. Es el primero que siguen las máquinas en su rastreo por el sitio.

Puede haber más de un `nav` en el `header`. Podemos encontrar un nivel principal de navegación y otros secundarios: cambios de idioma en sitios multilenguaje, rutas de navegación, presencia corporativa en redes sociales… Para evitar el conflicto y por su propia lógica, cada uno de los `nav` secundarios deberían estar embebidos por un `section`. De este modo tendrían menor relevancia semántica que el principal.

Los menús `nav` que aparecen directamente en el `body` se utilizan generalmente para la navegación horizontal en las distintas secciones del sitio web. Es decir, se desciende un nivel por medio del menú principal y se navega por el interior del nivel mediante los menús que se muestran en el espacio entre el `header` y el `footer`. También se usan, dentro de `section` y en una posición similar para navegación transversal: cronológica o por contenido etiquetado.

`article`, como has visto, puede tener también menús de navegación `nav`. Pero los enlaces de este menú deben tener una relación inequívoca y exclusiva con su contenido. Por ejemplo, en artículos que se ofrecen en serie. El menú permite navegar por el resultado paginado.

Un `nav` en el `footer` tiene semánticamente un valor secundario, como el resto de los menús de la página a excepción del principal. Pero los buscadores lo valoran de forma especial.

En el `footer`, además de menús auxiliares para elementos corporativos (avisos legales, créditos, garantías contractuales, métodos de cálculo de costes…), los diseñadores han acostumbrado a colocar versiones menos llamativas de los menús principales. En principio se trataba de menús espejo que reproducían la cabecera de la página de una forma discreta, contribuyendo a la usabilidad del sitio cuando las páginas eran demasiado largas.

Luego llegaron los especialistas en posicionamiento y descubrieron que podían utilizar los menús del pie de página para reforzar la estructura de enlaces de interés. Así, que se fueron desdoblando los menús espejo en pequeños submenús con estructuras de enlaces escritas para los buscadores. Y, lógicamente, llegó el tiempo en el que los menús al pie se convirtieron en una poderosa herramienta SEO (Search Engine Optimization) para forzar el posicionamiento de palabras clave y enlaces, abusando de la disponibilidad de diseñadores y programadores.

Tanto fue así, que Google decidió a finales de 2011 penalizar la alta densidad de palabras clave y enlaces sobreoptimizados en los menús a pie de página. De ahí que tengan un tratamiento diferenciado.

La construcción de un elemento `nav` es muy amplia. Fundamentalmente necesita enlaces. Estos pueden escribirse en línea en un mismo párrafo o, mejor y más habitual, en listas no ordenadas `ul`. Utilizando estilos CSS el menú en lista puede mostrarse en una línea de botones horizontal. Un submenú no es un nuevo `nav`, forma parte del mismo. Generalmente se construye anidando una nueva lista dentro de un ítem de lista no ordenada.

Cuando tengas que construir un menú dentro de `article`, recuerda que siempre queda mejor acabado y es más usable si empleas estilos diferentes para los distintos comportamientos del enlace y, especialmente, si logras que el botón correspondiente a la página en la que el visitante se encuentra está desactivado. Exige a tu diseñador que cree los estilos apropiados para usar `nav` dentro de un `article`.

Pon tú el colofón

Quede claro que éste es un libro abierto.

El lenguaje HTML5 es tan flexible que puede dar distintas respuestas a las mismas situaciones y no ha sido creado pensando en nuestras necesidades. Lógicamente discreparás de algunas de mis recomendaciones y me gustaría conocer tu opinión, tus criterios de aplicación, las críticas y comentarios que puedas hacer sobre este volumen. Así aprendo.

En http://www.estrategiadelcontenido.com/post.php?page=html5_para_periodistas puedes dejar tu interpretación sobre las distintas formas de usar este lenguaje tecnológico, pedir consejo a otros creadores de contenido o abrir debates. Entre todos, aportando experiencias propias y criterios profesionales, mejoraremos las técnicas periodísticas del uso de HTML5, con el objetivo de ser más eficientes, más leídos y más influyentes.

Usando los comentarios de esa página pondrás tu colofón a éstas. Eres siempre bienvenido. Para lo que desees.

Demostraciones en vivo

Por cierto, en el mismo sitio, estrategiadelcontenido.com, se alberga más de un centenar de ejemplos en vivo de la aplicación semántica del código HTML5, siguiendo estos criterios. Si, por un casual, cuando lees este volumen el acortador de enlaces ya no recordara la ruta hacia la página, sustituye la dirección URL recomendada `d.pr` por `www.estrategiadelcontenido.com` y añade al final `.html`. *Et voilà*, accederás de nuevo a los ejemplos.

Junio de 2013

Anexo I:
Snippets

Los snippets son, desde la perspectiva de la Estrategia de Contenidos, componentes informativos con un valor semántico propio. En combinación con textos, imágenes o vídeos, u otros componentes generan nuestras piezas informativas.

Cada snippet se estructura con una serie de datos etiquetados, que pueden estar presentes o no. Y que pueden multiplicarse o no. Por ejemplo, una oficina puede tener o no teléfono. Es más, puede tener un único número de contacto o varios números de teléfono públicos. Y sin embargo, el snippet con la tarjeta de visita de esa oficina es un único bloque o componente informativo que las máquinas pueden interpretar, independientemente de la cantidad de números telefónicos de que disponga.

Uno de los rasgos de Microdata es la flexibilidad para la creación de snippets. Las etiquetas se pueden cambiar de orden y multiplicarse u omitirse. Pero, además, es posible combinar distintos esquemas de programación. Un concierto musical previsto en la agenda (esquema

`Event`) se puede combinar con los datos del lugar (esquema `Place`), con la historia de los intérpretes (esquema `MusicGroup`), con su discografía (esquema `MusicAlbum`) y con la compra de entradas (esquema `Offer`). Los snippets pueden crecer tanto como sea necesario.

En este Anexo propongo algunas soluciones más frecuentes en la labor periodística,[67] pero están totalmente abiertas a las modificaciones que necesites y a las novedades que se produzcan en el lenguaje Microdata. Las muestras están embebidas, a efectos de este manual, por `figure`. Si necesitas `section` u otro formato (`div`, `li`, `td`...) deberás ajustar las etiquetas de los elementos HTML respetando los `itemprop`, `itemscope` e `itemtype` de Microdata.

Tarjeta de visita

```
<figure itemscope itemtype="http://schema.org/Person">
  <figcaption itemprop="name">Carlos J. Campo
  </figcaption>
  <p itemprop="jobTitle">Periodista</p>
  <p itemprop="Organization" itemscope
itemtype="http://schema.org/Organization"><span
itemprop="name">Estrategia del Contenido</span><br>
    <span itemprop="address" itemscope
    itemtype="http://schema.org/PostalAddress"><span
    itemprop="streetAddress">Avenida Provisional, n°
25.000, planta 18, puerta B</span><br>
    <span itemprop="postalCode">08099</span> - <span
    itemprop="addressLocality">Barcelona</span><br>
    (<span itemprop="addressCountry">Spain</span>)
    </span></p>
```

▶

---

67 El comportamiento en vivo de estos modelos de programación se puede apreciar en http://d.pr/97tg.

```
<p><a itemprop="telephone" href="tel:003465470340"
title="Teléfono de Estrategia del Contenido">+34 654 70
36 40</a><br>
  <a itemprop="email"
href="mailto:info@estrategiadelcontenido.com"
title="Correo electrónico corporativo de Estrategia del
Contenido">info@estrategiadelcontenido.com</a></p>
  <p><a itemprop="url"
href="http://www.estrategiadelcontenido.com"
title="Consultoría y outsourcing en Estrategia Global de
Contenidos" rel="external" target="_blank">
www.estrategiadelcontenido.com</a></p>
</figure>
```

Producto a la venta

```
<figure itemscope itemtype="http://schema.org/Product">
  <figcaption itemprop="name">Ying 1607</figcaption>
  <img itemprop="image"  src="peine.jpg" alt="Peine Ying
1607" />
  <p itemprop="offers" itemscope
  itemtype="http://schema.org/Offer">
<span itemprop="price">0,27</span> <span
itemprop="priceCurrency" style="display:none;">EUR
</span>€</p>
  <p><link itemprop="availability"
  href="http://schema.org/InStock" /><span>En
existencia</span></p>
  <p itemprop="description">Peine color concha de 5", de
bolsillo.</p>
</figure>
```

Bibliografía académica

Los ejemplos que propongo responden a las normas estándar ISO 690-2 e ISO 690-1987, además del modelo MLA (Modern Language Association), recogidas en ejemplos universitarios españoles.

Monografías:

```
<figure itemscope itemtype="http://schema.org/Book">
  <figcaption>Bibliografía selecta</figcaption>
  <p><span itemprop="author"><span
style="text-transform:uppercase;">Bobbio</span>,
Norberto</span>. <cite itemprop="name">Autobiografia
</cite>. <span itemprop="editor">Papuzzi, Alberto (
<abbr title="Editor literario">ed. lit.</abbr>)
</span>; <span itemprop="contributor">Peces-Barba,
Gregorio (<abbr title="Prologuista">prol.
</abbr>)</span>; <span itemprop="contributor">Benitez,
Esther (<abbr title="Traductora">trad.</abbr>)</span>.
<span itemprop="bookEdition">2ª</span> <abbr
title="Edición">ed.</abbr> Madrid: <span
itemprop="publisher">Taurus</span>, <time
itemprop="datePublished">1988</time>. <span
itemprop="numberOfPages">299 <abbr title="Páginas">p.
</abbr></span> <abbr title="International Standard Book
Number">ISBN</abbr>: <span itemprop="isbn">84-306-0267-4
</span></p>
</figure>
```

Parte de una monografía:

```
<figure itemscope itemtype="http://schema.org/Book">
  <figcaption>Bibliografía selecta</figcaption>
  <p><span itemprop="author"><span
style="text-transform:uppercase;">Terol Esteban</span>,
```

▶

►

```
Alberto</span>. <cite itemprop="name"
style="font-style:normal;">El nuevo modelo de
financiación autonómica: una aproximación desde el
punto de vista del empresario-contribuyente</cite>. En:
<span itemprop="provider">XX Aniversario del Círculo
de Empresarios, 20 temas para el futuro</span>. Madrid:
<span itemprop="publisher">Círculo de Empresarios
</span>, <time itemprop="datePublished">1997</time>.
<abbr title="Intervalo de páginas">p.</abbr> 85-92</p>
</figure>
```

Publicaciones en serie:

```
<figure itemscope itemtype="http://schema.org/Book">
  <figcaption>Bibliografía selecta</figcaption>
  <p><cite itemprop="name">Boletín económico</cite>.
<span itemprop="editor">Banco de España</span>.
<time itemprop="datePublished">1998</time>, <abbr
title="Número">nº</abbr> <span itemprop="bookEdition">1
</span>. Madrid: <span itemprop="publisher">Banco de
España, Servicio de Publicaciones</span>, <time
itemprop="dateCreated">1979</time>-. <abbr
title="International Standard Serial Number">ISSN</abbr>
: 0210-3737</p>
</figure>
```

Artículos en publicaciones en serie:

```
<figure itemscope itemtype="http://schema.org/Book">
  <figcaption>Bibliografía selecta</figcaption>
  <p><span itemprop="author"><span
style="text-transform:uppercase;">Álvarez</span>,
Begoña</span>; <span itemprop="author"><span
```

►

▶

```
style="text-transform:uppercase;">Ballina</span>, F.
Javier de la</span>; <span itemprop="author"><span
style="text-transform:uppercase;">Vázquez</span>,
Rodolfo</span>. <cite itemprop="name"
style="font-style:normal;">La reacción del consumidor
ante las promociones</cite>. <span itemprop="provider">
MK Marketing + Ventas</span>. <abbr title="Número">Nº
</abbr> <span itemprop="bookEdition">143</span> (<time
itemprop="datePublished">Enero 2000</time>) <abbr
title="Intervalo de páginas">p.</abbr> 33-37</p>
</figure>
```

Legislación:

```
<figure itemscope itemtype="http://schema.org/Book">
  <figcaption>Bibliografía selecta</figcaption>
  <p><span itemprop="publisher">España</span>. <cite
itemprop="name" style="font-style:normal;">Ley orgánica
10/1995, de 23 de noviembre, del Código penal</cite>.
<span itemprop="provider" style="font-style:italic;">
Boletín Oficial del Estado</span>, <time
itemprop="datePublished">24 de noviembre de 1995</time>,
<abbr title="Número">núm.</abbr> <span
itemprop="bookEdition">281</span>, <abbr title="Página">
p.</abbr> 33987.</p>
</figure>
```

Patentes:

```
<figure itemscope itemtype="http://schema.org/Book">
  <figcaption>Bibliografía selecta</figcaption>
  <p><span itemprop="sourceOrganization"
style="text-transform:uppercase;">Matsushita Electric
```

▶

```
▶
Industrial Co., Ltd.</span>, Osaka, Japón. <cite
itemprop="name">Coding means for a signal processing
system</cite>. <span itemprop="author"><span
style="text-transform:uppercase;">Honjo</span>,
Masahiro</span>. <span itemprop="copyrightHolder">
Estados Unidos de América</span>, Int, Cl.5: H04N 1/00,
<span itemprop="version">US 5.223.949</span>. <time
itemprop="datePublished">29 junio 1993</time>.</p>
</figure>
```

Normas:

```
<figure itemscope itemtype="http://schema.org/Book">
  <figcaption>Bibliografía selecta</figcaption>
  <p><span itemprop="author"
style="text-transform:uppercase;">Aenor</span>. <cite
itemprop="name">Gestión de la I+D+I</cite>. <span
itemprop="alternativeHeadline">UNE 166000 EX</span>,
<span itemprop="alternativeHeadline">UNE 166001 EX
</span>, <span itemprop="alternativeHeadline">UNE 166002
EX</span>. Madrid: <span itemprop="publisher">AENOR
</span>, <time itemprop="datePublished">2002</time>.</p>
</figure>
```

Actas de congresos:

```
<figure itemscope itemtype="http://schema.org/Book">
  <figcaption>Bibliografía selecta</figcaption>
  <p><cite itemprop="name">Actas del I Congreso de
Historia de la Lengua Española en América y España:
noviembre de 1994 - febrero de 1995</cite>. <span
itemprop="editor">M. Teresa Echenique, Milagros Aleza
                                                                          ▶
```

```
► 
y M. José Martínez (<abbr title="Editoras">eds.</abbr>
)</span>. València: <span itemprop="publisher">
Universitat, Departamento de Filología Española</span>,
<time itemprop="datePublished">1995</time>. <span
itemprop="numberOfPages">564 <abbr title="Páginas">p.
</abbr></span> <abbr title="International Standard Book
Number">ISBN</abbr>: <span itemprop="isbn">8480022698
</span>.</p>
</figure>
```

Ponencias:

```
<figure itemscope itemtype="http://schema.org/Book">
  <figcaption>Bibliografía selecta</figcaption>
  <p><span itemprop="author"><span
style="text-transform:uppercase;">Cerezo Galán</span>,
Pedro</span>. <cite itemprop="name"
style="font-style:normal;"><q>La antropología del
espíritu en Juan de la Cruz</q></cite>. En: <span
itemprop="creator" style="font-style:italic;">Actas
del Congreso Internacional Sanjuanista, (Ávila 23-28 de
septiembre de 1991)</span>, <abbr title="Volumen">v.
</abbr> <span itemprop="bookEdition">III</span>,
<time itemprop="datePublished">1991</time>. <abbr
title="Intervalo de páginas">P.</abbr> 128-154</p>
</figure>
```

Tesis no publicadas:

```
<figure itemscope itemtype="http://schema.org/Book">
  <figcaption>Bibliografía selecta</figcaption>
  <p><span itemprop="author"><span
style="text-transform:uppercase;">Lascurain Sánchez
```
►

►

```
</span>, María Luisa</span>. <cite itemprop="name"
style="font-style:normal;"><q>Análisis de la actividad
científica y del consumo de información de los
psicólogos españoles del ámbito universitario durante
el período 1986-1995</q></cite>. Director: <span
itemprop="contributor">Elias Sanz Casado</span>. <span
itemprop="bookFormat">Tesis doctoral</span>. <span
itemprop="publisher">Universidad Carlos III de Madrid,
Departamento de Biblioteconomía y Documentación</span>,
<time itemprop="datePublished">2001</time>.</p>
</figure>
```

Informes:

```
<figure itemscope itemtype="http://schema.org/Book">
  <figcaption>Bibliografía selecta</figcaption>
  <p><cite itemprop="name">1999 Informe del Mercado de
Trabajo</cite>. [Guadalajara]. <span
itemprop="publisher">Dirección Provincial del Instituto
Nacional de Empleo de Guadalajara</span>, <time
itemprop="datePublished">2000</time>. <span
itemprop="numberOfPages">155</span> <abbr
title="Páginas">p.</abbr></p>
</figure>
```

Vídeos:

```
<figure itemscope
itemtype="http://schema.org/VideoObject">
  <figcaption>Cita bibliográfica de un vídeo
</figcaption>
  <p><span itemprop="author"><span
style="text-transform:uppercase;">Bardem</span>, Juan
```

►

```
Antonio</span>. <cite itemprop="name">Calle Mayor
</cite>. [<span itemprop="genre">Vídeo</span>]. Madrid:
<span itemprop="productionCompany">Paramount Pictures
</span>: <span itemprop="provider">El Mundo</span>,
[<time itemprop="datePublished">2002</time>]. 1 disco
compacto.</p>
</figure>
```

Programas de TV:

```
<figure itemscope itemtype="http://schema.org/
VideoObject">
    <figcaption>Cita bibliográfica de un programa de TV</
figcaption>
    <p><cite itemprop="name">Jorge Luis Borges</cite>.
Director y presentador: <span itemprop="author">Joaquín
Soler Serrano</span>. <span
itemprop="productionCompany">RTVE</span>, <time
itemprop="datePublished">1980</time>. Videoteca de la
memoria literaria; 1</p>
</figure>
```

Material gráfico:

```
<figure itemscope itemtype="http://schema.org/
ImageObject">
    <figcaption>Cita bibliográfica de un programa de TV
</figcaption>
    <p><span itemprop="author"><span
style="text-transform:uppercase;">Ballesteros</span>,
Ernesto</span>. <cite itemprop="name">Arquitectura
contemporánea</cite>. [Material gráfico proyectable].
<span itemprop="version">2ª</span> <abbr
title="Edición">ed.</abbr> Madrid: <span
```

▶

```
itemprop="publisher">Hiares</span>, [<time
itemprop="datePublished">1980</time>]. <span
itemprop="text">32 diapositivas</span>. Historia del
Arte Español; 57.</p>
</figure>
```

Textos electrónicos, bases de datos y programas informáticos:

```
<figure itemscope itemtype="http://schema.org/WebPage">
  <figcaption>Cita bibliográfica de textos electrónicos,
bases de datos y programas informáticos</figcaption>
  <p><span itemprop="author">U.S. ISBN Agency</span>.
<cite itemprop="name">The Digital World and the Ongoing
Development of ISBN</cite> [en línea]. New Providence,
N.J.: <span itemprop="publisher">RR Bowker</span>,
s.d. [<abbr title="Referencia">ref.</abbr> de <time
itemprop="lastReviewed">16 de agosto 2002</time>].
Disponible en Web: <span itemprop="url">http://www.isbn.
org/standards/home/isbn/digitalworld.asp</span>.</p>
</figure>
```

Fragmentos de textos electrónicos, bases de datos y programas informáticos:

```
<figure itemscope itemtype="http://schema.org/ItemPage">
  <figcaption>Cita bibliográfica de fragmentos de textos
electrónicos, bases de datos y programas informáticos
</figcaption>
  <p><span itemprop="author"><span
style="text-transform:uppercase;">Carroll</span>,Lewis
</span>. <cite itemprop="name">Alice's Adventures in
Wonderland</cite> [en línea]. Texinfo. <abbr
title="Edición">ed.</abbr> <span itemprop="version">
```

▶

```
▶
2.2</span>. [Dortmund, Alemania]: <span
itemprop="publisher">WindSpiel</span>, <time
itemprop="datePublished">November 1994</time> [<abbr
title="Referencia">ref.</abbr> de <time
itemprop="lastReviewed">30 marzo 1995</time>]. Chapter
VII. A Mad Tea-Party. Disponible en World Wide Web:
<span itemprop="url">http://www.germany.eu.net/books/
carroll/alice_10.html#SEC13</span>.</p>
</figure>
```

Contribuciones en textos electrónicos, bases de datos y programas
informáticos:

```
<figure itemscope itemtype="http://schema.org/ItemPage">
   <figcaption>Cita bibliográfica de contribuciones en
textos electrónicos, bases de datos y programas
informáticos</figcaption>
   <p><q><cite itemprop="name"
style="font-style:normal;">Political and Religious
Leaders Support Palestinian Sovereignty Over Jerusalem
</cite></q>. En <span itemprop="mainContentOfPage"
style="font-style:italic;">Eye on the Negotiations
</span> [en línea]. <span itemprop="publisher">Palestine
Liberation Organization, Negotiations Affairs
Department</span>, <time itemprop="datePublished">29
August 2000</time> [<abbr title="Referencia">ref.</abbr>
de <time itemprop="lastReviewed">15 agosto 2002</time>].
Disponible en  Web: <span itemprop="url">http://www.nad-
plo.org/eye/pol-jerus.html</span>.</p>
</figure>
```

Publicaciones electrónicas seriadas completas:

```
<figure itemscope
itemtype="http://schema.org/CollectionPage">
  <figcaption>Cita bibliográfica de publicaciones
electrónicas seriadas completas</figcaption>
  <p><cite itemprop="name">Journal of Technology
Education</cite> [en línea]. Blacksburg (Virginie):
<span itemprop="publisher">Virginia Polytechnic
Institute and State University</span>, <time
itemprop="datePublished">1989</time>- [<abbr
title="Referencia">ref.</abbr> de <time
itemprop="lastReviewed">15 marzo 1995</time>]. <span
itemprop="genre">Semestral</span>. Disponible en
Internet: <span itemprop="url"><gopher://borg.lib.
vt.edu:70/1/jte</span>. <abbr title="International
Standard Serial Number">ISSN</abbr> 1045-1064.</p>
</figure>
```

Artículos y contribuciones en publicaciones electrónicas seriadas:

```
<figure itemscope itemtype="http://schema.org/ItemPage">
  <figcaption>Cita bibliográfica de artículos y
contribuciones en publicaciones electrónicas seriadas
</figcaption>
  <p><span itemprop="author"><span
style="text-transform:uppercase;">Cuerda</span>,
José Luis</span>. <q><cite itemprop="name"
style="font-style:normal;">Para abrir los ojos</cite>
</q> [en línea]. <span itemprop="isPartOf"
style="font-style:italic;">El País Digital</span>.
<time itemprop="datePublished">9 mayo 1997</time>
<abbr title="Número">nº</abbr> <span itemscope
itemtype="http://schema.org/Book"><span
```

▶

▶

```
itemprop="bookEdition">371</span></span>. <span
itemprop="url">http://www.elpais.es/p/19970509/cultura/
tesis.htm/uno</span> [consulta: <time>9 mayo 1997
</time>]</p>
</figure>
```

Boletines de noticias y listas de discusión:

```
<figure itemscope itemtype="http://schema.org/ItemPage">
  <figcaption>Cita bibliográfica de boletines de
noticias y listas de discusión</figcaption>
  <p><cite itemprop="name">PACS-L (Public Access
Computer Systems Forum)</cite> [en línea]. Houston
(Texas): <span itemprop="publisher">University of
Houston Libraries</span>, <time
itemprop="datePublished">Junio 1989</time>- [<abbr
title="Referencia">ref.</abbr> de <time
itemprop="lastReviewed">17 mayo 1995</time>]. Disponible
en Internet: <span itemprop="url">listserv@uhupvm1.
uh.edu</span>.</p>
</figure>
```

E-books (estilo MLA):

```
<figure itemscope itemtype="http://schema.org/Book">
  <figcaption>Cita bibliográfica de e-books (estilo
Modern Language Association, MLA)</figcaption>
  <p><span itemprop="author">Rowley, Hazel</span>.
<cite itemprop="name">Franklin and Eleanor:
An Extraordinary Marriage</cite>. New York:
<span itemprop="publisher">Farrar</span>, <time
itemprop="datePublished">2010</time>. <span
itemprop="bookFormat">Kindle file.</span></p>
</figure>
```

Tweets (estilo MLA):

```
<figure
itemscope itemtype="http://schema.org/UserTweets">
  <figcaption>Cita bibliográfica de tweets (estilo
Modern Language Association, MLA)</figcaption>
  <p><span itemprop="attendee">Athar, Sohaib</span>.
<q><span itemprop="description">Helicopter hovering
above Abbottabad at 1AM (is a rare event).</span></q>
<time itemprop="startDate"
datetime="2011-05-01T15:58Z">1 de Mayo 2011, 15:58
</time>. Tweet.</p>
</figure>
```

Mensajes en listas de correo públicas:

```
<figure itemscope
itemtype="http://schema.org/ContactPage">
  <figcaption>Cita bibliográfica de mensajes en listas
de correo públicas</figcaption>
  <p><span itemprop="author"><span
style="text-transform:uppercase;">Parker</span>,
Elliott</span>. <q><cite itemprop="name"
style="font-style:normal;">Re: Citing Electronic
Journals</cite></q>. En: <span itemprop="isPartOf"
style="font-style:italic;">PACS-L (Public Access
Computer Systems Forum)</span> [en línea]. Houston
(Texas): <span itempro="mainContentOfPage">
University of Houston Libraries</span>, <time
itemprop="datePublished">24 November 1989;
13:29:35 CST</time> [citado <time>1 enero 1995;
16:15 EST</time>]. Disponible en Internet: <span
itemprop="url">telnet://brsuser@a.cni.org</span>.</p>
</figure>
```

Mensaje de correo electrónico privado:

```
<figure itemscope
itemtype="http://schema.org/ContactPage">
  <figcaption>Cita bibliográfica de mensaje de correo
electrónico privado</figcaption>
  <p><span itemprop="author">Thacker, Jane</span>. <q>
<cite itemprop="name" style="font-style:normal;">
MPEG-21 project stream on digital item identification
</cite></q> [en línea]. Mensaje en: <span
itemprop="provider">iso.tc46.sc9@nlc-bnc.ca</span>.
<time itemprop="datePublished">3 octubre 2000</time>;
13:33 EST [<abbr title="Referencia">ref.</abbr> de
<time>6 octubre 2000; 13:10 EST</time>]. Message-ID:
<span itemprop="significantLink">
002f01c02d60$051a64a0$22a2580c@vaio</span>. Comunicación
personal.</p>
</figure>
```

Citas informales de libros, discos, películas...

En este caso, un libro:

```
<figure itemscope itemtype="http://schema.org/Book">
  <figcaption itemprop="name">Cincuenta sombras de
Grey</figcaption>
  <img itemprop="image" src="portada.jpg" alt="Portada
de "Cincuenta sombras de Grey"" />
  <p>De <a itemprop="author" href="destino.html">E. L.
JAMES</a></p>
  <p itemprop="description">Cuando la estudiante
de Literatura Anastasia Steele recibe el encargo de
entrevistar al exitoso y joven empresario Christian
Grey, queda impresionada al encontrarse ante un hombre
atractivo, seductor y también muy intimidante. La
inexperta e inocente Ana intenta olvidarle, pero pronto
comprende cuánto le desea. Cuando la pareja por fin
```
▶

► inicia una apasionada relación, Ana se sorprende por las
peculiares prácticas eróticas de Grey, al tiempo que
descubre los límites de sus propios y más oscuros deseos.
"Cincuenta sombras" de Grey es la primera parte de la
trilogía "Cincuenta sombras", que continúa con <cite
title="Cincuenta sombras más oscuras">Cincuenta sombras
más oscuras</cite> y <cite title="Cincuenta sombras
liberadas">Cincuenta sombras liberadas</cite>.</p>
</figure>

Receta de cocina

```
<figure itemscope itemtype="http://schema.org/Recipe">
   <figcaption itemprop="name">Champiñones rellenos de
atún</figcaption>
   <img itemprop="image" src="champis.jpg"
alt="Champiñones recién gratinados" />
   <p>Ingredientes:</p>
   <ul>
      <li itemprop="ingredients">8 champiñones grandes
</li>
      <li itemprop="ingredients">1 zanahoria pequeña</li>
      <li itemprop="ingredients">1 cebolleta mediana</li>
      <li itemprop="ingredients">1 trocito de pimiento
verde</li>
      <li itemprop="ingredients">1 tomate maduro rayado
</li>
      <li itemprop="ingredients">1 diente de ajo</li>
      <li itemprop="ingredients">Perejil</li>
      <li itemprop="ingredients">2 latas de atún</li>
      <li itemprop="ingredients">Queso rallado tricolor
</li>
      <li itemprop="ingredients">Aceite</li>
      <li itemprop="ingredients">Sal</li>
      <li itemprop="ingredients">Pimienta</li>
```
►

```
  </ul>
  <p>Tiempo de preparación: <time itemprop="prepTime"
datetime="PT15M">15 minutos</time></p>
  <p itemprop="recipeInstructions">Se pica fino, sin
triturar, la cebolla troceada, el pimiento, la zanahoria
y el ajo. Se sala y se sofríe con aceite en una sartén.
<br>
Entretanto, se limpian los champiñones y se vacían
cuidadosamente con una cuchara tras retirar la tija.
Los champiñones vacíos se sumergen en un bol con agua y
limón. Los restos limpios de los champiñones se pasan
por la picadora.<br>
Con el sofrito pochado es el momento de añadir el tomate
rayado y los fragmentos de champiñón picados. Se añade
pimienta y orégano. Cuando esté cocinado, se retira del
fuego y se le añade el atún seco, mezclándolo bien.<br>
En una sartén con una cucharada de aceite se doran los
champiñones vacíos. Después, se pasan a una fuente de
horno y se rellenan cuidadosamente con la mezcla.
Posteriormente se cubren de queso rallado y perejil,
para concluir gratinándolos en el horno.</p>
  </figure>
```

Acontecimiento programado en la agenda

```
<figure itemprop="event"
itemscope itemtype="http://schema.org/Event">
  <figcaption itemprop="name">The Rolling Stones en
Boston</figcaption>
  <p itemprop="location" itemscope
itemtype="http://schema.org/PostalAddress">TD Garden</p>
  <p><span itemprop="streetAddress">100 Legends Way
</span><br>
<span itemprop="addressLocality">Boston</span>, <span
itemprop="addressRegion">MA</span> <span
```

```
itemprop="postalCode">02114</span></p>
  <p><time itemprop="startDate" datetime="2013-06-
12T20:00">12 de Junio de 2013, a las 20 horas</time><br>
<a href="ticketmaster.com/foofighters/may20-2011"
itemprop="offers">Entradas a la venta</a></p>
</figure>
```

Lugar sin geolocalización ni tarjeta de visita

```
<figure itemscope itemtype="http://schema.org/Place">
  <figcaption itemprop="name">Vila Universitària
</figcaption>
  <p itemprop="address" itemscope
itemtype="http://schema.org/PostalAddress">
  <span itemprop="streetAddress">Casa de Vila de Puig
</span><br>
  <span itemprop="addressLocality">08193</span> - <span
itemprop="addressLocality">Cerdanyola del Vallès</span>,
<span itemprop="addressRegion">Barcelona</span>
  </p>
</figure>
```

Medicamento

```
<figure itemscope itemtype="http://schema.org/Drug">
  <figcaption itemprop="name">Frenadol (comprimidos
efervescentes)</figcaption>
  <p>Fabricado por <span itemprop="manufacturer"
itemscope
itemtype="http://schema.org/Organization"><span
itemprop="name">Johnson & Johnson, SA</span></span>.<br>
Clasificado como <span itemprop="drugClass" itemscope
itemtype="http://schema.org/DrugClass"><span
```

```
itemprop="name">Analgésico</span></span><br>
Indicaciones:</p>
  <ul>
    <li><span itemprop="indication" itemscope
itemtype="http://schema.org/TreatmentIndication"><span
itemprop="name">Procsos gripales</span></span></li>
    <li><span itemprop="indication" itemscope
itemtype="http://schema.org/TreatmentIndication"><span
itemprop="name">Resfriado común</span></span></li>
  </ul>
  <p>Acción:</p>
  <ul>
    <li><span itemprop="indication" itemscope
itemtype="http://schema.org/TreatmentIndication"><span
itemprop="name">Dolor de cabeza leve o moderado</span>
</span></li>
    <li><span itemprop="indication" itemscope
itemtype="http://schema.org/TreatmentIndication"><span
itemprop="name">Fiebre</span></span></li>
    <li><span itemprop="indication" itemscope
itemtype="http://schema.org/TreatmentIndication"><span
itemprop="name">Tos improductiva (tos irritativa o tos
nerviosa)</span></span></li>
    <li><span itemprop="indication" itemscope
itemtype="http://schema.org/TreatmentIndication"><span
itemprop="name">Secreción nasal</span></span></li>
  </ul>
  <p>Presentación: <link itemprop="prescriptionStatus"
href="http://schema.org/OTC" /><span
itemprop="dosageForm">comprimidos efervescentes</span>.
<br>
Posibles efectos adversos: <span
itemprop="adverseOutcome" itemscope
itemtype="http://schema.org/MedicalSymptom"><span
itemprop="name">sedación</span></span> y <span
itemprop="adverseOutcome" itemscope
```

►

```
itemtype="http://schema.org/MedicalSymptom"><span
itemprop="name">somnolencia</span></span>.<br>
Raramente <span itemprop="adverseOutcome" itemscope
itemtype="http://schema.org/MedicalSymptom"><span
itemprop="name">pesadillas, excitación o nerviosismo
</span></span> en niños y ancianos. Se ha observado
<span itemprop="adverseOutcome" itemscope
itemtype="http://schema.org/MedicalSymptom"><span
itemprop="name">vértigo e hipotensión</span></span> en
ancianos.<br>
Muy raramente <span itemprop="adverseOutcome" itemscope
itemtype="http://schema.org/MedicalSymptom"> <span
itemprop="name">molestias gastrointestinales</span>
</span>, <span itemprop="adverseOutcome" itemscope
itemtype="http://schema.org/MedicalSymptom"><span
itemprop="name">confusión</span></span>, <span
itemprop="adverseOutcome" itemscope
itemtype="http://schema.org/MedicalSymptom"><span
itemprop="name">alteraciones visuales</span></span>,
<span itemprop="adverseOutcome" itemscope
itemtype="http://schema.org/MedicalSymptom"><span
itemprop="name">aumento de la sensibilidad al sol</span>
</span>, <span itemprop="adverseOutcome" itemscope
itemtype="http://schema.org/MedicalSymptom"><span
itemprop="name">sequedad de boca</span></span>
y <span itemprop="adverseOutcome" itemscope
itemtype="http://schema.org/MedicalSymptom"><span
itemprop="name">dificultad para orinar</span></span>.
<br>
También se han descrito <span itemprop="adverseOutcome"
itemscope
itemtype="http://schema.org/MedicalSymptom"><span
itemprop="name">erupciones cutáneas</span></span> y
<span itemprop="adverseOutcome" itemscope
itemtype="http://schema.org/MedicalSymptom"><span
itemprop="name">reacciones alérgicas graves</span>
```

►

▶

```
</span>, así como <span itemprop="adverseOutcome"
itemscope
itemtype="http://schema.org/MedicalSymptom"><span
itemprop="name">alteraciones sanguíneas</span></span>.
<br>
Si se observa éstos o cualquier otro efecto adverso
no descrito anteriormente, consulte a su médico o
farmacéutico.</p>
   <p>Contraindicaciones: <span
itemprop="contraindication" itemscope
itemtype="http://schema.org/MedicalContraindication">
<meta itemprop="name" content="alergia a cualquiera
de los componentes de este medicamento"/>alergia a
cualquiera de los componentes de este medicamento
</span>, en caso de <span itemprop="contraindication"
itemscope
itemtype="http://schema.org/MedicalContraindication">
<meta itemprop="name" content="enfermedades de hígado"/>
enfermedades de hígado</span>, en caso de <span
itemprop="contraindication" itemscope
itemtype="http://schema.org/MedicalContraindication">
<meta itemprop="name" content="insuficiencia
respiratoria, tos asmática y tos acompañada de
expectoración"/>insuficiencia respiratoria, tos asmática
y tos acompañada de expectoración</span>, si está en
<span itemprop="contraindication" itemscope
itemtype="http://schema.org/MedicalContraindication">
<meta itemprop="name" content="tratamiento con
antidepresivos"/>tratamiento con antidepresivos</span>
y en <span itemprop="contraindication" itemscope
itemtype="http://schema.org/MedicalContraindication">
<meta itemprop="name" content="niños menores de 12
años"/>niños menores de 12 años</span>.</p>
   <p>Caducidad: <span itemprop="warning">No utilizar
Frenadol® comprimidos efervescentes después de la fecha
de caducidad indicada en el envase</span>.</p>
</figure>
```

Anexo II:
Caracteres y símbolos

El juego de caracteres Unicode UTF-8 dispone de formas visuales para todos los idiomas, antiguos y modernos. Ofrece caracteres y pictogramas que responden a las convenciones visuales de las distintas culturas a las que sirven las lenguas. Y aporta un significado reconocido de forma universal por todas las máquinas a los símbolos de escritura.

Cuando localices el símbolo de un teléfono, estarás escribiendo el significado "teléfono", culturalmente asociado a un "número de teléfono" al que —generalmente— precede. Cuando escribas ⅖, las máquinas comprenderán que es un valor de "dos quintas partes" (o de un 40%).

Es más, las máquinas acuden a las tablas temáticas por las que se clasifican los contenidos simbólicos de Unicode UTF-8. Su ubicación en una tabla les sirve para poner en contexto el contenido anterior o posterior a los símbolos y mejorar la identificación e indización de los mensajes.

Si escribes "€", la máquina buscará su significado en las tablas Unicode y lo encontrará en la correspondiente a las monedas. Por lo tanto,

las cifras que aparezcan más próximas al pictograma se considerarán
—salvo que aparezcan otros modificadores, como porcentajes— "valor
monetario" y, concretamente, "euros".

Siempre será mejor escribir "€" que su equivalente oficial "EUR",
que carece de un significado inequívoco en los diccionarios, y será más
práctico que atribuir a "euros".

Algunos símbolos son fáciles de escribir. Otros, un infierno. Y muchas juegos tipográficos antiguos ni siquiera enseñarán los caracteres
que buscas. Prueba primero.

Las tablas siguientes pretenden contribuir al uso correcto de los símbolos.[68] Si se van a utilizar en un código fuente, basta escribir directamente —o copiar y pegar de la tabla— el código. Comienza por "&#x",
seguido de una identificación alfanumérica de 4 caracteres, y se cierra
con punto y coma. Si necesitas escribirlo directamente en el modo visual del editor WYSIWYG tienes tres opciones:

- Copiar y pegar directamente el símbolo de los ejemplos HTML
  que acompañan a este volumen.
- En los PC con sistema operativo Windows: situar el cursor allí
  donde debe escribirse y teclear los cuatro caracteres del código
  alfanumérico manteniendo pulsada la tecla ALT.
- En los Mac: Activando el Visor de Caracteres, personalizar la lista para que muestre la tabla de códigos Unicode. Con el Visor
  abierto, debes mantener el cursor en el lugar donde debe aparecer
  el pictograma y hacer doble clic en el que necesites. Se insertará
  automáticamente. Para que todo sea más práctico, en el Visor de
  Caracteres se pueden guardar los favoritos, para usar la media do-
  cena que se utilizarán con mayor frecuencia.

Escribir bien los símbolos es más simple de lo que parece. Con el
tiempo, siempre acabas memorizando la fórmula de los cuatro o cinco
que utilizas más.

---

68 Para copiar y pegar con comodidad, tanto el código fuente como el resultado, visita
http://d.pr/saui.

Caracteres 'escapados' en programación

Símbolo	Código fuente Unicode	Definición
&	&#x0026;	Ampersand
<	&#x003C;	Corchete angular de apertura
>	&#x003E;	Corchete angular de cierre
…	&#x2026;	Puntos suspensivos
•	&#x2022;	Topo
®	&#x00AE;	Marca registrada
©	&#x00A9;	Derechos reservados
·	&#x00B7;	Punto intermedio
⁂	&#x2042;	Asterismo

Comillas

Símbolo	Código fuente Unicode	Definición
«	&#x00AB;	Comillas españolas de apertura
»	&#x00BB;	Comillas españolas de cierre
'	&#x2018;	Comilla simple de apertura
'	&#x2019;	Comilla simple de cierre y apóstrofo
"	&#x201C;	Comillas dobles de apertura
"	&#x201D;	Comillas dobles de cierre

'Curation content'

Los símbolos que se usan en el contenido comisariado no tienen un valor intrínseco. Son el uso convencional de unos símbolos con otras utilizaciones, aunque muy, muy minoritarias. Uno corresponde a juegos de caracteres etnológicos inuit y el otro a una modalidad de flecha.

Símbolo	Código fuente Unicode	Definición
ᔥ	&#x1525;	Via
↬	&#x21AC;	Visado del autor

Monedas

Símbolo	Código fuente Unicode	Definición
€	&#x20AC;	Euro
$	&#x0024;	Dólar
¢	&#x00A2;	Centavo
¥	&#x00A5;	Yen
£	&#x00A3;	Libra
₩	&#x20A9;	Won
₨	&#x20A8;	Rupias (no todas)

Superíndices

El superíndice indica potencia numérica cuando está literalmente adosado a una cifra por su derecha. La combinación de superíndices los convierten en unidades con sentido propio. Un 1 seguido inmediatamente por un 0 se convierten en un superíndice 10.

Tras la puntuación de la frase o un espacio pierden su significado matemático. Suelen usarse para notas al pie de página, embebidos en anclajes en la misma página.

Símbolo	Código fuente Unicode	Definición
n^0	&#x2070;	Superíndice 0
n^1	&#x00B9;	Superíndice 1
n^2	&#x00B2;	Superíndice 2
n^3	&#x00B3;	Superíndice 3
n^4	&#x2074;	Superíndice 4
n^5	&#x2075;	Superíndice 5
n^6	&#x2076;	Superíndice 6
n^7	&#x2077;	Superíndice 7
n^8	&#x2078;	Superíndice 8
n^9	&#x2079;	Superíndice 9
n^n	&#x207F;	Superíndice n

Subíndices

Como los superíndices, la combinación de uno o más subíndices los convierte en una unidad con valor propio. El 1 seguido inmediatamente del 0 conforman el subíndice 10.

Símbolo	Código fuente Unicode	Definición
n_0	&#x2080;	Subíndice 0
n_1	&#x2081;	Subíndice 1
n_2	&#x2082;	Subíndice 2
n_3	&#x2083;	Subíndice 3
n_4	&#x2084;	Subíndice 4
n_5	&#x2085;	Subíndice 5
n_6	&#x2086;	Subíndice 6
n_7	&#x2087;	Subíndice 7
n_8	&#x2088;	Subíndice 8
n_9	&#x2089;	Subíndice 9

Otros recursos matemáticos

Símbolo	Código fuente Unicode	Definición
×	&#x00D7;	Signo de multiplicación
±	&#x00B1;	Signo de más-menos
⅟	&#x215F;	Numerador simple de fracción
½	&#x00BD;	Fracción un medio
¼	&#x00BC;	Fracción un cuarto
¾	&#x00BE;	Fracción tres cuartos
⅓	&#x2153;	Fracción de un tercio
⅔	&#x2154;	Fracción de dos tercios
⅕	&#x2155;	Fracción de un quinto
⅖	&#x2156;	Fracción de dos quintos
⅗	&#x2157;	Fracción de tres quintos

Símbolo	Código fuente Unicode	Definición
⅘	&#x2158;	Fracción de cuatro quintos
⅙	&#x2159;	Fracción de un sexto
⅚	&#x215A;	Fracción de cinco sextos
⅛	&#x215B;	Fracción de un octavo
⅜	&#x215C;	Fracción de tres octavos
⅝	&#x215D;	Fracción de cinco octavos
⅞	&#x215E;	Fracción de siete octavos
‰	&#x2030;	Tanto por mil
‱	&#x2031;	Tanto por diez mil

Grafías griegas habituales

Símbolo	Código fuente Unicode	Definición
α	&#x03B1;	Alfa
β	&#x03B2;	Beta
γ	&#x03B3;	Gamma
δ	&#x03B4;	Delta
ε	&#x03B5;	Epsilon
Ω	&#x03A9;	Omega
π	&#x03D6;	Pi
φ	&#x03D5;	Phi

Ayudas visuales de escritura

El símbolo de graduación no debe confundirse con la letra o volada ni con el superíndice 0. Se escribe habitualmente entre la cifra y la abreviatura de la escala de medida, sin espacios: 22°C.

Símbolo	Código fuente Unicode	Definición
n°	&#x00B0;	Símbolo de graduación
¶	&#x00B6;	Párrafo
§	&#x00A7;	Sección

Pictogramas más habituales

Los pictogramas de triángulo, cuadratín o círculo suelen utilizarse como viñetas de inferior nivel en listas. No tienen significado semántico. El teléfono, sin embargo, está codificado como tal por Unicode. Por lo tanto, puede emplearse para abreviar la palabra teléfono con pleno sentido.

Símbolo	Código fuente Unicode	Definición
▸	‣	Marca de triángulo
■	■	Cuadratín negro
□	□	Cuadratín
○	○	Círculo
●	●	Topo o círculo negro
☎	☎	Teléfono negro
☏	☏	Teléfono

Anexo III:
Códigos lingüísticos

Podemos precisar muchísimo en la identificación del lenguaje en el que nos expresamos en una página web, aunque para nuestros propósitos puede ser excesivo.

Para identificar los idiomas, el estándar tecnológico RFC 5646 fija cinco tipos de etiquetas con una sintaxis distinta:

- Subetiqueta de idioma de dos caracteres en minúscula. Se corresponde con la norma ISO 639. Por ejemplo: `es` para España.

- Subetiqueta de idioma más la subetiqueta de región con mayúsculas o números, separados por un guión. Es el caso de `fr-CA`, para el francés canadiense, o de `ar-015`. para el árabe que se habla en el norte de África. El código numérico corresponde al ISO 3166.

- Subetiqueta de idioma más una subetiqueta de tres caracteres en minúsculas que identifica su extensión o la variante: `zh-nxq` para el lapao chino o `es-ast` para el bable.

- Subetiqueta de idioma más una subetiqueta del sistema de escritura: `az-Latn` para el azerbaiyano escrito en caracteres latinos o `zh-Hans` para el chino simplificado.

- Subetiqueta de idioma más subetiqueta dialectal que dispone de sistemas de escritura propios: `sl-IT-nedis` es el dialecto esloveno que se habla en la región italiana de Natisone.

Un sexto tipo de sintaxis de la etiqueta idiomática incorpora al final, tras un guión, códigos de uso privados. Por ejemplo, para determinadas bases de datos. Estos códigos frecuentemente son personalizados y de uso muy restringido, entre el dispositivo que debe interpretarlos y el programador que identifica el contenido.

Cuando se usa un atributo en un elemento de HTML distinto del idioma general definido para la página, hay que mantener una fórmula consistente. Para cada idioma que se emplee, la etiqueta debe obedecer a una misma sintaxis.

Por ejemplo, una expresión en francés dentro de una página en español sería `<p lang="fr">Je ne sais pas.</p>`. Pero también podría ser `<p lang="fr-CA">Je ne sais pas.</p>`, precisando que se trata de francés canadiense.

Supongamos que queremos que todo lo que se escriba en francés se destaca con un fondo rojo usando estilos CSS. Si usamos la fórmula de dos letras (sólo el idioma): `p:lang(fr) {background-color:red;}` sólo cambiaríamos el fondo de aquellos párrafos en francés identificados con la etiqueta `fr`, obviando, si existen, las expresiones marcadas con `fr-CA`.

La falta de consistencia en la forma de definir el idioma reduce las posibilidades de reutilización del contenido. Hay que estar atento.

Las especificaciones oficiales recogen 184 lenguas (vivas, clásicas y prefabricadas) codificadas con dos caracteres que podemos utilizar:

`aa`: Afar	`ar`: Árabe
`ab`: Abjasio	`as`: Asamés
`ae`: Avéstico	`av`: Ávaro
`af`: Africaans	`ay`: Aimara
`ak`: Acano	`az`: Azerí
`am`: Amhárico	`ba`: Baskir
`an`: Aragonés	`be`: Bielorruso

bg: Búlgaro
bh: Lenguas Bihari
bi: Bislama
bm: Bambara
bn: Bengalí
bo: Tibetano
br: Bretón
bs: Bosnio
ca: Catalán
ce: Checheno
ch: Chamorro
co: Corso
cr: Cree
cs: Checo
cu: Antiguo búlgaro (Iglesia
    eslava - eslavo eclesiástico)
cv: Chuvasio
cy: Galés
da: Danés
de: Alemán
dv: Dhivehi
dz: Dzongkha
ee: Ewégbe
el: Griego moderno (desde
    1453)
en: Inglés
eo: Esperanto
es: Español
et: Estonio
eu: Euskera
fa: Persa
ff: Fula
fi: Finlandés
fj: Fiyiano

fo: Feroés
fr: Francés
fy: Frisón occidental
ga: Irlandés
gd: Gaélico escocés
gl: Gallego
gn: Guaraní
gu: Gujarati
gv: Manés
ha: Hausa
he: Hebreo
hi: Hindi
ho: Hiri Motu
hr: Croata
ht: Haitiano
hu: Húngaro
hy: Armenio
hz: Herero
ia: Interlingua (International
    Auxiliary Language
    Association)
id: Indonesio
ie: Interlingue Occidental
ig: Igbo
ii: Sichuan Yi
ik: Inupiat
io: Ido
is: Islandés
it: Italiano
iu: Lenguas Inuit
ja: Japonés
jv: Javanés
ka: Georgiano
kg: Kikongo

ki: Kikuyu

kj: Kuanyama

kk: Kazajo

kl: Groenlandés

km: Jemer

kn: Canarés

ko: Coreano

kr: Kanuri

ks: Cachemir

ku: Kurdo

kv: Komi

kw: Córnico

ky: Kirguís

la: Latín

lb: Luxemburgués

lg: Luganda

li: Limburgués

ln: Lingala

lo: Laosiano

lt: Lituano

lu: Kiluba

lv: Letón

mg: Malgache

mh: Marshalés

mi: Maorí

mk: Macedonio

ml: Malayalam

mn: Mongol

mr: Maratí

ms: Malayo

mt: Maltés

my: Birmano

na: Nauruano

nb: Noruego Bokmål

nd: Ndebele del Norte

ne: Nepalí

ng: Ndonga

nl: Holandés

nn: Nynorsk

no: Noruego

nr: Ndebele del sur

nv: Navajo

ny: Chichewa

oc: Occitano (post 1500)

oj: Ojibwa

om: Oromo

or: Oriya (macrolanguage)

os: Osetio

pa: Panyabí

pi: Pali

pl: Polaco

ps: Pastún

pt: Portugués

qu. Quechua

rm: Romanche

rn: Kirundi

ro: Rumano

ru: Ruso

rw: Kinyarwanda

sa: Sánscrito

sc: Sardo

sd: Sindhi

se: Sami Septentrional

sg: Sango

si: Cingalés

sk: Eslovaco

sl: Esloveno

sm: Samoano

sn: Shona	ts: Xitsonga
so: Somalí	tt: Tártaro
sq: Albanés	tw: Twi
sr: Serbio	ty: Tahitiano
ss: Suazi	ug: Uigur
st: Sesotho	uk: Ucranio
su: Sondanés	ur: Urdú
sv: Sueco	uz: Uzbeko
sw: Suajili	ve: Venda
ta: Tamil	vi: Vietnamita
te: Télugu	vo: Volapük
tg: Tayiko	wa: Valón
th: Tailandés	wo: Wólof
ti: Tigriña	xh: Xhosa
tk: Turcomano	yi: Yídish
tl: Tagalo	yo: Yoruba
tn: Setsuana	za: Zhuang
to: Tongano	zh: Chino
tr: Turco	zu: Zulú

La Autoridad encargada de la normalización terminológica de Internet (Internet Assigned Numbers Authority, IANA) publica de forma regular actualizaciones de los códigos lingüísticos posibles [IANA-1]. En la lista se ofrece la codificación de singularidades idiomáticas en tres caracteres, como el csc, que se corresponde con el lenguaje de signos en catalán. Además incluye los grupos lingüísticos principales, las colecciones de idiomas con rasgos comunes, las extensiones idiomáticas con sus respectivas asociaciones a prefijos de lenguas, los sistemas de escritura y las regiones lingüísticas.

Es un documento extenso y difícil de manejar, pero que contiene toda la información que se pueda llegar a necesitar.

Bibliografía

Tanto las publicaciones consultadas como los recursos online localizados para la elaboración de este manual se recogen a continuación. La lista está ordenada alfabéticamente y utiliza tanto el formato ISO de presentación bibliográfica como las recomendaciones Modern Language (MLA).

Algunos recursos utilizados sólo se encuentran online, de modo que existe la posibilidad de que hayan desaparecido de la circulación cuando vayas a consultarlos. Internet es así.

Si aprovechas para echar un vistazo a las materias de los ensayos y manuales que cito, verás que el tema de este volumen que tienes en las manos es una isla florida en un páramo deshabitado. Salvo un par de manuales antiguos que inciden en los rudimentos del lenguaje HTML para los redactores, no hay nada más. Lo que significa, por otra parte, que el uso semántico de HTML5 es discrecional y puedes discrepar de los criterios que aquí planteo. Si quieres, lo discutimos en la página web de este manual. Estoy abierto a cualquier nueva perspectiva.

La lista bibliográfica podría ser más extensa, pero he decidido reducirla a las fuentes más interesantes o más modernas. Me he permitido, incluso, dejar alguna de esas obras que se anuncian con pretensión de ayuda al periodista y que considero que propagan errores y confusión con el marchamo de la letra impresa. Están aquí para que contrastes. Paradójicamente son muy populares y celebradas en nuestro sector profesional.

Obras de referencia y recursos online

Akzhan Abdulin. jWysiwyg [en línea]. Moscú, Rusia. [Ref. del 12 de junio de 2013]. Disponible en web: <http://akzhan.github.com/jwysiwyg/>

Alcoba, Santiago (coord.) et al. Lengua, comunicación y libros de estilo. Barcelona: Universitat Autònoma de Barcelona, 2009. ISBN: 9788469233696. Publicación electrónica.

Anderson, C. W.; Bell, Emily; y Shirky, Clay. Post-Industrial Journalism: adapting to the present. New York: Tow Center for Digital Journalism, 2012. Archivo epub.

Andrew Hedges. Convert Latitude/Longitude to Decimal [en línea]. San Francisco. [Ref. del 12 de junio de 2013]. Disponible en web: <http://andrew.hedges.name/experiments/convert_lat_long/>

ANTONIOU, Grigoris y VAN HARMELEN, Frank. A semantic web primer. 2ª ed. Cambridge, EE.UU.: The MIT Press, 2008. 287 p. ISBN: 978-0262012423.

BERENGUER, Amanda. La botella verde (Analysis situs). Montevideo: Cal y Canto, 1995. 73 p.

BRIGGS, Mark. Entrepereneurial journalism. How to build what's next for news. Los Angeles: CQ Press, 2011. 352 p. ISBN: 9781608714209.

BRIGGS, Mark. Journalism next: A Practical Guide to Digital Reporting and Publishing. Los Angeles: CQ Press, 2013. 368 p. ISBN: 9781452227856.

BUSQUET, Joan (coord.). Libro de Estilo: El Periódico. Barcelona: Ediciones Primera Plana, 2007. 335 p. ISBN: 9788461159284.

CAMPS, Magí (coord.) Libro de Redacción de La Vanguardia. Barcelona: Editorial Ariel, 2004. 496 p. ISBN: 978-8434482623.

CARROLL, Brian. *Writing for digital media*. New York: Routledge, 2010. 313 p. ISBN: 9780415992015.

CEBRIÁN HERREROS, Mariano (dtor.). *Desarrollos del periodismo en internet*. Zamora: Editorial Comunicación Social (SC), 2010. 278 p. 9788492860432.

COBO, Silvia. *Internet para periodistas: Kit de supervivencia para la era digital*. Barcelona: Editorial UOC, 2012. 234 p. ISBN: 9788497889889.

DÍAZ NOCI, Javier y SALAVERRÍA ALIAGA, Ramón (coords.). *Manual de redacción ciberperiodística*. Barcelona: Editorial Ariel, 2003. 592 p. ISBN: 8434412977.

DÍAZ NOCI, Javier. *La escritura digital: Hipertexto y construcción del discurso informativo en el periodismo electrónico*. Zarautz: Servicio editorial de la Universidad del País Vasco, 2001. 234 p. ISBN: 8483733781.

Edgewall Software. *Xinha* [en línea]. Umeå. [Ref. del 12 de junio de 2013]. Disponible en web: <http://xinha.webfactional.com>

Editorially Inc. *Editorially: Write Better* [en línea]. New York. [Ref. del 12 de junio de 2013]. Disponible en web: <https://editorially.com>

EFE, Economía. "Estados Unidos al borde del precipicio fiscal" [en línea]. *El País*, 22 diciembre 2012 http://economia.elpais.com/economia/2012/12/22/agencias/1356213509_005524.html [consulta: 12 de junio 2013]

EFE. "«Sólo» y «éste» siguen con tilde dos años después de desaconsejarlo la RAE" [en línea]. *La Voz de Galicia*, 9 enero de 2013 http://www.lavozdegalicia.es/noticia/ocioycultura/2013/01/09/solo-siguen-tilde-dos-anos-despues-desaconsejarlo-rae/0003135773747085306297.htm [consulta: 12 de junio 2013]

EFRATI, Amir. "Google Gives Search a Refresh" [en línea]. *The Wall Street Journal*, 15 marzo de 2012 http://online.wsj.com/article_email/SB10001424052702304459804577281842851136290-lMyQjAxMTAyMDEwNDExNDQyWj.html [consulta: 12 de junio 2013]

El País. *Libro de estilo de El País*. Madrid: Santillana Ediciones Generales, 2000. 300 p. ISBN: 9788403092235.

EllisLab Inc. *ExpressionEngine* [en línea]. Beaverton. [Ref. del 12 de junio de 2013]. Disponible en web: <http://ellislab.com/expressionengine>

FERRÉ PAVIA, Carme y NOGUÉ REGÀS, Anna (eds.). *Llibre d'estil: Agència Catalana de Notícies*. Barcelona: Editorial UOC, 2010. 230 p. ISBN: 9788497889223.

Franco, Guillermo. *Cómo escribir para la web. Bases par la discusión y construcción de manuales de redacción 'online'*. Austin: John S. & James L. Knight Foundation, 2012. Archivo PDF.

Frederico Knabben. *CKEditor.com* [en línea]. Warszawa [Ref. del 12 de junio de 2013]. Disponible en web: <http://ckeditor.com>

Fundación del Español Urgente. *Manual de español urgente*. Madrid: Ediciones Cátedra, 2008. 332 p. ISBN: 9788437625119.

GALENDE, Juan Carlos. *Diccionario General de Abreviaturas Españolas: Siglas, acrónimos, formulas y expresiones documentales*. 2ª ed. Madrid: Verbum, 2001. 424 p. ISBN: 9788479621834.

GARZO, Isabel. "El dardo en el correo electrónico" [en línea]. *Fundación del Español Urgente*, 25 de enero de 2013 http://www.fundeu.es/noticia/el-dardo-en-el-correo-electronico-7358/

GASSTON, Peter. *The book of CSS3: A developer's guide to the future of web design*. San Francisco: No Starch Press, 2011. 282 p. ISBN: 9781593272869.

Gentics Software GmbH. *Aloha Editor - HTML5 WYSIWYG Editor* [en línea]. Wien. [Ref. del 10 de junio de 2013]. Disponible en web: <http://aloha-editor.org>

Gérald Salvat. *markItUp! Universal Markup jQuery Editor* [en línea]. Roubaix. [Ref. del 12 de junio de 2013]. Disponible en web: <http://markitup.jaysalvat.com/home/>

Google et al. *Schema* [en línea]. Santa Clara, EE.UU. [Ref. del 12 de junio de 2013]. Disponible en web: <http://schema.org>

Google Project Hosting. *SWFObject is an easy-to-use and standards-friendly method to embed Flash content, which utilizes one small JavaScript file* [en línea]. Santa Clara, EE.UU.. [Ref. del 12 de junio de 2013]. Disponible en web: <http://code.google.com/p/swfobject/>

Google. *Google Structured Data Testing Tool* [en línea]. Santa Clara, EE.UU. [Ref. del 12 de junio de 2013]. Disponible en web: <http://www.google.com/webmasters/tools/richsnippets>

Google. *Search Quality Rating Guidelines*. Version 1.0. November 2, 2012. Santa Clara, EE UU: Google, 2012. Archivo PDF.

Google. *Servicio de autoría en Google* [en línea]. Santa Clara, EE.UU. [Ref. del 12 de junio de 2013]. Disponible en web: <https://plus.google.com/authorship>

Google. *Swiffy converts Flash SWF files to HTML5* [en línea]. Santa Clara, EE.UU.. [Ref. del 12 de junio de 2013]. Disponible en web: <https://www.google.com/doubleclick/studio/swiffy/>

Imperavi. *Redactor WYSIWYG* [en línea]. Vancouver. [Ref. del 12 de junio de 2013]. Disponible en web: <http://imperavi.com/redactor/>

IANA (Internet Assigned Numbers Authority). *Language Subtag Registry* [en línea]. Los Angeles. [Ref. del 12 de junio de 2013]. Disponible en web: <http://www.iana.org/assignments/language-subtag-registry>

IANA (Internet Assigned Numbers Authority). *MIME Media Types* [en línea]. Los Angeles. [Ref. del 12 de junio de 2013]. Disponible en web: <http://www.iana.org/assignments/media-types>

IRIGARAY, Fernando, CEBALLOS, Dardo y MANNA, Matías (eds.). *Webperiodismo en un ecosistema líquido*. Rosario: Laborde Libros, 2013. 174 p.

James Hollingworth. *bootstrap-wysihtml5* [en línea]. London. [Ref. del 12 de junio de 2013]. Disponible en web: <http://jhollingworth.github.io/bootstrap-wysihtml5/>

Jean-François Hovinne. *WYMeditor - web-based XHTML editor* [en línea]. Bruxelles. [Ref. del 12 de junio de 2013]. Disponible en web: <http://www.wymeditor.org>

Jeremy Jackson. *Mercury Editor: The Rails HTML5 WYSIWYG Editor* [en línea]. Denver, EE.UU. [Ref. del 12 de junio de 2013]. Disponible en web: <http://jejacks0n.github.io/mercury/>

JERKOVIC, John I. *SEO Warrior*. Sebastopol (EE. UU.): O'Reilly Media, 2010. 472 p. ISBN: 9780596157074.

JIMÉNEZ, Juan Ramón Jiménez. *Eternidades*. Madrid: Tip. Angel Alcoy, 1917.

Krea. *Content Elements for ExpressionEngine* [en línea]. Nitra. [Ref. del 12 de junio de 2013]. Disponible en web: <http://www.krea.com/content-elements>

La Voz de Galicia. *Libro de estilo de La Voz de Galicia.* Arteixo: La Voz de Galicia, 2002. 581 p. ISBN: 8497570650.

LARRONDO URETA, Ainara y SERRANO TELLERÍA, Ana (eds.). *Diseño periodístico en internet.* Bilbao: Servicio editorial de la Universidad del País Vasco, 2007. 240 p. ISBN: 97884837399893.

Lim Chee Aun. *MooEditable* [en línea]. Singapur [Ref. del 12 de junio de 2013]. Disponible en web: <http://cheeaun.github.io/mooeditable/>

LongTail Ad Solutions. *The State Of HTML5 Video* [en línea]. New York. [Ref. del 12 de junio de 2013]. Disponible en web: <http://www.longtailvideo.com/html5>

MACCAW, Alex. *JavaScript Web Applications.* Sebastopol (EE.UU.): O'Reilly Media, 2010. 258 p. ISBN: 9781449303518.

MACDONALD, Matthew. *HTML5. The missing manual: The book that should have been in the box.* Sebastopol (EE.UU.): O'Reilly Media, 2011. 434 p. ISBN: 9781449302399.

MARCOTTE, Ethan. *Responsive Web Design.* New York: A Book Apart, 2011. 143 p. ISBN: 9780984442577.

MARTÍN FERRAND, Manuel. "La niña de la estación" [en línea]. *Abc,* 30 diciembre 2012 http://www.abc.es/opinion/20121230/abcp-nina-estacion-20121230.html [consulta: 12 de junio 2013]

MARTÍNEZ ALBERTOS, José Luis, y SANTAMARÍA SUÁREZ, Luisa. *Manual de estilo.* Indiana: Inter American Press Books, 1996. 228 p. ISBN: 0897302257.

MARTÍNEZ DE SOUSA, José et al. *Libro de estilo de Vocento.* Gijón: Ediciones Trea, 2003. 573 p. ISBN: 9788497040846.

Masuga Design. *Mason - devot:ee - Devoted to ExpressionEngine* [en línea]. Grand Rapids. [Ref. del 12 de junio de 2013]. Disponible en web: <http://devot-ee.com/add-ons/mason>

MathJax. *MathJax.org* [en línea]. Ann Arbor. [Ref. del 12 de junio de 2013]. Disponible en web: <http://www.mathjax.org>

MCGUIRE, Mary et al. *The Internet Handbook for writers, researchers and journalists.* New York: Ther Guilford Press, 2000. 276 p. ISBN: 9781572305502.

Meerman Scott, David. *Newsjacking. How to inject your ideas into a breaking news story and generate tons of media coverage.* Hoboken: John Wiley & Sons, Inc, 2012. ISBN: 9781118252314. Archivo epub.

MENDÍVIL GIRÓ, José Luis. *Las palabras disgregadas: Sintaxis de las expresiones idiomáticas y los predicados complejos.* Zaragoza: Prensas Universitarias de Zaragoza, 1999. 618 p. ISBN: 9788477335054.

Microformats. *Microformats* [en línea]. Palo Alto, EE.UU. [Ref. del 12 de junio de 2013]. Disponible en web: <http://microformats.org>

MOLINAS, César. "Una teoría de la clase política española" [en línea]. *El País.* 10 septiembre 2012 http://politica.elpais.com/politica/2012/09/08/actualidad/1347129185_745267.html [consulta: 12 de junio 2013]

Moxiecode Systems, AB. *tinymce* [en línea]. Skellefteå. [Ref. del 12 de junio de 2013]. Disponible en web: <http://www.tinymce.com>

Mozilla Foundation. *Validator.nu (X)HTML5 Validator* [en línea]. Mountain View. [Ref. del 12 de junio de 2013]. Disponible en web: <http://html5.validator.nu>

Museo Nacional del Prado. *Histórico* [en línea]. Madrid, España. [Ref. del 12 de junio de 2013]. Disponible en web: <http://www.museodelprado.es/exposiciones/historico/>

PASTOR SÁNCHEZ, Juan Antonio. *Tecnologías de la web semántica.* Barcelona: Editorial UOC, 2011. 120 p. ISBN: 9788497884747.

PILGRIM, Mark. *HTML5 up and running.* Sebastopol (EE.UU.): O'Reilly Media, 2010. 208 p. ISBN: 9780596806026.

POWERS, Shelley. *HTML5 Media.* Sebastopol (EE.UU.): O'Reilly Media, 2011. 122 p. ISBN: 9781449304454.

Premium Software. *CLEditor - WYSIWYG HTML Editor* [en línea]. Hartland. [Ref. del 12 de junio de 2013]. Disponible en web: <http://premiumsoftware.net/cleditor/>

Project Rover, Inc. *Gravity* [en línea]. Los Angeles. [Ref. del 12 de junio de 2013]. Disponible en web: <http://www.gravity.com>

RAE (Real Academia Española). *Diccionario de la Lengua Española.* 22ª ed. Pozuelo de Alarcón: Espasa Libros, 2001. 2.448 p. (2 vols). ISBN: 9788423968145.

RAE (Real Academia Española). *Diccionario panhispánico de dudas.* 2ª ed. Madrid: Santillana, 2005. 888 p. ISBN: 9788429406238.

REDISH, Janice. *Letting go of the words: Writing web content that works.* San Francisco: Morgan Kaufmann Publishers, 2007. 385 p. ISBN: 9780123694868.

SABÉS TURMO, Fernando y VERÓN LASSA, José Juan. *Comunicación y la red. Nuevas formas de periodismo.* Zaragoza: Asociación de Periodistas de Aragón, 2013. 334 p. ISBN: 9788497175497.

SAIZ, Eva. "'La presencia de mujeres en primera línea de batalla beneficiará a EE UU'. Entrevista a Tammy Duckworth, congresista y veterana de guerra" [en línea]. *El País.* 25 enero 2013 http://internacional.elpais.com/internacional/2013/01/25/actualidad/1359138657_707788.html [consulta: 12 de junio 2013]

SALAVERRÍA, Ramón y NEGREDO, Samuel. *Periodismo integrado: Convergencia de medios y reorganización de redacciones.* Barcelona: Editorial Sol90, 2008. 192 p. ISBN: 9788498209549.

SALAVERRÍA, Ramón. *Redacción periodística en internet.* Pamplona: Eunsa, 2005. 184 p. ISBN: 9788431322595.

SANTAMARTA, Rubén. "Los sindicatos de NCG piden subastar ya la entidad si no hay otro plan laboral" [en línea]. *La Voz de Galicia,* 9 enero 2013 http://www.lavozdegalicia.es/noticia/economia/2013/01/09/sindicatos-ncg-piden-subastar-entidad-plan-laboral/0003_201301G9P32991.htm [consulta: 12 de junio 2013]

Scriptiny. *JavaScript WYSIWYG Editor - TinyEditor* [en línea]. Montreal. [Ref. del 12 de junio de 2013]. Disponible en web: <http://www.scriptiny.com/2010/02/javascript-wysiwyg-editor/>

Studio 42. *elRTE - open source WYSIWYG editor for Web* [en línea]. Moscú, Rusia. [Ref. del 12 de junio de 2013]. Disponible en web: <http://elrte.org>

SubRip Text File. *SRT Files (SubRip Text) Subtitle* [en línea]. Praga. [Ref. del 12 de junio de 2013]. Disponible en web: <http://www.srtfiles.com>

SXSW Inc. *South By Southwest* [en línea]. Austin. [Ref. del 12 de junio de 2013]. Disponible en web: <http://sxsw.com>

TASCÓN, Mario (dir.) y CABRERA, Marga (coord.). *Escribir en Internet: Guía para los nuevos medios y las redes sociales*. Barcelona: Galaxia Gutemberg, 2012. 512 p. ISBN: 9788415472087.

The OpenMath Society. *OpenMath* [en línea]. Helsinki [Ref. del 12 de junio de 2013]. Disponible en web: <http://www.openmath.org>

UNAV. *Manual de estilo* [en línea]. Pamplona: Facultad de Comunicación de la Universidad de Navarra [ref. de 15 de junio de 2013]. Disponible en web: <http://www.unav.es/fcom/comunicacionysociedad/es/manual_de_estilo.php>.

University of Chicago. *The Chicago manual of Style: The essential guide for writers, editors, and publishers*. 16 ed. Chicago: University Of Chicago Press, 2010. 1.026 p. ISBN: 9780226104201.

VIGARA TAUSTE, Ana Mª (coord.). *ABC Libro de estilo*. Barcelona: Ariel, 2001. 384 p. ISBN: 8434482452.

W3C (World Wide Web Consortium). *HTML Microdata* [en línea]. Cambridge, EE.UU. [Ref. del 12 de junio de 2013]. Disponible en web: <http://www.w3.org/TR/microdata/>

W3C (World Wide Web Consortium). *Math* [en línea]. Cambridge, EE.UU. [Ref. del 12 de junio de 2013]. Disponible en web: <http://www.w3.org/Math/>

W3C (World Wide Web Consortium). *Semantic Web Activity* [en línea]. Cambridge, EE.UU. [Ref. del 12 de junio de 2013]. Disponible en web: <http://www.w3.org/2001/sw/>

W3C (World Wide Web Consortium). *The W3C Markup Validation Service* [en línea]. Cambridge, EE.UU. [Ref. del 12 de junio de 2013]. Disponible en web: <http://validator.w3.org>

W3C (World Wide Web Consortium). *WebVTT: The Web Video Text Tracks Format* [en línea]. Cambridge, EE.UU. [Ref. del 12 de junio de 2013]. Disponible en web: <http://dev.w3.org/html5/webvtt/>

W3C (World Wide Web Consortium). *World Wide Web Consortium (W3C)* [en línea]. Cambridge, EE.UU. [Ref. del 12 de junio de 2013]. Disponible en web: <http://www.w3.org>

Wikimedia Foundation, Inc. *Apple and Adobe Flash controversy* [en línea]. San Francisco, EE UU. [Ref. del 12 de junio de 2013]. Dis-

ponible en web: <http://en.wikipedia.org/wiki/Apple_and_Adobe_
Flash_controversy>

Wolfram Alpha LLC. *WolframAlpha* [en línea]. Champaign, EE.UU.
[Ref. del 12 de junio de 2013]. Disponible en web: <http://www.
wolframalpha.com>

XING Developers. *wysihtml5 - A better approach to rich text editing* [en
línea]. Hamburg. [Ref. del 12 de junio de 2013]. Disponible en web:
<http://xing.github.io/wysihtml5/>

Índice de elementos y atributos

El índice sólo recoge las menciones en el cuerpo de texto de los elementos y atributos pasados, presentes y futuros que puedes encontrarte en el quehacer profesional. En cursiva, los atributos.

Índice